河南省一流本科课程配套教材

河南大学国家一流本科专业教材

质量管理

主 编：王 萌

副主编：罗 巍 许静 董莉莉 宋雅杰

QUALITY MANAGEMENT

中国经济出版社

CHINA ECONOMIC PUBLISHING HOUSE

·北 京·

图书在版编目(CIP)数据

质量管理 / 王萌主编. --北京：中国经济出版社，2023.12

ISBN 978-7-5136-7486-7

Ⅰ. ①质… Ⅱ. ①王… Ⅲ. ①质量管理 Ⅳ. ①F273.2

中国国家版本馆 CIP 数据核字(2023)第 183865 号

组稿编辑　崔姜薇
责任编辑　夏军城
责任印制　马小宾
封面设计　任燕飞

出版发行　中国经济出版社
印 刷 者　河北宝昌佳彩印刷有限公司
经 销 者　各地新华书店
开　　本　710mm×1000mm　1/16
印　　张　18.25
字　　数　327 千字
版　　次　2023 年 12 月第 1 版
印　　次　2023 年 12 月第 1 次
定　　价　58.00 元
广告经营许可证　京西工商广字第 8179 号

中国经济出版社 **网址** www.economyph.com **社址** 北京市东城区安定门外大街 58 号 **邮编** 100011
本版图书如存在印装质量问题，请与本社销售中心联系调换(联系电话：010-57512564)

P 序言
Preface

党的二十大报告指出:“建设现代化产业体系。坚持把发展经济的着力点放在实体经济上,推进新型工业化,加快建设制造强国、质量强国、航天强国、交通强国、网络强国、数字中国。”报告将质量强国与制造强国、航天强国、交通强国等国家战略并列起来,指明了中国制造业的未来发展方向,质量管理课程的重要性随之提升。研究质量管理并对质量管理进行普及教育显得尤为重要,要让管理专业、机械专业甚至人工智能专业等与制造业相关专业的学生,认识并掌握质量管理的基本思想、基本理论和基本方法,为建设质量强国打下坚实基础。在此背景下,编写质量管理专业教材并推广具有重要现实意义。

本教材基于河南省一流本科在线课程“质量管理”的实践教学应用进行编写,重点在以下三个方面进行创新探索。

1. 结合中国传统文化进行课程思政探索

21 世纪是质量世纪,以质量为中心的企业管理,即质量管理越来越受到企业重视。产品或服务需要人来生产或提供,产品或服务质量如何,归根结底取决于企业员工的技术和素质水平。我国要顺利实现由制造大国向制造强国的转型,高素质质量管理人才是必需的。结合中国传统文化,进行质量管理教材思政元素的探索是必然的。新的思政内容的加入可保证质量管理人才具有时代精神和民族自豪感、具有为我国第二个百年目标奋斗的使命感、具有辩证唯物主义方法论指导的专业技能。

2. 紧密贴合工商管理专业学生的知识结构

质量管理课程的特点要求面向产品和质量进行管理,机械电子、机械制造、工程管理和工商管理等专业的学生都要学习这门课程。因此,针对不同专业的教学内容要有取舍。现有的教材普遍偏重质量技术,对质量控制技术、质量设计、可靠性分析等内容涉及较多。这些内容对工商管理专业的学生来说较难掌握，同时从教学要求来说，从管理角度去理解质量管理是这类专业的重要教学目标。为此，需要在质量管理教材中添加介绍制造领域、制造行业和制造企业的相关内容，以便学生更好地理解质量管理与制造业的关系。

3. 基于工业4.0的数字化技术环境探讨质量管理

制造业正经历"信息化"与"工业化"的深度融合，质量管理作为企业管理流程的重要一环，"信息化"与"数字化"是大势所趋。现有教材对这部分内容涉及较少，为此本教材吸纳了质量管理与新技术交叉融合的内容。比如：质量管理与数字孪生、质量控制与人工智能、质量改进与大数据、质量标准与商务智能等，以培养学生的数字化素养，使其将书本知识与实际操作融会贯通，将学科知识和数字化技术相结合，提升其管理能力，成为具备数字化素养的高素质人才。

本教材在内容设计上突出思政元素、坚持以学生为中心，为工商管理专业教学量体裁衣，注重信息化手段与在线视频的配合，内容符合河南大学规划教材要求，具有一定的教学实践意义。

目录 Contents

第 1 章　制造业与质量

第 2 章　质量与质量管理

第8章 质量改进

第9章 供应商质量管理

第1章

制造业与质量

1.1 工业革命的历史

工业 4.0(Industry 4.0)是由德国政府提出的高科技计划，又称“第四次工业革命”。2013 年，德国联邦教育及研究部、德国联邦经济和科技部将其作为《高技术战略 2020》十大未来项目之一，投资达 2 亿欧元，用来提升制造业的信息化、数字化和智能化。随着工业 4.0 概念的提出，将工业历史进程划分为四个时代的提法逐渐被人们接受并推广，以下是对四个工业时代的概括介绍。

1.1.1 工业 1.0：蒸汽时代

工业革命(Industrial Revolution)，又称“产业革命”，准确而言是第一次工业革命，约于 18 世纪 60 年代兴起，经历 18 世纪中叶至 19 世纪初，持续到 19 世纪 30 年代至 40 年代。在此期间，人类生产与制造方式逐渐转为机械化，呈现以机器取代人力、畜力的趋势，以大规模工厂化生产取代个体工场手工生产的生产与科技革命。机器的发明及运用成了这个时代的标志，因而史学家称这个时代为“机器时代”(The Age of Machines)。其主要特征是蒸汽机的广泛应用和大规模工厂制造的兴起。这场革命起源于英国，随后扩展至欧洲、北美等地，对全球经济、社会、政治和文化产生了深远影响。

早在 1759 年左右工业革命就已经开始，但直到 1830 年前尚未能蓬勃发展。大多数人认为，工业革命发源于英格兰中部，当地因为盛产煤矿成为工业化的土壤，圈地运动促进羊毛大规模生产，农民涌向城市等因素，促进纺织产业转向工业化，这就是著名的“羊吃人”运动。1769 年，英国人詹姆斯·瓦特(James Watt)改良蒸汽机，后续的一系列技术革命引起手工劳动向动力机器生产转变的重大飞跃。随后，工业革命自英格兰扩散到整个欧洲大陆，

19 世纪传播到北美地区。哥伦布发现新大陆使欧洲人口爆炸，社会需求大增，城市化与纺织业是工业革命的前提，蒸汽机、煤、钢和金融成为促成工业革命技术加速发展的四项主要因素。英国是最早发起工业革命，也是最早结束工业革命的国家。工业革命对世界的影响体现在以下三个方面。

1.1.1.1 技术革新

在瓦特改良蒸汽机之前，社会生产所需动力主要依靠人力、畜力、水力和风力。随着蒸汽机的发明和改进，工厂不再依溪河而建，很多依赖人力与手工完成的工作，被机械化生产取代。工业革命与 1 万年前的农业革命一样，涉及人类社会生活的各个方面，使社会发生了巨大变革，对推进社会的现代化进程起到不可替代的作用，把人们推向崭新的“蒸汽时代”。蒸汽时代的代表性技术包括：托马斯·纽科门(Thomas Newcomen)和詹姆斯·瓦特等对蒸汽机进行了改进，使之成为社会生产的重要动力来源，蒸汽机的应用推动了矿业、制造业和交通运输业的发展；约翰·凯(John Kay)发明的飞梭、詹姆斯·哈格里夫斯(James Hargreaves)发明的珍妮纺纱机、理查德·阿克莱特(Richard Arkwright)发明的水力纺纱机以及塞缪尔·克朗普顿(Samuel Crompton)发明的木桩纺纱机等，大大提高了纺织生产的效率；亨利·考特(Henry Cort)发明的炼铁炉和普德铁法(puddling process)使铁和钢铁生产变得更加高效。这些技术创新推动了基础设施建设和工业生产的发展。

工业革命影响了各行各业，如蒸汽机的发展使煤炭开采技术得到改进，以满足日益增长的能源需求。煤炭作为能源，推动了工业生产的快速增长。在第一次工业革命期间，运输系统经历了重大变革。乔治·斯蒂芬森(George Stephenson)等发明的蒸汽机车使铁路成为重要的运输方式。此外，运河和水路运输的改进有助于货物的快速运输与贸易的拓展。农业生产技术的改进为工业革命提供了人力和物质资源。贾思礼(Jethro Tull)发明的播种机、新的农作物轮作制度和肥料的使用等，有助于农业生产率提高和城市化的大规模生产。

1.1.1.2 经济与社会变革

航海时代的殖民公司制度逐渐成熟，并扩及其他行业，资金的积聚及新机器的发明是引发工业革命的两个主要原因。18 世纪，欧洲本土的贸易蓬勃发展，商人累积了大量财富。为了获得更丰厚的利润，他们便致力于投资开设工厂、购置原料和发明新机器。随着各类型机器的发明及应用，旧有的以人力为主的生产工序逐渐被由蒸汽推动的机器取代。生产工序的机械化，提高了工农业的产量。以上种种成就了工业革命的辉煌。

工业革命引起的社会变革主要体现在如下几个方面：第一次工业革命极大地提高了生产效率，推动了工业生产和农业生产的快速发展，促使经济增长，国家财富和人均收入水平得到提高。社会形态逐渐由农业社会向工业社会转变，个人工场手工业被大规模工厂化生产取代。纺织、煤炭、铁和钢铁等工业成为经济增长的驱动力。随着农业生产效率的提高，农业劳动力逐渐转移到工业部门。工业革命加快了城市化进程。随着工厂的建立，农村劳动力纷纷涌入城市寻求就业机会，使得城市人口迅速增长。随着城市规模不断扩大，基础设施建设得到加强。

工业革命导致的经济变革主要体现在，其推动了国际贸易的发展，工业化国家需要大量原材料和市场。这促使欧洲列强加强对殖民地的控制，获取原材料并输出工业产品。随着工厂制度的发展，资本家成为生产活动的主导者。工人出卖劳动力，为资本家创造剩余价值。资本主义经济体系逐渐确立，取代了封建社会的生产关系。工厂制度下，工人面临着低工资、长时间劳动和恶劣的工作环境。这导致工人运动兴起，工人开始组织起来，争取更好的工资和工作条件。

1.1.1.3　文化影响

工业革命对 19 世纪的科学及社会发展产生了极为重要的影响，之前的科学研究很少用于工业生产，随着工业革命的发展，工程师与科学家的界限越来越模糊，更多的工程师埋头做科学研究。之前的科学家多是贵族或富人子弟，现在则有许多科学家来自工业发达地区和工人阶级。他们对化学和电学更加感兴趣，促进了这些学科的发展。

由于“圈地运动”和农业技术的改良，乡村剩余人口大举移入都市，欧洲主导的资本主义经济的世界大规模贸易使城市和工厂能够吸收这些人口，由此导致都市化及都会区的出现；都会化生活，让知识与资讯沟通更为便利。工业化促生了现代化交通工具，使人们出行更加便利，进而变得见多识广。商品经济下利己的生活习惯，使人们的思想发生了许多改变，追求个人幸福，而非来世的幸福或集体的利益。随着自由经济主义的兴起，世界大规模自由贸易促使新富阶层出现，再加上人们思想上的变化，激发了更多人主要是中产阶级对民主政治的参与兴趣，由此使欧洲各国选举权与被选举权不断扩大至更多的人群。

随着工业化的推进，技术和知识的需求不断增长，教育逐渐成为社会发展的重要推动力。工业化国家开始重视公共教育体系建设，教育逐渐普及，文盲率降低。工业化带来的印刷技术改进和交通运输的便利，推动了新闻和出版业的发展。报纸、杂志、图书等印刷品的出版量和传播范围不断扩大，知识和信息的传播变得更加迅速、广泛。工业化时代的社会变革为艺术家和作家提供了丰富的创作素材。文学作品开始关注社会现实，揭示工人阶级的苦难，批判资本主义的剥削。同时，现实主义、浪漫主义等艺术流派相继兴起，丰富了艺术表现手法和主题。随着工业化的推进，科学技术在社会生活中的地位日益提升。科学家和工程师开始被高度重视，科学研究和技术创新逐渐成为国家的核心竞争力。

1.1.2 工业2.0：电力与内燃机时代

第二次工业革命，又称为“电气革命”，时间大约为19世纪末至20世纪初，具体为1870年至1945年。其中，西欧国家(包括英国、德国、法国、荷兰、比利时、卢森堡和丹麦)和美国以及1870年后的日本，工业得到飞速发展。其主要特征是电力和内燃机的广泛应用，以及新型化学、钢铁、石油等产业的崛起。这场革命的中心从英国转向美国和德国，对全球工业、交通、通信和生活方式产生了深远影响。

1.1.2.1 技术革新

在第二次工业革命中，新技术的重要性逐渐凸显，特别是电力、内燃发动机、新材料与物质(包括合金和化学品)，以及电报和无线电等通信技术。炼钢的关键技术发明，如“贝塞麦转炉炼钢法”和“西门子平炉”，都在第二次工业革命前十年出现。钢铁变得更便宜，蒸汽机运输更加便捷。这次革命集中围绕钢铁、铁路、电力和化学品的发展创新。化学、电器、石油生产和钢铁行业等领域都有巨大发展。具体成就有燃油蒸汽涡轮机和内燃驱动的船的出现、飞机的发展、汽车的实际商业化、消费品的大量生产、机械制冷和其他保鲜技术以及电话的发明等。人们花了许多年来降低铝及合成纤维(19世纪20年代以前称作“人造丝”)的价格，并提高其品质。这有赖于专业科学家的贡献，具体到各个领域的技术创新如下。

发电机与电动机的发明使电力成为工业生产和家庭生活的主要能源。托马斯·爱迪生(Thomas Alva Edison)发明了直流发电机，尼古拉·特斯拉(Nikola Tesla)发明了交流发电机，这些发明大幅提升了电力传输的效率。内燃机的发明和应用为交通工具及工业设备提供了新型动力来源。尼古拉斯·奥托(Nikolaus August Otto)和卡尔·本茨(Carl Benz)等发明了汽油内燃机，使汽车、飞机等交通工具得以诞生。新型化学品的研发和生产推动了各种产业的发展。德国和美国在合成染料、肥料、塑料等领域取得了重要突破。贝塞麦转炉炼钢法和开放炉炼钢法提高了钢铁产量与质量，降低了生产成本，推动了基础设施建设和重工业发展。电报、电话、无线电等通信技术的发明改变了人类的信息传递方式，促进了社会与经济活动的高效运行。

1.1.2.2 经济与社会变革

1. 经济变革

美国的镀金时代是以重工业为基础的，以 1869 年“第一条贯穿大陆的铁路”开通为标记，从美国东海岸到旧金山有连续 6 天的服务。在镀金时代，美国的制造业生产超过了英国，领先世界。1880 年美国的铁路长度与 1860 年相比，增加了 3 倍，到 1920 年又增加了 3 倍，商业、农业在新领域的拓展，催生了真正的全国大市场，并且促进了煤炭开采和钢铁生产。雄厚的铁路资本促进了华尔街金融市场整合。1900 年，经济集中发展已经扩展到大多数“托拉斯”工厂和一些大公司，占据了全国钢铁、石油、糖、肉类加工和农业机械制造领域。第一家 10 亿美元公司由金融家 J. P. 摩根于 1901 年建立，即“美国钢铁公司”，其收购或合并了安德鲁·卡耐基等人的企业。

工业的机械化是镀金时代更廉价生产产品的重要结果。弗雷德里克·温斯洛·泰勒发现，工人的工作效率可以通过机械减少人工操作而得到提高。他对机械的重新设计，使工厂生产率提高，同时削弱了对熟练工人的需求。非技术工人只需要由技术人员简单指导就可以操作。无论是技术工人还是非熟练工人，数量都在增加。工科院校的建立满足了社会对专业知识的需求。泰勒雇用 18~21 岁的年轻人，将其训练成为机车工程师或列车长。职场上蓝领与白领开始分化，从铁路扩展到金融、从制造扩展到贸易，随着小企业数量的迅速增长，一个全新的中产阶级正在崛起，特别是在北部城市。

美国在应用科学方面处于世界领先地位。1860—1890 年共有 500000 件发明，是过去 70 年的 10 倍。乔治·威斯汀豪斯发明铁路空气制动(更快、更安全)。乔治·威斯汀豪斯帮助尼古拉·特斯拉研发交流电用于远距离传输。西奥多·韦尔建立了美国电话电报公司。托马斯·爱迪生发明了电灯(有争议)，建立了通用电气公司(GE)。约翰·戴维森·洛克菲勒建立了标准石油公司并合并石油工厂——在汽车需求石油之前，其一直生产煤油。

2. 社会变革

至 19 世纪 60 年代后期，社会经历了第二次工业革命，社会生产、科学管理和管理技能快速进步。新技术对于年轻人来说很难掌握，使得工厂(1890—1930 年)对 16 岁以下的工人需求急剧下降，导致高中学生人数急速增加。

随着工业化的深入发展，工人阶级的地位逐渐上升。工人运动的兴起推动了劳动法、社会保障制度等改革，改善了工人的待遇和工作条件。妇女对工业生产的参与度不断提高，促使其地位逐渐上升。女性在教育、职业机会以及参政等方面得到改善，妇女解放运动取得显著成果。随着科技发展和产业结构调整，社会对技能型人才的需求增加。政府和企业开始重视教育与职业培训，以提高国民素质和适应社会发展需要。工业化同时带来了一系列社会问题，如贫富差距、失业、住房等，政府开始关注社会福利制度建设，逐渐建立和完善养老保险、失业保险、医疗保险等社会保障制度，以缓解社会矛盾。随着工业化的发展，城市人口不断增加，城市化进程加快。城市规划、基础设施建设和公共服务逐渐改善，以满足日益增长的城市人口需求。第二次工业革命推动了消费品生产和销售的快速扩张，形成了新的消费文化。广告、零售业以及信用消费等现代商业模式得到发展，人们的生活方式发生显著变化。科技进步对文化产生了深刻影响。电影、广播等新兴传媒技术的出现，改变了人们获取信息、交流和娱乐的方式，推动了全球文化的交流和融合。

1.1.2.3 文化影响

工厂将生产集中至特定区域，并受专家指导(并非在家进行生产)。劳动分工使得技术或非技术劳动更具效率，工业中心的人口迅速增长。钢铁、铁路、煤炭、纺织业等起了推动作用。工业与科技的迅速发展刺激了更多产业的发展，且在第一次工业革命、第二次工业革命中人口的增长，导致许多国家政府(不包括英国政府)利用关税来保护本国经济。随着科学技术的发展，工人阶级开始受到关注；人数众多、有专业知识的中产阶级逐渐出现；童工人数下降及以消费为基础的物质文化得到发展。这一时期的技术、工业和社会进步推动了各领域的变革，改变了人们的生活方式、价值观和艺术表现。以下是第二次工业革命对文化产生的影响。

随着工厂的快速发展，大量农村人口涌向城市寻求工作机会。城市人口的增长促使新的社会阶层出现，如工人阶级和中产阶级。城市化也催生了新的文化现象，如电影院、咖啡馆和百货商店。铁路、蒸汽船与内燃机的出现使人们更容易在国内和国际旅行，使各种文化和思想在世界范围内传播，促进了文化交流和融合。电话、电报和报纸的普及使信息传播速度大大加快，人们能够更快地了解国内外的新闻和事件，这有助于拓宽人们的知识视野和增强全球意识。随着工业生产的需求增加，对知识和技能的要求在不断提高。许多国家实行义务教育，以培养有技能的劳动力。教育的普及使人们的文化素质得到提高，对艺术和文学产生了积极影响。第二次工业革命时期，艺术家受快速变化的社会和科技的启发，创作出了许多独特的艺术作品。印象派、后印象派、立体主义等新的艺术流派在这个时期崛起，对后世产生了深远影响。随着生产力的提高和产品种类的丰富，消费主义逐渐成为一种主导文化。广告业的兴起以及大众媒体的发展，使消费主义成为文化的重要组成部分。

1.1.3　工业3.0：信息技术与自动化时代

第三次工业革命，也称为"数字革命"，时间为20世纪50年代到70年代，这一时期的技术革新主要涉及计算机技术、互联网、信息与通信技术等。

1.1.3.1　技术革新

20世纪二三十年代，量子力学理论体系创建，并同狭义相对论相结合，为核能(原子能)的发展奠定了基础。1931年，M. 克诺尔和E. 鲁斯卡制造出第一台电子显微镜，在光学显微镜基础上再放大10倍，可使人们更直观地了解原子世界。1929—1933年，英国和美国科学家发明了可以获得高速质子的回旋加速器，静电加速器、高频直线加速器、电子感应加速器此后相继问世，为原子核物理学研究提供了有效手段。20世纪30年代，在奥托·哈恩等科学家的努力下，核裂变的研究获得了成功，人类对原子能的研究获得了初步进展。电子学研究也获得了很大进展。1920年，无线电广播在美国诞生；1935年，无线电基本覆盖全球。1925年，苏格兰人约翰·洛吉·贝尔德(John Logie Baird)在一次实验中成功地"扫描"了图像，电视机诞生。1937年，英国广播公司(BBC)开始电视广播。同年，英国发明了专用探测飞机的军用雷达。此外，第二次世界大战在20世纪30年代便已处于酝酿中，许多国家都面临着军事威胁，对具有军事优势的先进军备的需求有所增加，而战争的需求也直接或间接地促进了科学技术的发展。

20世纪中期，计算机由庞大的机器演变成更小、更便携的设备。随着晶体管的发明和集成电路的出现，计算机性能得到了极大提升，同时成本降低。个人计算机的普及使计算能力成为日常生活和工作的一部分。20世纪60年代和70年代，分组交换技术和TCP/IP协议的发展为互联网奠定了基础。互联网最初是为了军事和科研而设计的，但逐渐成为全球信息传播、社交互动和商业活动的重要平台。数字技术的发展促进了信息与通信技术的革新。电话、传真、电子邮件等通信方式逐渐被移动通信、即时通信和社交媒体等新型通信工具取代。这些技术改变了人们的沟通方式，使全球信息传播更加便捷。随着计算机和互联网技术的普及，软件开发成为创新重要的领域。操作系统、应用软件和编程语言的不断发展，使计算机功能得到了极大扩展，各行业生产力得到巨大提升。随着数据存储设备的容量不断扩大，以及数据库技术、数据处理能力的进步，大数据和数据分析成为技术革新重要的领域。企业和政府部门可以通过数据挖掘与分析来优化决策，提高效率。自动化生产线和机器人技术的发展，使许多传统劳动密集型工作被自动化设备取代。这既大大提高了生产效率，也对劳动力市场产生了一定影响。

1.1.3.2 经济与社会变革

第三次科技革命以原子能、电子计算机和可再生能源的应用为代表，包括人工合成材料、分子生物学、遗传工程、太阳能、风能等高新技术。科学技术推动生产力的发展，转化为直接生产力。科学技术密切结合、相互促进，各个领域相互渗透。技术领域的变革必然会促进经济与社会的变革。

1. 经济变革

计算机、互联网、信息与通信技术等的发展极大提高了生产力，改变了产业结构和商业模式。数字技术的应用使生产过程实现自动化，并变得更加精确，提高了生产效率。例如，计算机控制的生产线、机器人以及智能物流系统等都有助于降低成本、缩短生产周期。数字革命催生了许多新兴产业，如互联网服务、软件开发、电子商务和人工智能等。这些产业在经济中占据了越来越重要的地位，对传统产业产生了冲击。互联网和数字技术的发展促使企业不断创新商业模式。例如，平台经济(Uber、Airbnb 等)和共享经济模式的出现，改变了服务行业的运营方式。数字技术使信息和资源在全球范围内迅速传播，促进了国际贸易和投资。全球化使各国相互依赖，经济联系紧密。互联网技术的发展推动了电子商务的兴起。企业可以通过在线平台进行商品交易，消费者可以更方便地购买商品和服务，电子商务的发展对传统零售业产生了重大影响。数字革命对劳动力市场产生了深远影响。一方面，新兴产业创造了许多高技能就业机会；另一方面，自动化和机器人技术导致低技能职位减少。此外，数字经济催生了许多非传统就业形式，如兼职、远程办公和自由职业等。

2. 社会变革

第三次工业革命对社会产生了深远影响，计算机、互联网、信息与通信技术等的发展改变了人们的生活方式、交流模式及价值观。数字技术使信息传播速度大大加快，人们能够更方便地获取各种信息。这使知识传播加快、教育得到了普及，同时改变了人们的观念和价值观。社交媒体和即时通信等通信工具的兴起改变了人们的交流方式。在线社交成为一种普遍现象，人们可以轻松地与远方的亲朋好友保持联系，建立新的社交网络。数字技术的发展影响了劳动力市场和工作方式。远程办公、在线协作和灵活就业等越来越普遍，工作环境和工作方式更加多样。互联网和智能设备的普及改变了人们的日常生活。购物、支付、娱乐、学习等都与数字技术密切相关。虽然生活更加便捷，但也可能导致过度依赖技术和隐私泄露等问题。在线教育和数字教学资源的兴起使教育方式发生了变革，人们可以通过网络学习各种课程，打破了传统教育模式和地域的限制。

1.1.3.3　文化影响

计算机、互联网、信息与通信技术等的发展改变了人们的生活方式、价值观和艺术表现。数字技术的发展使各种文化思想能够快速传播，促进了跨文化交流和融合。全球化使各国文化相互影响，形成了新的文化现象和艺术形式。社交媒体平台的兴起改变了人们的交流方式，使信息传播更加便捷。社交媒体在塑造公共舆论、传播文化和艺术作品等方面发挥了重要作用。计算机和互联网技术的发展催生了新的艺术形式与创作手段，如数字绘画、计算机生成艺术、虚拟现实艺术等。这些新兴艺术形式为艺术家提供了广阔的创作空间，丰富了人类的文化遗产。数字技术的普及使教育资源更加丰富、获得更加便利。在线课程、教育平台和远程教育等方式为人们提供了更多的学习机会，拓宽了知识视野，促进了文化传播。数字技术改变了娱乐业的生产和传播方式。电影、音乐、游戏等娱乐形式得到了空前发展，使人们的文化生活更加丰富多彩。互联网、博客、在线新闻平台等新媒体改变了新闻的传播方式。这些平台使得信息传播更加迅速，同时对传统媒体带来了挑战。

1.1.4　工业 4.0：智能制造时代

所谓的工业 4.0，不单是创造新的工业技术，还着重于将现有的与工业相关的技术、销售与产品体验统合，通过人工智能技术创建具有适应性、资源效率和人因工程学的智能工厂，并在商业流程及价值流程中集成客户及商业伙伴，提供完善的售后服务。其技术基础是智能集成感控系统及物联网(Internet of Things，IoT)。这样的架构虽然仍在摸索，但如果成真且得到实际应用，最终可建构一个有感知意识的新型智能工业世界，通过分析各种大数据，生成一个充分满足客户需求的解决方案产品(需求定制)，更可通过计算机预测，如天气预测、公共交通、市场调查数据等，及时精准生产或调度现有资源、降低成本与浪费等(供应端优化)。需要注意的是，工业只是智能世界的一个部件，需要以“工业如何适应智能网络下的未来生活”理解才不会搞混工业的种种概念。

1.1.4.1　工业 4.0 的起源与发展

工业 4.0 起源于德国，是指通过数字化、自动化和互联网技术将制造业与信息技术紧密结合，实现高度智能化的生产和运营。它是继蒸汽机、电力和自动化之后的第四次工业革命。工业 4.0 的起源和发展具体如下。

21 世纪初，随着全球制造业竞争的加剧，德国等发达国家面临着来自新兴经济体的竞争压力。为了保持竞争优势，这些国家意识到需要进行技术革新，以提高生产效率、降低成本并提升产品质量。过去几十年，信息技术(互联网、物联网、大数据、云计算等)的发展突飞猛进，为制造业带来了全新的生产方式和管理方法，为提高生产效率和降低成本提供了可能。为了借助先进的信息技术提高制造业的竞争力，德国政府在 2011 年提出了“工业 4.0”战略。这一战略旨在推动制造业与信息技术的紧密结合，实现制造业的数字化、自动化和智能化。“工业 4.0”这一概念最早在 2011 年的汉诺威工业博览会上就被提出。德国政府和企业界共同提出这一概念，将其作为一种新的制造业发展模式和战略方向。工业 4.0 旨在通过将数字化、自动化和互联网技术引入制造业，实现生产和运营的高度智能化。总之，工业 4.0 源于全球制造业竞争的加剧以及信息技术的快速发展。

1. 技术发展

工业 4.0 的发展主要依赖于以下几项关键技术：IoT、大数据、云计算、人工智能(AI)、机器学习、机器人、增材制造(3D 打印)和系统集成等技术。这些技术共同构成了工业 4.0 的基础设施，并推动智能制造、智能供应链管理等领域的创新。工业 4.0 的概念和技术迅速在全球范围传播，各国纷纷推出自己的战略以应对新一轮工业变革。例如，美国推出了“工业互联网”(Industrial Internet)计划、中国提出了《中国制造 2025》计划等。各国在竞争中相互学习，共同推动工业 4.0 的发展。工业 4.0 已经在许多领域取得显著成果。例如，智能制造使生产线实现自动化、更加高效；增材制造降低了生产成本，提高了定制化生产的能力；物联网技术为生产、物流、仓储等环节提供了实时数据，提升了整个供应链的效率。

2. 社会影响

工业 4.0 不仅改变了制造业的生产方式，还对就业、教育、政策等方面产生了深远的影响：①就业与劳动力市场方面。工业 4.0 推动了自动化和智能化生产，同时可能导致部分低技能劳动岗位的减少。然而，工业 4.0 也创造了许多新的高技能岗位，如数据分析师、机器学习工程师、机器人技术专家等。这就要求劳动力市场不断调整新技能和知识的需求，以适应这种变化。②教育与培训方面。工业 4.0 对教育和培训体系提出了新的挑战。为了培养适应未来产业发展的人才，教育机构需要更新课程体系，重视工程、信息技术、数据科学等方面的教育。此外，终身学习和在职培训变得越发重要，以帮助劳动者适应技术发展带来的新需求。③经济发展方面。工业 4.0 有助于提高生产效率、降低成本、提升产品质量，从而推动经济增长。同时，它为创新型企业提供了新的商业机会，有助于形成新的产业生态。然而，技术发展也可能加剧经济的不平等，如数字鸿沟和技能鸿沟等。④企业运营与管理方面。工业 4.0 为企业提供了全新的运营与管理方式。例如，通过物联网技术收集的实时数据可以帮助企业优化生产流程、降低库存成本、提高供应链效率等。此外，企业还需要在组织结构、人力资源管理、创新策略等方面进行调整，以适应新的技术环境。⑤政策与法规方面。政府在推动工业 4.0 发展过程中扮演着关键角色。政府需要制定相应的政策和法规，以鼓励技术创新和应用。同时，政府还需要关注技术发展带来的社会问题，如就业、隐私、网络安全等问题，并采取措施加以解决。

1.1.4.2 工业 4.0 的实施策略

工业 4.0 的本质，是通过数据流动自动化技术，从规模经济转向范围经济，以同质化、规模化的成本，构建异质化、定制化的产业，于产业结构改革起着至关重要的作用。工业 4.0 驱动新一轮工业革命，其核心特征是互联。互联网技术降低了产销之间的信息不对称，加速了两者之间的相互联系和反馈。因此，催生了消费者驱动的商业模式，而工业 4.0 是实现这一模式的关键环节。工业 4.0 代表了“互联网+制造业”的智能生产，孕育出大量的新型商业模式，真正实现了“C2B2C”商业模式。对于即将到来的数据流动自动化趋势，世界主要制造强国对其的理解各有千秋，具体实施策略可以总结为以下几个方面。

1. 智能制造：自动化生产线与智能工厂

自动化生产线与智能工厂是工业 4.0 时代的代表性技术和发展趋势。分别代表了生产过程中不同程度的自动化和智能化。

自动化生产线，是指通过自动化设备和控制系统实现生产过程的自动化。在自动化生产线中，各种机械设备按照预定的工艺流程和节拍进行协同作业，实现产品的自动加工、组装和检测。自动化生产线可以提高生产效率、降低生产成本、减少人工干预，并提高产品的质量和一致性。自动化生产线的主要特点包括：①高度自动化。在生产过程中，人工干预较少，生产设备能够根据预设程序自主完成生产任务。②高效率。通过自动化设备和生产流程，提高生产速度和准确性，缩短生产周期。③灵活性。自动化生产线能够快速适应不同产品和生产需求的变化。

智能工厂，是指通过引入 IoT、大数据、AI 等先进技术，实现生产过程的智能化。智能工厂不仅实现了生产线的自动化，还可以实现生产数据的实时采集、分析和优化，以提高生产效率、质量和可持续性。智能工厂的主要特点包括：①数字化。通过物联网技术与传感器实现生产数据的实时采集和分析，以支持决策和优化。②智能化。通过人工智能和机器学习技术，实现生产过程的自我调整和优化。③网络化。通过互联网技术实现工厂内部及与外部的信息交流，实现生产过程的协同和集成。④绿色生产。通过智能监控和优化，实现能源和资源的高效利用，降低环境影响。

总之，自动化生产线和智能工厂都是工业 4.0 时代的关键技术与发展方向。自动化生产线主要实现生产过程的自动化，而智能工厂则进一步实现生产过程的智能化、数字化和网络化，两者共同推动了制造业的高效、绿色和可持续发展。

2. 数字化供应链：全球供应链管理与优化

全球供应链管理，是指在跨国和跨地区范围内，对企业的采购、生产、仓储、物流等环节进行协调和整合，以实现成本最低、效率最高、风险最小的供应链运作。随着全球化和工业 4.0 的发展，供应链管理和优化变得愈加重要。

数字化供应链可以通过 IoT 技术和传感器实现全球供应链的实时监控与数据采集，提高供应链的透明度和可视化程度。这有助于企业更好地了解供应链的运行状况，发现潜在问题，并进行调整和优化。企业利用大数据和 AI 技术对市场需求进行准确预测，提前制订生产和物流计划，有助于降低库存成本，减少浪费，提高企业的市场响应速度；建立长期合作的供应商合作伙伴关系，进行供应商的绩效评估和风险管理，而选择合适的供应商，对供应链的稳定性和可靠性至关重要。

同时，在管理方面，数字化供应链能够加强企业内部各部门之间的沟通和协作，实现采购、生产、物流等环节的协同优化，有助于提高供应链的整体效率和灵活性。通过企业资源规划系统（ERP）、供应链管理系统（SCM）等信息系统实现供应链数据的集成和共享，有助于减少“信息孤岛”现象，提高数据准确性和实时性，支持决策和优化。

3. 产品生命周期管理：从设计到废弃的全过程管理

产品生命周期管理（Product Lifecycle Management，PLM），是指对产品从设计、生产、销售、维护到废弃等各个阶段进行全面、系统的管理。PLM 旨在优化产品开发过程，提高产品质量，缩短市场推广时间，降低产品生命周期成本，提高企业竞争力。PLM 包括以下几个阶段。

（1）概念和设计阶段。概念和设计阶段包括市场调查、需求分析、产品规划等活动。设计团队根据市场需求和企业战略制定产品概念与设计方案。此阶段的关键任务包括产品创意产生、可行性分析、原型制作等。

（2）开发与工程阶段。在开发与工程阶段，产品的设计方案将转化为详细的工程设计和制造指导。设计团队需要与生产、采购等部门协同工作，确保产品设计的可制造性、可测试性和可维护性。此阶段的关键任务包括详细设计、设计评审、设计优化等。

（3）生产与制造阶段。生产与制造阶段包括生产准备、生产过程控制和质量管理等活动。生产团队需要确保产品按照设计要求和质量标准进行生产，同时要关注生产效率和成本控制。此阶段的关键任务包括生产计划、生产流程优化、质量检测等。

（4）销售与分销阶段。销售与分销阶段包括产品的推广、销售和分销活动。销售团队需要根据市场需求构建合适的营销策略和销售渠道，确保产品能够快速、有效地推向市场。此阶段的关键任务包括市场推广、销售渠道建设、客户关系管理等。

（5）维护与支持阶段。维护与支持阶段涉及产品在使用过程中的维护、维修和客户支持等服务。售后服务团队需要为客户提供高质量的技术支持和服务，确保产品的正常运行和客户满意度。此阶段的关键任务包括故障诊断、维修服务、客户培训等。

（6）废弃与回收阶段。废弃与回收阶段主要关注产品在使用寿命结束后的处理和回收问题。企业需要关注产品的环保回收和处置，以降低产品对环境的影响。此阶段的关键任务包括产品回收、环保处理、资源再利用等。

4. 定制化与个性化生产：满足客户多样化需求的生产

定制化与个性化生产是一种满足客户需求多样化的生产模式，旨在提供符合客户个性化需求的产品。这种生产模式注重客户参与和产品创新，能够提高客户满意度和企业竞争力。定制化与个性化生产需要和客户进行充分沟通，深入了解他们的个性化需求和喜好。这有助于企业更好地满足客户需求，提高产品的吸引力和市场份额。建立具有高度灵活性的生产系统，以便在不影响生产效率的情况下迅速调整生产线，满足不同客户的定制化需求。

此后是技术支持，引入数字化和信息化技术，如 CAD/CAM 系统、ERP 系统和 SCM 系统，实现设计、生产、物流等环节的快速响应和协同。鼓励客户参与产品的设计和定制过程，提供在线定制工具和服务，让客户能够更直接地表达自己的需求和喜好，有助于提高客户满意度和忠诚度。建立灵活、高效的供应链，以满足定制化生产的物料和零部件需求，包括选择合适的供应商、采购策略和库存管理方法。由于定制化生产涉及多样化的产品和生产过程，企业需要特别关注质量控制(Quality Control)，确保每个定制产品都达到高品质标准；实现快速响应生产和物流，缩短客户订单的交货周期，提高客户满意度，涉及采用短交货周期的生产计划、采购策略和物流安排。

总之，定制化与个性化生产是一种满足客户多样化需求的生产模式，需要企业应用灵活的生产系统、高效的SCM、数字化和信息化技术，以及客户参与机制。通过实施这些策略和方法，企业可以更好地满足客户的个性化需求，提高产品的市场竞争力。

1.1.4.3 工业4.0的挑战

目前，工业4.0发展过程中遇到的挑战有很多，主要体现在新技术的突飞猛进和高效应用过程中出现的新局势与新问题等，本书主要从以下四个方面进行阐述。

1. 在保障企业与个人信息安全方面

在数字化和信息化技术日益发展的背景下，数据安全与隐私保护成为企业和个人关注的重要问题。企业需要采取有效措施保护自身的商业机密、客户数据和员工信息，避免数据泄露、篡改和损失。企业需要制定一套完整的数据安全策略和规程，确保所有员工了解并遵守，包括数据分类、访问控制、加密传输、备份存储等方面的相关规定。企业要定期对员工进行安全意识培训，提高员工对数据安全和隐私保护的认识。培训内容包括密码安全、防范网络钓鱼、识别恶意软件等。企业要实施严格的访问控制政策，确保只有授权用户才能访问敏感数据，包括设置强制身份验证、使用多因素认证、按需分配权限等措施。企业要对存储和传输的敏感数据进行加密处理，以防止数据在传输过程中被截获和破解。常用的加密技术包括对称加密、非对称加密和数字证书等。企业要部署合适的网络安全设备和软件，如防火墙、入侵检测系统、安全事件管理系统等，以防止网络攻击和数据泄露。企业要定期对关键数据进行备份，并存储在安全的离线或云端环境中；制订数据恢复计划，确保在发生数据丢失或损坏时快速恢复业务运行。企业要定期进行安全审计和监控，检查系统漏洞、异常行为和安全风险，发现问题时及时采取措施进行修复和整改。

2. 在制定适应新技术发展的政策与标准方面

为了适应工业4.0的发展，各国需要制定相应的政策与标准推动产业转型升级、保障网络安全、保护知识产权和促进可持续发展，具体如下：①制定产业政策和规划。各国政府需要明确发展目标、优先领域和重点任务，制定相应的产业政策和规划，引导企业加大研发投入，推动关键技术创新。②优化创新生态。鼓励企业、高校和研究机构加强合作，实现创新链和产业链的有机结合，培育技术创新和产业发展的良好环境。③加强技术标准制定。制定一系列适应工业 4.0 发展的技术标准，包括设备互联、数据安全、通信协议等方面的统一规范，推动产业链各环节的高效协同。④保障网络安全。立法和执法部门需要加强网络安全监管，保护关键信息基础设施，确保企业和用户的数据安全隐私权益。⑤人才培养和引进。加强工业 4.0 领域的人才培养和引进，为产业发展提供充足的人力资源支持。⑥促进中小企业发展。鼓励中小企业参与工业 4.0 的发展，提供财政、税收、金融等政策支持，促进中小企业和大企业的合作与竞争。⑦保护知识产权。加强对知识产权的保护，打击侵权行为，鼓励企业加强知识产权创新和运用，提高产业核心竞争力。⑧促进可持续发展。推动工业 4.0 技术在节能减排、资源循环利用等方面的应用，实现经济发展与环境保护的协调发展。

3. *在适应新技术与市场需求的变化方面*

产业结构调整是为了适应新技术与市场需求变化，优化资源配置，提高产业附加值和竞争力，具体如下：①优化产业布局。根据区域资源、基础设施和人才优势，引导产业向更具竞争力和创新能力的领域转移；同时，鼓励区域间协同发展，形成优势互补和产业链完整的产业集群。②促进产业升级。推动传统产业通过技术创新和研发投入实现产品与服务的优化升级，以提高产业附加值；同时，鼓励发展高新技术产业，满足市场对新兴技术和高附加值产品的需求。③淘汰落后产能。对过剩、高污染、高耗能的产业实施严格监管，加大淘汰力度，引导资金和资源向更具发展潜力的产业领域流动。④发展绿色产业。鼓励绿色技术创新和绿色产业发展，提高资源利用效率，降低能源消耗和环境污染，促进经济与环境的协调发展。⑤扶持中小企业。为中小企业提供优惠政策、融资渠道和技术支持，帮助其提高市场竞争力，鼓励中小企业与大企业建立合作关系。⑥人才培养和引进。根据产业发展需求，加强职业教育和培训，培养和引进高技能与创新型人才，提高产业人才整体水平。⑦完善产业政策和法规。制定和完善产业政策、法规及标准，引导产业发展方向，保障市场公平竞争，保护知识产权和消费者权益。⑧加强国际合作。加大国际产能合作力度，积极参与全球产业链重组，引进先进技术和管理经验，推动本国产业向全球价值链中高端迈进。通过以上措施，各国可以实现产业结构的优化和调整，以适应新技术与市场需求的变化，促进经济的持续、健康发展。

4. 在国际市场竞争与产业链协同方面

在经济全球化背景下，国际市场竞争与产业链协同已成为推动经济发展的重要因素。各国应充分发挥自身优势，参与全球竞争与合作，实现互利共赢，具体如下：①提高国际竞争力。各国应加强科技创新、人才培养和知识产权保护，提高本国产业在国际市场的竞争力；同时，应优化营商环境，吸引全球优质资本、技术和人才资源。②加强产业链协同。各国应积极参与全球产业链和供应链合作，形成跨国公司、地方企业和中小企业之间的协同发展，提高产业链整体效益。③深化区域合作。加强区域经济组织和自贸区建设，推动贸易和投资自由化、便利化，促进区域内产业分工、优势互补和资源共享。④保障全球贸易秩序。各国应遵守世界贸易组织（WTO）等国际组织制定的国际经贸规则，反对保护主义和单边主义，维护公平、开放、透明的国际贸易体系。⑤发展跨国投资。鼓励企业开展跨国投资与合作，引进先进技术、管理经验和市场资源，促进产业转型升级和国际市场拓展。⑥共建“一带一路”。积极参与“一带一路”建设，推动政策沟通、设施联通、贸易畅通、资金融通和民心相通，实现区域共同发展繁荣。⑦共享科技成果。加强国际科技交流与合作，共享科技创新成果，提高全球科技水平和产业竞争力。⑧促进可持续发展。共同应对全球性挑战，如气候变化、资源紧缺、环境污染等，推动绿色发展和可持续发展目标的实现。通过全球竞争与合作，实现产业链协同发展，提高整体经济效益，为全球经济繁荣和可持续发展做贡献。

1.1.4.4 工业 4.0 的影响与趋势

世界经济论坛的执行董事长克劳斯·施瓦布认为，就数字化和 AI 对全球经济的影响来看，第四次工业革命和第二次机器革命息息相关，但生物科技在第四次工业革命中扮演着更为广泛的角色。这些科技扰乱了每一个国家几乎所有的产业，而这些改变的深度和广度则带来了整个生产、管理及治理系统的转型。克劳斯·施瓦布把新兴科技的突破视为这个革命的一部分，如 AI、机器人、物联网、自动驾驶汽车、3D 打印、量子计算机以及纳米科技。在第四次工业革命中，我们将会看到那些具有高度扰乱潜力的新兴科技的大量运用。具体影响如下：①生产效率提升。通过智能制造、自动化和优化生产流程，提高生产效率，降低生产成本，有助于企业提高竞争力。②个性化定制。工业 4.0 使企业能够根据客户需求进行快速、灵活的定制生产，满足消费者多样化、个性化的需求。③产业链协同优化。通过物联网技术实现产业链各环节的实时数据交互，提高供应链管理水平，降低库存和物流成本。④产品创新。利用AI、大数据等技术进行产品设计、研发和创新，推动新兴产业发展，提高产业附加值。⑤可持续发展。工业4.0有助于实现资源和能源的高效利用，减少环境污染，促进绿色发展和可持续发展。⑥新就业机会。虽然自动化和智能化可能导致部分传统岗位减少，但工业4.0会带来新的就业机会，如数据分析师、机器人技师等。⑦人才需求变化。工业4.0对人才的需求呈现多样化、高技能化、创新型特点，对职业教育和人才培训提出了新的挑战。

在此背景下，工业4.0的主要趋势如下：①深度融合。信息技术与制造业的深度融合将成为常态，推动制造业实现数字化、网络化、智能化的转型升级。②制造业生态系统变革。工业4.0将重塑制造业生态系统，促使各类企业建立更紧密的合作关系，形成产业链的协同发展。③智能制造。智能制造将成为未来制造业的核心竞争力，包括智能设备、智能工厂、智能供应链等方面的发展。④服务型制造。服务型制造也称为“制造服务化”，是指制造企业在传统制造业的基础上，将服务和解决方案融入产品及生产过程，以满足客户多样化、个性化需求的一种发展模式。服务型制造强调的是在产品生命周期中提供附加值服务，使制造企业从单纯的产品制造商转变为综合解决方案提供商。

1.2 物联网与工业互联网

1.2.1 物联网

物联网是一种计算设备、机械、数字机器相互关联的系统，具备通用唯一识别码，并具有通过网络传输数据的能力，无须人与人或人与设备的交互。物联网将现实世界数字化，应用范围十分广泛。物联网可采集分散的资料，整合物与物的数字信息。物联网的应用领域主要有：运输和物流、工业制造、健康医疗、智能环境(家庭、办公、工厂)、个人和社会领域等。

1.2.1.1 物联网概念及起源

物联网是一种全球性网络，通过互联网实现物体与物体、物体与人之间智能化的信息交互。物联网基于对网络、设备、传感器、数据处理等技术的综合运用，以实现对物体的智能控制和管理。物联网的起源可以追溯到20世纪90年代。以下是物联网概念及起源的简要介绍。

尽管“物联网”作为一个术语是在21世纪初才开始流行的，但它的基本思想可以追溯到20世纪七八十年代。当时，研究人员已开始探索计算机与网络技术在自动化和远程控制领域的应用。“物联网”最早是由英国科学家 Kevin Ashton 于1999年提出的。当时，他在麻省理工学院（MIT）的 Auto-ID 中心工作，研究基于射频识别（Radio Frequency IDentification，RFID）技术的物品追踪和管理系统。他认为，通过连接现实世界的物体和互联网，可以实现更高效、更智能的信息交互。在探索实现物联网的过程中产生相关关键技术，20世纪90年代，随着 RFID 技术的发展，物联网的基础设施逐渐成熟。RFID 是一种无线通信技术，可以实现对物品的自动识别和追踪，为物联网的发展奠定了重要基础。自2000年以来，国际组织和产业联盟开始推动物联网的标准化工作，以实现设备和平台之间的互操作性。物联网技术已深入各个领域和人们的日常生活。在以上基本技术的支持下，物联网进入高速发展的阶段。

1.2.1.2 发展阶段和趋势

物联网的发展经历了多个阶段，目前正朝着更广泛的应用、更智能的分析和更安全的网络发展。

1. 初级阶段（20世纪90年代至21世纪初）

物联网的起源可以追溯到20世纪90年代，基于 RFID 技术的物品追踪和管理系统。在这个阶段，物联网的应用主要集中于物品识别、追踪和仓储管理等方面。

2. 成长阶段（21世纪初至2019年）

随着互联网、无线通信和传感器技术的飞速发展，物联网逐渐从理论走向实践，越来越多的设备和系统连接到互联网，形成了一个庞大的、互联互通的全球网络。在这个阶段，物联网的应用领域逐渐扩大，涉及智能家居、智能交通、智能医疗等多个领域。

3. 成熟阶段（2019年至今）

如今，物联网技术已经得到广泛应用，不仅在消费领域，还在工业、农业、城市管理等领域取得了显著成果。物联网技术已深入各个领域和人们的日常生活。在这个阶段，物联网的关键技术日趋成熟，设备数量和应用范围不断扩大。

随着物联网技术的不断发展，物联网在包括工业生产、农业、环境监测、能源管理等更多领域得到更广泛的应用。物联网产生的大量数据需要进行有效的分析和处理。未来，物联网将与 AI、大数据等技术深度融合，实现更智能的数据分析和应用等。随着设备数量的增加，物联网将面临更大的数据处理压力。边缘计算技术有望解决这一问题，通过在数据产生的设备边缘进行计算和分析，减轻中心服务器的负担。5G 技术的出现为物联网带来更快的网络速度、更低的时延和更大的连接密度。

1.2.1.3 关键技术与应用领域

物联网的关键技术涉及多个方面，包括传感器技术、通信与网络技术、数据处理与分析，以及安全与隐私保护。以下是物联网关键技术的详细介绍。

1. 有线通信技术

IoT 中的有线通信技术主要用于连接各种设备并实现可靠、稳定的数据传输。以下是物联网中常用的有线通信技术。

(1)以太网(Ethernet)。以太网是一种常见的局域网(LAN)技术，适用于在有限范围内实现高速、可靠的数据传输。以太网技术在物联网中广泛应用于连接工业设备、数据中心和服务器等。

(2)串行通信(Serial Communication)。串行通信是一种通过顺序传输比特数据的通信技术，常见的串行通信协议包括 RS-232、RS-422 和 RS-485 等。串行通信技术在物联网中用于连接各种传感器、执行器和控制器等设备。

(3)通用串行总线(USB)。USB 是一种广泛应用于计算机、消费电子产品和物联网设备的通信接口。USB 技术在物联网中用于连接各种设备并实现数据传输与设备充电。

(4)控制器局域网(CAN)。CAN 是一种用于实现实时、可靠数据传输的网络协议，广泛应用于汽车、工业自动化和嵌入式系统等领域。CAN 技术在物联网中用于连接各种控制器和传感器等设备。

(5)Modbus。Modbus 是一种用于连接工业电子设备的通信协议，支持串行(RS-232/RS-485)和以太网(TCP/IP)两种通信方式。Modbus 在物联网中用于实现工业设备之间的通信和数据传输。

(6)以太网/IP(Ethernet/IP)。以太网/IP 是一种基于以太网的工业自动化通信协议，用于实现工业设备之间的实时、可靠数据传输。以太网/IP 在物联网中应用于连接各种工业控制器、传感器和执行器等设备。

尽管无线通信技术在物联网中越来越流行，但有线通信技术在许多场景中仍然具有不可替代的优势，如稳定性、可靠性和实时性等。在物联网中选择合适的通信技术需要根据具体的应用场景和需求进行权衡。

2. 无线通信技术

IoT 的无线通信技术主要包括以下几种。

(1)无线局域网(Wi-Fi)。Wi-Fi 是一种广泛应用于家庭和企业网络的无线通信技术。它使用 2.4 GHz 或 5 GHz 的无线频段进行通信，可实现高速数据传输和连接多个设备。

(2)蓝牙(Bluetooth)。蓝牙技术是一种短距离无线通信技术，适用于设备之间的数据传输和连接。蓝牙通常用于连接智能手机、传感器、智能家居设备等。

(3)Zigbee。Zigbee 是一种低功耗、短距离无线通信技术，专注于物联网设备之间的通信，适用于低速、低功耗的应用场景，如家庭自动化、智能能源管理等。

(4)Z-Wave。Z-Wave 是一种专门设计用于家庭自动化的无线通信技术，具有低功耗、中等数据传输速率和较长的通信距离等特点，可以连接和控制多种智能设备。

(5)LoRaWAN。LoRaWAN(Long Range Wide Area Network)是一种低功耗、远距离无线通信技术，适用于广域物联网应用，提供长距离的通信覆盖，应用于传感器网络、智能城市等场景。

(6)NB-IoT。NB-IoT(Narrowband Internet of Things)是一种低功耗、窄带宽的蜂窝网络技术，为物联网设备提供远距离通信连接，广泛应用于智能水表、智能电表、智能农业等领域。

(7)5G。5G 是第五代移动通信技术，具有高速、低时延和大容量的特点。5G 网络可以支持大规模物联网设备连接和高速数据传输，为物联网应用提供更强大的通信能力。

以上是物联网中常用的无线通信技术，不同的应用场景和需求可选择适合的通信技术实现设备之间的连接与数据传输。

1.2.2 工业互联网

工业互联网不是互联网在工业的简单应用，而是具有更丰富的内涵和外延。它以网络为基础、以平台为中枢、以数据为要素、以安全为保障，既是工业数字化、网络化、智能化转型的基础设施，也是互联网、大数据、AI 与实体经济深度融合的应用模式，还是一种新产业、新业态，将重塑企业形态、供应链和产业链。

1.2.2.1 工业互联网的概念与特点

工业互联网是一种将物联网技术应用于制造业和其他工业领域的概念。

它通过将智能设备、传感器、软件和网络技术整合在一起，实现对工业设备和生产过程的实时监控、分析与优化，从而提高生产效率、降低能耗和成本，提升产品质量与创新能力。工业互联网具有以下特点。

(1)智能化。工业互联网通过引入智能设备和传感器，实现对生产过程的实时监测和数据收集。这些数据可以用于机器学习和AI算法，以便实现自动化决策和更精确的生产控制。

(2)连接性。工业互联网通过互联网、局域网和无线通信技术，实现设备、系统和人员之间的实时信息交流。这有助于提高生产过程的协同性，减少生产中的延误和错误。

(3)数字化。工业互联网产生了海量的数据，这些数据可以用于深入分析和挖掘潜在价值。通过对这些数据进行分析，企业可以发现生产中的瓶颈、优化生产流程、降低能耗和成本，以及开发新产品和服务。

(4)安全性。工业互联网的广泛应用可能会引发安全问题，如数据泄露、网络攻击等。因此，工业互联网需要采取一系列安全措施，包括数据加密、访问控制、防火墙等，以确保生产安全和数据安全。

(5)可扩展性。工业互联网可以适应不同规模和类型的企业，从小型制造企业到大型跨国公司都可以应用工业互联网。随着技术的发展，工业互联网的应用范围和功能将不断扩大。

(6)创新性。工业互联网可以加速企业创新，通过实时数据分析、模拟和优化，帮助企业更快地推出新产品和新服务。此外，工业互联网还可以促进企业之间的合作和知识共享，进一步推动产业发展。

1.2.2.2　工业互联网与传统工业的区别

工业互联网与传统工业在很多方面都有显著的区别。相较于传统工业，工业互联网通过引入智能设备、传感器和AI技术，实现了生产过程的实时监控和数据收集。这使得工业互联网具有更高的自动化水平和智能化程度，可以更精确地控制生产过程，并在需要时进行快速调整。相比之下，传统工业通常依赖于人工操作和离线数据收集，信息流通速度较慢，数据利用效率较低。工业互联网产生了大量数据，这些数据可以用于深入分析和挖掘潜在价值。通过对这些数据进行分析，企业可以发现生产中的瓶颈、优化生产流程、降低能耗和成本，以及开发新产品和新服务。传统工业往往缺乏有效的数据收集和分析手段，难以实现数据驱动的决策和优化。

工业互联网和传统工业相比还具有灵活性与可扩展性，以及较好的创新性。工业互联网具有较高的灵活性和可扩展性，可以适应不同规模和类型的企业。随着技术的发展，工业互联网的应用范围和功能将不断扩大。相比之下，传统工业通常具有较低的灵活性，难以适应快速变化的市场需求和技术进步。工业互联网可以加速企业创新，通过实时数据分析、模拟和优化，帮助企业更快地推出新产品和服务。此外，工业互联网还可以促进企业之间的合作和知识共享，进一步推动产业发展。相比之下，传统工业往往缺乏有效的创新手段和合作机制，创新速度较慢。

1.2.2.3 工业互联网的发展历程与趋势

1. 工业互联网的发展历程

工业互联网的发展历程可以分为以下几个阶段。

(1)早期阶段(20 世纪 90 年代至 21 世纪初)。这个阶段主要是自动化和计算机集成制造的初步实现。企业开始引入计算机系统和自动化设备，实现生产过程的自动化和数字化。此外，企业内部的信息系统逐渐与生产过程相结合，为生产提供支持。

(2)初现端倪阶段(21 世纪初至 2010 年)。在这个阶段，物联网、云计算、大数据和移动互联网等技术不断发展，逐渐应用于工业领域。企业开始部署基于互联网和局域网的设备与系统，实现生产过程的实时监控和数据收集。

(3)快速发展阶段(2010 年至今)。随着“工业 4.0”“智能制造”等概念的提出，工业互联网进入了一个快速发展阶段。在这个阶段，工业互联网逐渐成为制造业的重要发展方向，越来越多的企业开始采用工业互联网解决方案，以提高生产效率、降低成本和推动创新。

2. 工业互联网的发展趋势

工业互联网是工业领域与互联网技术的结合，它将进一步推动制造业的数字化、智能化和自动化发展。5G 技术为工业互联网提供了高速、低时延的通信能力，支持大规模设备连接和实时数据传输，加速工业互联网的发展。为了降低数据传输的延迟和减轻中央云服务器的负载，边缘计算和雾计算将在工业互联网中发挥重要作用，将数据处理和决策推向网络边缘，提高响应速度和效率。工业互联网将进一步整合 AI 和机器学习技术，实现设备智能化、数据分析和预测性维护，提高生产效率和质量。数字孪生(Digital Twin)是实体设备的虚拟模型，可以通过模拟和优化改进生产过程。数字孪生技术进一步发展，将提供更准确、更全面的生产过程模拟和优化能力。工业互联网将促进不同系统和平台之间的集成，实现跨设备、跨系统的数据共享和交互，推动生产过程的协同和优化。工业互联网可以帮助优化能源利用、降低排放和提高资源利用效率，推动绿色制造和可持续发展。

1.3 信息物理系统

信息物理系统(Cyber-Physical System，CPS)，或称“虚实集成系统”，是一个结合计算机运算领域以及传感器和制动器设备的集成控制系统。目前，某些领域已出现类似于CPS的电子控制集成系统，如航空、汽车、化学制程、基础建设、能源、健康、制造、交通控制、娱乐和消费性电子产品，但这些系统通常都是嵌入式系统，强调机器的计算能力，而CPS更强调各个实体设备和计算机运算网络的连接。

1.3.1 CPS的概念及其发展背景

2005年5月，美国国会要求美国科学院评估美国的技术竞争力，并提出维持和提高这种竞争力的建议。5个月后，基于此项研究的报告《站在风暴之上》问世。在此基础上，2006年2月发布的《美国竞争力计划》将CPS列为重要研究项目。到了2007年7月，美国总统科学技术顾问委员会(PCAST)在题为《挑战下的领先——竞争世界中的信息技术研发》的报告中列出了九大关键信息技术，其中CPS居首位，其余分别是软件、数据、数据存储与数据流、网络、高端计算、网络与信息安全、人机界面、NIT与社会科学。欧盟则从2007年到2013年在嵌入智能与系统的先进研究与技术(ARTMEIS)上投入54亿欧元(超过70亿美元)，以使其在2016年成为智能电子系统的世界领袖。

CPS是一种将计算、通信和控制功能紧密集成到物理系统中的技术。CPS通过实现物理世界和数字世界的互联互通，为各种领域提供高效、智能的解决方案。CPS是一类具有计算、通信和控制能力的智能系统，其内部包含物理组件和数字组件。这些系统能够实现对物理设备的实时监控、数据分析和控制，从而提高系统性能、安全性和可靠性。CPS作为一种跨学科领域的技术，涉及计算机科学、通信技术、控制理论、物理学等多个领域。

CPS的发展是由多个方面的技术进步驱动，主要包括计算能力的提升、通信技术的革新、传感器技术的突破以及大数据和AI的发展等。这些技术的进步为CPS的实现奠定了坚实的基础。随着全球竞争的加剧和资源环境压力的增大，产业界对提高生产效率、降低能耗、实现可持续发展等方面的需求日益迫切。CPS作为一种具有巨大潜力的技术，正逐渐成为各个产业发展的重要驱动力。在数字化、网络化和智能化背景下，人们的生活和工作方式发生了深刻变革。CPS 作为一种将数字世界与现实世界相互融合的技术，有助于实现更加智能、便捷和安全的社会生活方式。为了应对技术变革和产业升级的挑战，各国政府纷纷出台了一系列政策措施，以支持 CPS 等新一代信息技术的研究、开发和应用。这些政策为推动 CPS 的发展提供了有力的支持。

总之，CPS 的概念及其发展是在技术进步、产业需求、社会变革和政策推动等多重因素的共同作用下形成的，CPS 技术的发展为人类社会带来了巨大的机遇和挑战。

1.3.2 CPS 的主要特点

CPS 借用技术手段实现人的控制在时间、空间等方面的延伸，CPS 系统的本质就是人、机、物的融合计算。和传统的嵌入式系统不同，一个完整的 CPS 被设计成一个实体设备的交互网络，而不仅仅是一个单独运作的设备。这个概念类似于机器人网络和无线感测网络。据推测，接下来的数年在科学和工程上的进步会使计算与物理实体单元更紧密地结合，从而使 CPS 的适应性、自动化、效率、功能、可靠性、安全性和可用性大幅提升。科技进展也让 CPS 在多个方面应用的可能性变大。CPS 的主要特点如下。

(1)深度集成。CPS 将计算、通信和控制功能紧密集成到物理系统中，实现了物理世界和数字世界的无缝连接。这种深度集成使得 CPS 具备高度智能化和自主化的能力。

(2)实时性。CPS 具有实时数据采集、处理和控制的能力。通过实时监控物理系统的状态，CPS 能够快速响应环境变化和系统需求，提高系统的响应速度和执行效率。

(3)自适应性。CPS 具备强大的自适应能力，能够根据实时数据和预测模型动态调整系统的运行状态。这种自适应性使 CPS 能够应对不确定性、变化性和复杂性更高的环境与任务。

(4)可预测性。CPS 利用先进的数据分析和 AI 技术，能够对系统的未来状态进行预测和推测。这种可预测性有助于实现更加精确和高效的系统控制，降低故障率和运维成本。

综上所述，CPS 的主要特点包括深度集成、实时性、自适应性、可预测性等。这些特点使 CPS 具有巨大的潜力，可广泛应用于工业制造、智能交通、能源管理、医疗健康等多个领域。

1.3.3 CPS 的应用领域

如果物联网的市场规模像人们所说的有上万亿元，那么 CPS 的市场规模则难以计数，因为CPS涵盖了小到智能家庭网络，大到工业控制系统乃至智能交通系统等国家级甚至世界级的应用。更重要的是，这种涵盖不是将物与物简单地连在一起，而是要催生出众多具有计算、通信、控制、协同和自治性能的设备。中国科学院院士何积丰表示，“下一代工业将建立在CPS之上，随着CPS技术的发展和普及，使用计算机和网络实现功能扩展的物理设备无处不在，并将推动工业产品和技术的升级换代，极大地提高汽车、航空航天、国防、工业自动化、健康/医疗设备、重大基础设施等主要工业领域的竞争力”。

CPS可以用于智能制造、自动化生产线、工业机器人等工业领域，提高生产效率，降低生产成本，并提升产品质量。CPS还可以应用于智能交通管理、自动驾驶汽车、无人机等交通领域，提高道路利用率，减少交通事故，并降低能耗。同时，CPS可以用于智能电网、可再生能源管理、环境监测等领域，实现能源的高效利用，降低排放，并保护生态环境。另外，CPS可以应用于智能建筑、城市基础设施管理等领域，用于远程医疗、智能健康管理、康复辅助等医疗领域，用于精准农业、农业物联网、食品安全监管等领域，用于智能仓储、物流自动化、供应链优化等领域，用于智能安防、应急通信、灾害预警等领域等。随着技术的不断发展和创新，CPS的应用范围将不断扩大，为各个行业带来更多的机遇和挑战。

1.3.4 CPS的发展趋势与前景

为加快推动工业互联网产业发展，促进工业和信息通信领域的沟通交流、深度融合，在工业和信息化部的指导下，由中国信息通信研究院牵头联合各领域产学研用相关单位，共同建设工业互联网产业联盟（Alliance of Industrial Internet，AII），打造工业互联网产业生态。AII以融合、开放、创新、共赢的理念，组织全体成员单位，组建工作组14个、特设任务组15个、垂直行业领域16个、分联盟6个，分别从顶层设计、需求、技术标准、网络、平台、安全、测试床、产业发展、国际合作、政策法规与投融资、人才等多方面开展工作，形成产业共识，推动产业发展。通过组织工业互联网大会（原工业互联网峰会）等大型活动，持续宣传工业互联网最新发展成效，提升AII国内外影响力。截至2021年6月，AII成员单位数量已近2000家，发布了近百份白皮书、研究报告、联盟标准，包含《工业互联网体系架构》《工业互联网平台白皮书》等。遴选出测试床66个及应用案例和解决方案200余个，并在工业互联网网络、标识、平台、安全等方面，结合新的技术与应用，探索开展联盟实验室和联盟实训基地建设。

随着 AI、物联网、大数据、云计算等技术的不断发展和融合，CPS 将实现更高的智能化、自主化和实时性，提升系统性能和应用效果。CPS 将继续拓展在工业制造、智能交通、能源管理、医疗健康等领域的应用，为各行业带来更高效、可持续的解决方案。为促进 CPS 技术的广泛应用和发展，未来将出现更多开放平台和生态系统，以支持企业与开发者快速构建、部署和管理 CPS 应用。随着 CPS 应用的普及和规模的扩大，行业标准和互操作性将成为关键问题。未来，各个领域将努力制定统一的标准和规范，以确保 CPS 系统间的顺畅协作。随着 CPS 在各个领域的广泛应用，系统安全和隐私保护将成为越来越重要的议题。未来，CPS 系统将采用更加严密的安全措施和技术，以保障系统稳定运行和用户隐私。CPS 的发展和应用得到全球范围的合作与政策支持，各国政府、企业和研究机构将加强合作，共同推进 CPS 技术的研究、发展和应用。为应对 CPS 技术的快速发展和广泛应用，未来将需要大量具备相关技能的人才。教育和培训将成为关键环节，以确保人才供应和技能提升。

综上所述，CPS 的发展趋势及前景包括技术融合与创新、跨领域应用拓展、开放平台与生态系统建设、标准化与互操作性、安全与隐私保护、全球合作。

第2章

质量与质量管理

2.1 质量的含义

质量是一个随着时代发展不断变化的概念，人们往往因为关注点的不同而对它产生新的了解和认识。例如，在 18 世纪中期，欧洲的工业革命促成了工厂的诞生，在工厂进行大批量生产成为主流趋势，不仅可以最大限度地提高产量，而且可以节约时间、控制成本。但是随之而来的质量问题，如零部件的互换性、标准化以及工装和测量的精度，逐渐引发人们的关注，迫使人们开始重视产品自身符合规格的问题。后来，随着产品用户体验的重要性不断凸显，美国著名质量管理专家朱兰提出产品质量就是产品的适用性，即产品在使用过程中能够满足用户需求的程度，并认为适用性是对产品的基本要求。20 世纪 20 年代，工业化的快速推进使消费者对产品质量提出了更高的要求。休哈特对质量有过精辟的表述，他认为质量主要分为两个方面，一方面是指客户想要的主观质量；另一方面是基于产品特性具备的客观质量，且质量应具有可度量的量化特征。同时，为了满足市场需求，应将顾客的潜在需求转化为特定产品和服务的可度量特性。可见，结合时代发展的特点质量的定义是在不断变化的。那么，究竟什么是质量呢?

除了以上两位质量管理大师对质量进行定义外，还有菲利普·B. 克罗斯比、爱德华兹·戴明、阿曼德·费根堡姆(Feigenbaum)、石川馨等多位质量问题泰斗对质量下过定义。虽然大家在某些方面达成了共识，但始终形不成较为一致的定义。他们对于质量的论断因为侧重点不同而存在差异，具体来说，可将质量的定义分为两类：第一，产品和服务的特性要符合规格要求，且要可量化。第二，产品和服务要满足顾客需要。

第一类定义的代表人物是克罗斯比和田口玄一。克罗斯比提出质量就是产品或服务的可测度或已测度的特点符合规格标准，田口玄一则认为质量就是产品上市后给社会带来的损失。第二类定义的代表人物有休哈特、朱兰、戴明、费根堡姆和石川馨。戴明认为，质量是多维的，但必须由客户满足度来界定；费根堡姆认为，质量是动态的，是随着客户的需求不断变化的；石川馨认为，质量等于客户满意度，并且需要全面界定。

现如今，随着社会经济的发展以及各行各业标准的完善，人们对质量的认识更加深入而广泛，质量的定义经过一系列演变。ISO 9000：2005《质量管理体系——基础和术语》将其最终定义为：一组固有特性满足要求的程度。该定义暗含了质量载体的广泛性，包含产品、过程或体系。质量要满足需求主体要求的目的性，其中，要求是指明示的、通常隐含的或必须履行的需求或期望；同时，需求主体的社会性导致要求的内涵具备多元性和广泛性。该定义还重点解释了质量的“固有性”，它表明质量载体中本来就有的，尤其是永久的特性，如产品的适用性、安全性、可信性和经济性等才是产品的质量特性。与此相对应的是后天“赋予的”特性，如产品的价格和所有者并不属于质量特性，尤其是产品的价格。在日常生活中，人们倾向于认为价格是产品质量的反映，产生“好货不便宜、一分价钱一分货”的想法。但是价格的形成并非由产品、体系或过程中的固有特性成本完全主导，它还以此为基础人为附加了税负、买卖双方的讨价还价能力等外在因素。因此，消费者和商家都产生了巨大的误解，从而引发矛盾、冲突、纠纷，严重扰乱市场的经济秩序。

2.2 质量管理

2.2.1 质量管理的相关概念

质量管理是指在质量方面指挥和控制组织协调的活动，具体来说是为了实现质量目标而实施的所有管理性质的活动，通常包括制定质量方针（Quality Policy）、质量目标（Quality Objective），实施质量策划（Quality Planning）、质量控制（Quality Control）、质量保证（Quality Assurance）和质量改进（Quality Improvement）等活动。

1. *质量方针*

质量方针一般是由组织的最高管理者正式发布的关于该组织在质量方面的宗旨和方向。质量方针应与组织的总体方针相一致，且要在内容中体现组织不断提高质量管理体系有效性和适用性的承诺。同时，质量方针要为质量目标的制定提供框架，使质量目标的制定更加有效地结合组织的实际情况，以便员工进行沟通、理解和实施。

2. 质量目标

质量目标是指组织在质量方面追求的目的，要与质量方针保持一致，并将其分解到具体的员工和部门；同时，它应该是富有挑战性的、切实可行的以及可度量的，以利于评价质量目标的完成程度，并对质量目标进行相应的改善。

3. 质量策划

质量策划是致力于制定质量目标，并规划实现目标过程中所需的资源和运行的活动，其中，编制质量计划是该活动的一部分。

4. 质量控制

质量控制是通过控制产品生产过程中的各要素，如人、料、法、机、环等，以及监视和消除服务提供过程中引起不满意的因素，来达到质量要求的一系列活动。

5. 质量保证

质量保证是组织根据用户需要对有关产品和服务能够满足质量要求进行进一步证实的活动，它以质量控制过程中的质量保证为基础，进一步让人们相信质量管理是有效的。

6. 质量改进

质量改进是指组织致力于增强满足质量要求的能力，从而为顾客提供增值效益。其中，满足质量要求体现在提高完成策划活动的有效性、所用资源在实现结果过程中的配置效率，以及出现质量问题时的可追溯性。

综上所述，一系列质量管理活动的实施有利于改善组织的质量管理体系，而它的充分应用可以与组织中的其他管理活动更有效地结合，从而促进组织更好地发展。

2.2.2 质量管理的演变

随着社会生产力的发展，质量管理逐渐从企业管理中分离出来，成为一个独立的学科。回顾质量发展的历史进程，人类社会的质量活动可以追溯到远古时代。早在2400多年以前，我国就有了青铜制刀枪等武器的质量检验制度，先秦时期的《礼记·月令》中也有记载政府中专门设有负责考察质量的职位——“大工尹”。后来，随着工业革命以及世界大战的爆发，人们对质量提出了更高的要求，质量管理的重要性日益凸显。但现代意义上的质量管理则是从 20 世纪初开始的，根据质量管理的方式和手段的不同，可将质量管理大致分为以下四个阶段：第一阶段是第二次世界大战以前，称为质量检验阶段；第二阶段是从第二次世界大战开始到 20 世纪 50 年代，称为统计质量控制阶段；第三阶段是从 20 世纪 60 年代开始的全面质量管理阶段；第四阶段是从 20 世纪 80 年代中期至今的标准化质量管理阶段。

2.2.2.1 质量检验阶段

20 世纪以前，受手工业作坊式生产经营方式的影响，产品质量通常依靠操作者的技艺和经验来保证，依靠手摸、眼看等感官估计或者简单的度量衡器来检测质量。此时，工人既是操作者又是质量检验者，经验就是“标准”，即“操作者的质量管理”。后来，随着工业革命的爆发，机器工业生产逐步取代了手工作坊式生产，质量管理得到了迅速发展。一些工厂开始设立专职、独立的检验部门，按照标准检验产品质量，反馈质量信息。此外，基于生产和使用的需要，人们还提出了“零件互换”和“加工公差”两个重要概念。其中，“零件互换”是指同一规格的一批零部件不经挑选和修配任选其一就可以装配在机器上，零件不仅可以互换，而且可以满足其使用功能要求的特性；而“加工公差”则是在保证零件互换的前提下，提出尺寸的加工误差范围，这些为质量检验的技术理论奠定了初步基础。

20 世纪初，人们对管理活动的研究达到了一个新的高峰，尤其是美国人泰勒，在系统梳理与总结以往生产管理的实践和经验的基础上，探索性地提出了科学管理思想，并且建立了一套“科学管理”的理论和方法，使管理的发展由经验上升为科学阶段。他主张将管理人员与操作人员进行合理分工，使计划职能和执行职能分开，并增加中间检验环节，从而形成了设计、操作、检验三个方面各有专人负责的职能管理体制。1908 年，美国人亨利 · 福特开始在汽车生产中引入流水线生产模式，这种生产模式大幅降低了公司的生产成本，使得装配一辆汽车所需的时间由 12 小时降到了 1 小时，福特公司的汽车产量很快占到了全球汽车产量的一半。但是，这种生产模式引发了大量的质量问题，为此福特公司设立了专职检验，第一次将检验人员从操作工人中分离出来。20 世纪 20 年代，质检工人的人数超过了生产工人数，由此促成了独立的质量检验部门产生，标志着质量管理由原来的经验管理进入了质量检验阶段。由于企业规模的扩大以及企业内部分工的细化，更多企业将质量检验机构从生产中分离出来，从而提高了劳动生产率、产品质量和固定资产利用率，并取得了较为明显的经济效益。

现代意义上的质量管理概念的诞生，标志着质量检验阶段的开始。这一阶段的主要特点是“三权分立”，即有人专职制定标准、有人负责制造、有人专职按照标准检验产品。这一阶段主要强调事后把关，检验人员的职责是将生产出来的产品中的合格品和不合格品进行分类筛选，以免不合格品以次充好流入社会，损害消费者的利益以及企业的声誉。这种事后把关的质量检验方法虽然必要且有效，但仍存在很多问题，具体如下。

（1）如何经济和科学地制定质量标准。质量标准的制定不仅要立足于企业的实际生产状况，而且要看重其在经济上是否合理以及能否满足消费者的使用需求；如果产品经济上不合理并且无法满足消费者的使用需求，即使在检验中通过，依然无法保证产品质量。

（2）怎样预防在制造过程中产生不合格品。质量检验只是在产品生产出来之后将不合格品进行筛选和剔除。此时，不合格品产生的人力、财力、物力损失已经形成，无法从源头抑制不合格品的产生，降低这部分损失。

（3）对全部成品进行检验是否可行。对全部成品进行检验能够使人们更加全面清晰地掌握所有产品的特性，以便做出判断。但是，这种检验方法对于大批量生产以及那些不破坏就无法进行检验的产品来说是不现实的。

为了解决这些在质量检验阶段出现的问题，并基于现实中提高产品质量的迫切需要，人们开始将数理统计的方法引入质量管理，从此质量管理发展到了统计质量控制阶段。

2.2.2.2　统计质量控制阶段

统计质量控制阶段的质量管理特征是数理统计方法与质量管理的结合。在第一次世界大战后期，美国贝尔电话研究所的休哈特博士为了在短时间内解决美国 300 万参战士兵的军装尺寸规格问题，通过抽样调查发现，人的高、矮、胖、瘦是符合正态分布的。因此，他应用数理统计原理方法，建议将军装按十种规格尺寸加工不同的数量。美国国防部采纳了他的建议，后来制成的军装基本符合士兵群体的要求，从而为如何经济和科学地制定产品质量标准提供了范例。1924 年，休哈特博士又将数理统计原理运用到质量管理中，提出了控制产生不合格品的“六西格玛”法，并发明了预防不合格品产生的控制图。他认为质量管理不仅需要事后检验，而且在发现有不合格品出现的先兆时就要进行分析改进，从而预防不合格品的产生，减少这一部分损失。控制图就是应用数理统计原理预防不合格品产生的工具。因此，控制图的出现标志着质量管理由单纯的事后检验转入事前预防加事后检验，是其成为一门学科的开始。1931 年，休哈特博士出版了《产品制造质量的经济控制》一书，对统计质量控制做了系统的论述。在休哈特创造控制图之后，美国贝尔电话研究所成立了一个检验工程小组，发表了抽样检验方法，提出了抽样检验的概念，创立了抽样检验表，为质量管理做出了突出贡献，也为解决产品质量检验问题尤其是产品的破坏性质量检验问题，提供了科学依据和手段。然而，由于20世纪20—30年代资本主义世界经济危机频发，各国生产发展处于停滞状态，对产品质量和质量管理要求不迫切，从而导致先进的质量管理思想和方法难以广泛推广，只有少数美国企业采用，绝大多数企业仍然沿用事后检验的管理方法。可以说，直到20世纪40年代，质量管理基本上还属于质量检验阶段。

直至第二次世界大战爆发，统计质量管理才得到了广泛应用。由于战争因素，大量军用产品的需求激增，美国许多生产民用产品的企业纷纷加入生产军用产品的队伍中。由于战争的特殊性，此时对军用产品的质量要求达到了一个新的高度，采用“事后检验”的办法既不可能，也不被允许。因为军用产品不仅批量大，而且多数属于破坏性检验，“事后检验”经常会延误交货期，即使增加了大量的检验人员，产品积压待检的情况仍日趋严重，有时不得不进行无科学根据的检查，结果导致战场上频频发生质量事故，如炸膛等，严重影响了军队士气和战斗力。为此，美国国防部为了有效解决军用产品的供应和质量问题，专门组织了一批数理统计学专家和高级工程师进行研究。他们运用数理统计的原理和方法，于1941—1942年制定了“美国战时质量管理标准”，即《质量控制指南》《数据分析用的控制图法》和《生产中质量管理用的控制图法》，强制生产军用产品的厂商推行。除此之外，美国国防部官员还带领这批专家前往全国各地为承担生产军用产品的企业举办了为期7天的质量管理讲习班，宣传上述质量管理标准和质量控制方法。同时，美国国防部要求各生产军用产品的企业按照已公布的三个标准进行生产过程的质量控制，并且严格按照这套标准验收军用产品。这迫使各生产军用产品的企业普遍推行统计质量控制方法，由此使美国在保证和提高军用产品质量方面取得了显著成效，并使美国在数理统计方法的使用上有了较大发展。

第二次世界大战结束后，在美国，除了生产军用产品的企业以外，许多生产民用产品的企业也积极采用这一方法提高利润和信誉，这就使得统计质量控制在美国迅速普及，并得到了进一步完善和发展，“美国产品”成了“优质品”的代名词。与此同时，统计质量控制这一方法的影响力也逐渐蔓延到其他国家，如西欧各工业国、日本和澳大利亚等。这些国家出于尽快恢复生产及增强本国产品在国际市场上竞争力，陆续推行了统计质量管理，并取得了显著成效。从此，统计质量控制方法在国际上得到了广泛应用和推崇，风行一时。

统计质量控制作为质量管理发展过程中的一个重要阶段，有非常明显的优点：从质量管理的指导思想来看，由以前的事后把关转变为事前的积极预防，从而有效减少不合格品带来的损失；从质量管理的方法来看，广泛深入地结合了数理统计方法和质量管理，为实施科学的质量管理提供了依据；从质量管理的管理方式来看，由专职检验人员把关转移至专业质量工程技术人员控制，使统计质量控制方法的应用更加切实有效。然而，它也存有不可忽视的缺点。首先，由于统计质量控制方法对数理统计方法的过分重视，人们误认为数理统计方法就是质量管理。人们通常难以掌握统计技术，进而会产生高深莫测的感觉，望而生畏，不利于该方法在更大范围的应用和推广。其次，统计质量控制方法在实施时往往要求产品生产处于稳定状态，其产品质量才能服从统计分布规律，但现实中并非一直如此。最后，统计质量控制方法忽视了组织管理工作，因为它对质量的控制只限于检验部门，而忽视了企业中其他部门对质量的影响，同时制约了其他部门和员工参与质量管理的积极性。综上所述，该方法虽然相较于单纯的质量检验已取得了很大的进步，但仍存在不足有待完善。

2.2.2.3　全面质量管理阶段

自 20 世纪 50 年代以来，随着科技上的重大突破以及社会生产力的不断发展，人们对产品质量的要求不断提高，产品质量不仅要满足消费者基本使用需求，还要满足经济性、安全性、可靠性等各方面要求，质量问题更为突出。与此同时，市场竞争日趋激烈，尤其是国际市场竞争的加剧，各国企业都很重视“质量保证”和“质量责任”问题，加强内部质量管理，注意维护企业信誉，提供能够满足消费者多样化需求的产品成为企业普遍追求的竞争力。同时，许多管理理论学派在这一过程中相继形成，提出了 X 理论、Y 理论、决策理论、系统理论等理论，这些理论从侧面反映了质量管理的实质。此外，随着消费者权利保护意识的觉醒，广大消费者为了抵制垄断集团在市场上销售劣质产品，推动保护消费者利益运动的兴起，以强调和捍卫消费者的权利，也促使政府开始关注并制定与保护消费者利益相关的法律。

基于上述各因素，企业逐渐意识到仅仅依靠统计质量管理难以满足社会和消费者对产品质量的要求，远远不足以应对日益严峻的挑战。为了在市场竞争中立于不败之地，广大企业的质量管理者积极开展调查研究，迫切需要建立一套能够解决现实问题科学有效的质量管理理论和方法。在此背景下，朱兰（Juran）博士明确指出，对质量进行有效控制，除了实施统计质量控制以外，还要关注许多其他的重要质量职能。最早提出全面质量管理概念的是美国通用电气公司经理费根堡姆，他于 1961 年出版了《全面质量管理》一书，该书提到企业的质量管理并不局限于某一部门，而是企业全体人员的共同责任，员工的参与和能动性是企业成功不可或缺的重要因素。他提出解决质量问题不能局限于制造过程，解决问题的手段也不能局限于统计方法。从此，全面质量管理的观点在全球范围得到了广泛传播，各个国家结合本国的实际情况，对本国的质量管理实践进行了各方面的创新。特别是日本，日本政府基于国土狭小、人口众多的实际情况制定了质量救国战略，面向广大企业积极倡导全面质量意识，并从美国聘请戴明博士和朱兰博士到日本企业推行质量管理。日本企业中的员工通常具有较强的群体意识，比较重视集体的力量而非个人英雄主义，这使得日本推行全面质量管理具有先天的优势。日本企业通过对美国质量管理理论的学习与创新，形成了具有日本特色的、实用价值更大的理论和方法，即日本式的全面质量管理，使日本在 20 世纪 70 年代一跃成为国际市场上强有力的竞争者，并最终促使其工业竞争力超过美欧各国。

日本的质量崛起震惊了很多国家，尤其是美国，很多人不解为什么产生于美国的全面质量管理却在日本取得成功？美国的质量界和企业界开始探讨寻找一种适合美国文化的、能够发挥美国企业优势的质量振兴之路。在政府方面，美国设立了波多里奇国家质量奖，将全面质量管理提升到了一个新高度；在企业方面，摩托罗拉公司提出的“六西格玛管理”无疑是美国质量振兴的急先锋。

改革开放以后，中国从日本引入了全面质量管理的概念，在理论研究和实际应用方面取得了一定的成效，为提高综合国力、参与国际市场竞争奠定了基础。但作为一个发展中国家，我国仍有许多新问题需要不断探索、解决，有许多好的经验需进一步总结、推广，以形成具有中国特色的质量管理模式。

2.2.2.4 标准化质量管理阶段

第二次世界大战期间，世界军事工业得到了迅猛发展。一些国家在采购军品时，不仅对产品特性提出了要求，还对供应厂商提出了质量保证的要求。1959 年，美国国防部发布了 MIL-Q-9858A《质量大纲要求》，是世界上最早有关质量保证方面的标准。随后，美国国防部制定和发布了一系列评定武器生产和承包商的质量保证标准，美国在军品生产质量保证方面的成功经验，在世界范围产生了很大影响。一些工业发达国家，如英国、美国、法国和加拿大等国在 20 世纪 70 年代末先后制定并发布了用于民品生产的质量管理与质量保证标准。随着世界各国经济交流与合作的加强，对供方质量体系的审核已逐渐成为国际贸易和国际合作的重要内容，许多国家发布了一些关于质量管理体系及审核的标准。但由于各国实施的标准不一致，给国际贸易带来了障碍，质量管理和质量保证的国际化成为世界各国的迫切需要。

另外，第二次世界大战后，科学技术迅速发展，基于新原理、新结构和新材料制造的新产品不断出现，这些产品与传统产品有很大区别。其中，相当一部分是具有高安全性、高可靠性或高价值的产品，用户对产品质量和产品保证的要求及期望不断提高，质量保证的形式逐渐丰富，并促进了组织质量管理的完善。美国质量管理专家费根堡姆博士提出了全面质量管理概念，为各国质量管理和质量保证标准的相继产生提供了坚实的理论依据与实践经验。

为了适应世界范围内对质量管理和质量保证的要求，1979 年，国际标准化组织(ISO)成立了第 176 个技术委员会(TC 176)，负责制定质量管理和质量保证标准。ISO/TC 176 的目标是“要让全世界都接受和使用 ISO 9000 族标准，为提高组织的运作能力提供有效的方法；增进国际贸易，促进全球的繁荣和发展；使任何机构和个人，可以有信心从世界各地得到任何期望的产品，以及将自己的产品顺利地销到世界各地”。1986 年，《质量管理和质量保证》ISO/TC 176 发布了 ISO 8402:1986《质量管理和质量保证——术语》；1987 年，ISO 正式发表了《质量管理和质量保证》(ISO 9000~ISO 9004)系列标准，如 ISO 9000:1987《质量管理和质量保证标准——选择和使用指南》、ISO 9001:1987《质量体系——设计、开发、生产、安装和服务的质量保证模式》、ISO 9002:1987《质量体系——生产、安装和服务的质量保证模式》、ISO 9003:1987《质量体系——最终检验和试验的质量保证模式》以及 ISO 9004:1987《质量管理和质量体系要素——指南》。这 6 项国际标准通称为“ISO 9000 系列标准”或“ISO 9000 族标准”。ISO 9000 系列标准的颁布，使各国的质量管理和质量保证活动统一于 ISO 9000 系列标准的基础上。ISO 9000 系列标准总结了工业发达国家先进组织质量管理的实践经验，统一了质量管理和质量保证的术语及概念，并对推动组织的质量管理、实现组织的质量目标、消除贸易壁垒、提高产品质量和顾客满意度等产生了积极影响，得到了世界各国的普遍关注和采用。1987 年版的 ISO 9000 系列标准一经公布就受到了前所未有的欢迎，各组织纷纷应用 ISO 9000 系列标准进行质量管理，并以通过 ISO 9000 质量管理体系认证、获取第三方注册认证证书作为促进组织质量管理和取信顾客的手段。

根据 ISO 的有关规则要求，所有标准颁布 5 年左右要进行修订。为了使 1987 版的 ISO 9000 系列标准更加协调和完善，1990 年，ISO/TC 176 技术委员会开始对 ISO 9000 系列标准进行修订，于 1994 年发布了 ISO 8402:1994、ISO 9000-1:1994、ISO 9001:1994、ISO 9002:1994、ISO 9003:1994、ISO 9004-1:

1994等6项国际标准，统称为“1994年版ISO 9000族标准”，这些标准分别取代1987年版6项ISO 9000族标准。1994年版的ISO 9000族标准在原来6项主要标准的基础上又先后制定并发布了10项指南性标准，以及8项其他标准，共有24项标准和技术文件。后来，ISO/TC 176于1997年进行了一项有1120位用户和顾客参与的全球性采用ISO 9000族标准情况书面调查，征集标准用户的意见和建议，以便在标准的修订中更准确地理解标准用户的需求，在新版标准中更确切地体现质量管理体系的综合功能和效能，其中，书面征求意见包括修订标准的意愿等问题。各国的标准使用者反映1994年版ISO 9000族标准还存在着一些不足和需要解决的问题，如该版标准采用的过程和语言的表述主要是针对生产硬件的组织，其他行业采用此标准时，对于标准的理解和具体实施存在诸多不便；该版标准采用20项质量体系要素的结构不尽合理，要素间的相关性不好；该版标准对20项质量体系要素中的17项规定了应建立程序并形成文件，在一定程度上限制了改进的机会；该版标准过多地强调质量体系的符合性，而忽视了对产品质量的保证和组织整体业绩的提高；该版标准对与顾客有关的接口仅做了有限的规定和要求，尤其是缺少对顾客满意和不满意信息的监控；该版标准没有考虑与ISO 14000环境管理体系等其他管理体系的相容性，使组织实施综合性管理体系时产生困难；该版标准的通用性差，为此制定了许多指南性标准弥补，导致这套ISO 9000族标准数量太多的问题，而实际上只有少数几项标准得到广泛应用；等等。

鉴于上述情况，在比较了各种修订方案后，ISO/TC 176相继提出了《2000版ISO 9001的标准结构和内容设计规范》、《ISO 9001修订方案》和质量管理八项原则，作为2000年版ISO 9000族标准修订的依据，对1994年版ISO 9000族标准进行了“彻底修改”。历经5年，由4项核心标准构成的新版ISO 9000族标准于2000年12月15日正式由ISO颁布实施。2000年版ISO 9001标准在结构、内容、构思等方面与1994年版标准相比发生了明显的变化。2000年版标准更加强调顾客满意度及监视和测量的重要性，促进了质量管理原则在组织中的应用，满足了使用者对标准应更通俗易懂的要求，强调了质量管理体系要求标准和指南标准的一致性。ISO为保证其发布标准的持续有效，听取标准使用者的意见，于2004年10月提出建议报告，对ISO 9001:2000进行修正(“修正”是对规范性文件内容的特定部分的修改、增加或删除；“修订”是对规范性文件的实质内容和表述做全面必要的更改。ISO 9001:2008是对ISO 9001:2000的修正)。2008年11月15日，ISO正式发布国际标准2008年版ISO 9001。对ISO 9001:2000标准进行修正的目的是使其表达更加清晰明确，与ISO 14001兼容。同时，充分考虑不同行业的专业要求，且充分满足相应市场竞争的需要，ISO 还发布了一系列针对不同行业的质量管理体系标准，如针对食品行业的质量管理体系标准——ISO 22000、针对汽车行业的质量管理体系标准——ISO/TS 16949、针对医疗器械行业的质量管理体系标准——ISO 13485、针对通信行业的质量管理体系标准——TL 9000。

我国对口 ISO/TC 176 技术委员会的是全国质量管理和质量保证标准化技术委员会(CSBTS/TC 151)，承担着将 ISO 9000 族国际标准转化为国家标准的任务。根据《标准化工作指南　第 2 部分：采用国际标准的规则》(GB/T 20000.2—2001)，我国标准采用国际标准的程度，分为等同采用和修改采用。1988 年，我国发布的 GB/T 10300 系列标准不是等同采用 ISO 9000 系列标准；从 1994 年版开始，我国决定等同采用 ISO 9000 族的所有国际标准。

所谓等同采用，是指与国际标准在技术内容和文本结构上相同，或者与国际标准在技术内容上相同，只存在少量编辑性修改。由于汉语还不是 ISO/IEC 的官方语言，为了适应我国的语言习惯，在采用国际标准时不可避免地要进行一些编辑性修改。在等同的国家标准和国际标准中，国际标准可以接受的内容在国家标准中也可以接受；反之，国家标准可以接受的内容在国际标准中也可以接受。因此，符合国家标准就意味着符合国际标准，符合国际标准也意味着符合国家标准。等同采用国际标准的我国标准采用国家标准编号与国际标准编号结合在一起的双编号方式。例如，GB/T 19001—2008 idt ISO 9001:2008，或 GB/T 19001—2008/ISO 9001:2008。其中，“GB”是“国家”和“标准”汉语拼音的第一个字母；“T”表示标准为“推荐”性标准；idt 是英文identical的缩写，表示“等同”的意思。

所谓修改采用，是指与国际标准之间存在技术性差异，并清楚地标明这些差异以及解释其产生原因，允许包含编辑性修改。修改采用不包括只保留国际标准中少量或者不重要的条款的情况。修改采用时，我国标准与国际标准在文本结构上应当对应，只有在不影响与国际标准的内容和文本结构进行比较的情况下，才允许改变文本结构。修改采用国际标准的我国标准，只使用我国标准编号。

总之，国际质量管理与质量保证标准(ISO 9000)的正式颁布与执行是世界各国全面质量管理理论和实践的总结及升华。不管质量控制方法发展到何种阶段，制定质量管理和质量保证标准都是为了满足客户需求，以及企业间不断竞争、优胜劣汰的必然。在质量管理的标准化阶段，企业进行质量管理主要包括：标准体系的建立，标准的制定、修改与废除，统计方法的运用，技术的积累，标准的运用等。因此，科学有效的质量管理体系标准对制造企业在激烈的市场竞争环境下提高竞争力有着重要的意义。

综上所述，可以看出，随着科学技术和生产力的发展，质量管理由质量检验阶段发展到统计质量控制阶段再到全面质量管理阶段，最后到现在的标准化质量管理阶段。质量管理理论更加趋向于实用化、科学化和标准化，人们解决质量问题的手段及方法在不断进步和完善，产品质量依据的标准体系逐渐丰富。随着国际贸易的发展，产品的生产和销售已打破国界，并随着网络技术、大数据与云计算的兴起，最终将促进质量管理发展到一个新的阶段。

2.2.3 质量管理发展的相关理论及代表人物

在质量管理的发展过程中，企业的质量管理思路发生了较大转变，产品质量由“事后检验”到“事前预防”，再到生产的“全面质量管理”，每一步转变都离不开企业质量管理实践经验的积累和一些质量管理大师的理论探索及创新，共同促进了质量管理的发展与完善。其中，做出突出贡献的质量管理大师有沃特·阿曼德·休哈特、爱德华兹·戴明、约瑟夫·朱兰、阿曼德·费根堡姆、菲利普·克罗斯比、多利安·谢宁、凯克·博特、石川馨、田口玄一等。下面将对这些代表人物及相关理论分别进行介绍。

2.2.3.1 沃特·阿曼德·休哈特

沃特·阿曼德·休哈特被誉为“质量管理鼻祖”，现代质量管理的奠基者，被人们尊称为“统计质量控制之父”。最早的质量概念和持续改进理念，都是出自这位前贝尔电话公司员工。1924 年，他率先提出了控制和预防相结合的概念，发明了世界上第一张控制图，该图通过分析成品不合格率是否处于受控状态，以便对发现的偶然异常情况进行及时处理，使工序处于正常、稳定的状态。他主张将质量的控制重点放在制造阶段，他认为产品的质量不是检验出来的，而是生产出来的，因此质量管理应从事后检验提前到事前控制。1931 年，休哈特发表了具有里程碑意义的著作《产品制造质量的经济控制》，该书被公认为质量基本原理的起源，标志着统计过程控制时代的开始。同时，他认为生产过程的每个方面都存在“变异”，但是可以采取简单的统计工具了解它并实施干预。1939 年，休哈特进一步完成《质量控制中的统计方法》一书，并在专业期刊上发表文章，关于控制图和抽样方面的知识引起了质量管理领域许多人士的极大兴趣，其中就包括爱德华兹·戴明和约瑟夫·朱兰。

此外，休哈特还提出了“计划—执行—检查—行动”循环，此循环包括计划你想要做的事、执行计划、研究结果、进行纠正，再开始新的循环。同时，休哈特经常讲授通过管理过程创造对企业和顾客都有利的环境的重要性，并将他的一项发明推广开来：统计过程控制图表。

2.2.3.2 爱德华兹·戴明

爱德华兹·戴明是资深质量管理专家，对世界质量管理发展做出了卓越贡献，享誉全球，被认为是“现代质量管理之父”。他强调持续改进的理念，并认为企业对质量的追求是永无止境的。第二次世界大战后，戴明受邀来到日本，帮助当地公司改善产品质量，其向日本企业推荐的“质量管理小组”就是特别适合日本文化传统的方法，对日本制造业的质量崛起起到了很大的作用，极大地改变了日本企业的历史命运。日本于1951年设立了戴明奖，至今仍是日本品质管理的最高荣誉，以奖励那些在质量管理工作中做出杰出贡献的人。戴明总结出的“14条质量管理原则、7项致命恶疾与各种障碍、红珠实验、漏斗实验”等质量管理方法，对国际质量管理理论和方法产生了异常重要的影响。除此之外，他还基于休哈特博士的“计划—执行—检查—行动”循环观点，提出了PDCA循环的概念，后被称为“戴明循环”。该循环是能使任何一项活动有效进行的一种合乎逻辑的工作程序，在质量管理中得到了广泛应用。同时，他认为企业中存在的问题有85%是由管理不善造成的系统错误，只有15%是由操作不当引发的人员错误，并强调减少质量变动(与标准之间的偏差)的必要性。下面重点介绍他总结的“14条质量管理原则”。

(1)确定一个倾向于改善产品和服务的持久不变的目标。质量管理并不是为了解决某一问题而临时采取的措施，它是长期根植在企业中，并随着企业的发展不断变化的。质量管理要落实在持久的竞争力上，只有形成一个支持追求长远目标的核心价值观，为企业确定长期方向，质量才能得以保证。

(2)采纳新的观点。传统观点认为，追求高质量意味着要增加开销，而新的观点提出可靠的服务可以降低开销，而错误和延迟才会增加开销，其核心是提高质量会降低成本。当前全球化竞争日趋激烈，质量是关系企业生死存亡的关键因素，如果仍像往常那样，延迟、错误、材料不合格和工艺水平欠佳，企业就无法继续生存。

(3)不再依靠大量检验。以往通过检验发现不合格品，将产生不合格品的相关责任转嫁到员工头上，这种管理模式对提高企业效率和产品质量都无济于事，只会增加成本，且员工受到惩罚之后产生失落感也不利于企业的可持续发展。事实上，大量的质量问题属于“系统错误”，需要改善系统，严格控制和不断改进产品设计、原材料采购、生产工序到产品包装、发送等各个环节，使生产系统处于高质量状态，而不是一味地依靠检验。

(4)废除以最低价竞标的制度。企业通常以最低价格标准作为采购依据，但是最便宜的原材料并不一定是成本最低的，且低价竞标往往紧跟“质量陷阱”。因此，企业应以质量统计证据为主，参考价格水平选择供应商，建立良好的合作伙伴关系，采用单一货源。这样不仅可以保证稳定的质量，而且可以节约时间成本和信息成本。

(5)发现问题并持续改善。要有一个识别体系和非体系原因的措施，发现并解决一个问题仅仅是恢复了原来的正常状态，并没有改善。改善是在原有质量基础上的进一步提高。改善必须“自上而下”，对质量的期望是从高层经理开始的，高层对质量的意图转变为相应的计划、标准和措施，接着是公司里的每个部门直到每个人，都致力于持续不断的改善。

(6)采用现代方法培训员工。单单改变企业的制度，并不能保证连续性改善，应对所有员工进行长期连续的教育和培训，尤其是对管理层的培训，不仅培训员工怎样干，还要告诉他们为什么要这样干。这样质量才能持续提高。

(7)改进领导方式。管理不是督导，而是领导。督导的重点是“盯人”，而领导的关键是“激励”，管理者不能将由于系统产生问题归咎到某个员工身上，而是积极解决员工工作中的各种问题，为下属的成功创造条件，最终推动企业获得成功。

(8)消除员工的恐惧感，以便每个人都能为公司有效工作。恐惧不安有着极大的副作用，往往会使员工表现不佳。许多企业员工即便是管理层，也因为害怕引发争端或受到责备而不敢提出问题，选择保持现状，这样会在无形中给企业带来极大的损失。

(9)扫除部门间的障碍。质量的提高要靠企业的整体协作和配合，而不仅仅是某个部门。企业的各部门必须树立团队精神，在思想上打破分工限制，事先发现潜在问题，并防患未然；将公司视为一个系统来管理，明智地扩大系统的边界，鼓励沟通和持续学习。

(10)撤除那些要求员工“零缺点”及提高生产力标准的标语口号。企业中许多品质与生产力低下的情形是系统不良造成的，不能一味地要求员工。管理者需要扎扎实实地解决问题，而不是富有想象力地空喊口号，放弃华而不实，是质量工作的起点。

(11)去掉员工的定额标准，废除管理人员的数值目标。目标管理、评分或绩效考核无法做到公平准确，不能表示公司最重要的东西，反而会制造谎言、失败者、恐惧、不公平、怨气等。

(12)消除阻碍工人以工作和技术为荣的障碍。这些障碍主要包括：不清楚工作是什么、组件的延误与短缺、上级考虑不周造成的赶工、过时的工程图、主管无知、工具和设备有问题、与管理层没有沟通渠道、得不到技术协助等。这些阻碍工人改进工作，消磨员工的满意程度和自豪感。

(13)实施强有力的教育和培训工程，建立学习型组织。企业不仅需要优秀的人才，还需要那些能够自我教育和改善的人。随着生产力的提高，某些工作需要的人力将逐渐减少，某些工作会消失，但新的工作机会也会出现。企业应该营造追求知识、自我改进的气氛，提供促进员工提高的内在动力。

(14)高层在管理中采取措施，管理层应该针对前面的 13 点内容，付诸实施，遵循 PDCA 循环以不断改善品质，促进每天的工作符合上述 13 条原则。

2.2.3.3 约瑟夫·朱兰

约瑟夫·朱兰是举世公认的现代质量管理的领军人物，他倡导的质量管理理念和方法深刻影响着企业以及质量管理的发展。他以“朱兰三部曲”而闻名，即包括质量规划、质量控制和质量改进，是质量管理的基本思想。他最早把帕累托原理引入质量管理，《管理突破》和《质量计划》是他的经典之作。像戴明一样，朱兰指导日本厂商提高他们的产品质量，也被认为是日本质量管理取得成功的主要贡献者之一。

朱兰于 1951 年出版了《质量控制手册》。他相信，公司可以通过管理提高质量水平，但他不像戴明那样更多地强调统计方法的重要性，他认为质量来源于顾客的需求。朱兰将质量视为适用性，他认为通过管理可以控制大约 80%的质量缺陷，因而管理的职责之一就是纠正质量缺陷。他用包含质量规划、质量控制和质量改进的质量三元论思想描述质量管理，并提出质量规划是质量管理的基础、质量控制是实现质量目标的保障、质量改进意味着质量水准的飞跃。朱兰被认为是第一个提出计算质量成本的质量管理专家，也是最早把人力纳入质量管理的人之一，即通常所指的全面质量管理；同时，朱兰被认为是识别了四类质量成本(内部失败成本、外部失败成本、保证成本、预防成本)第一人。

2.2.3.4 阿曼德·费根堡姆

阿曼德·费根堡姆是“全面质量管理之父”、质量大师，因在 1983 年发表了《全面质量管理：工程和管理》一书而被人熟知。他主张采取全面或系统的方法管理质量，而不是局限于企业的生产部门，认为质量水平的提升需要企业内部所有职能部门的参与和配合，且强调质量在产品形成早期的重要性。费根堡姆将质量控制作为一种管理方法，并提出人际关系是质量控制活动的基本问题，认为当时最受关注的质量控制技术方法只能被视为全面质量控制程序的一部分。24 岁那年，费根堡姆成为通用电气公司质量管理方面的最高权威。他认识到，质量不仅是工具和技术的集合，而且是公司各方面各环节的集成。他发现质量并非意味着“最佳”，而是“客户使用和售价的最佳”。质量控制中的“质量”一词并不具有绝对意义上“最好”的一般含义，“质量”是指“最适合于一定顾客的要求”；“控制”代表一种管理工具，包括制定质量标准、评价与这些标准有关的行为、当没有达到预定标准时采取的纠正措施，以及制定改进质量标准的计划等，在推行“缺陷成本”方法方面起到了重要作用。根据这一方法，管理应服从于质量。1961 年，费根堡姆出版了《全面质量控制》一书，标志着全面质量管理时代的开始。

2.2.3.5 菲利普·克罗斯比

菲利普·克罗斯比是著名质量管理专家，被誉为“现代质量运动之父”“零缺陷之父”“一代质量宗师”。他以名言“开头就开好”而闻名，提出了许多具有深刻影响力的质量管理理论和方法，如“零缺陷管理”“质量改进 14 步骤”“4 个绝对质量原则”等。他主张预防，并对“总会存在一定程度的缺陷”的说法持相反意见。他于 20 世纪 60 年代提出的“零缺陷”理论，在质量管理界得到高度认可，许多世界著名大公司都在实践他的“零缺陷”理论。1979 年，他的《质量就是费用节约》一书发表，该书以通俗易懂的语言解释了质量概念。按照“零缺陷”的概念，克罗斯比认为任何水平的质量缺陷都不应存在，为有助于公司实现共同目标，必须制订相应的质量管理计划。“零缺陷”质量管理主要体现在以下三个要点：

(1)质量管理的标准是“零缺陷”，合格率是“容许错误存在”的体现。

(2)要求每个人第一次就把事情做对，事后补救代价是非常昂贵的。

(3)提高质量的良方是事先预防，不是事后检验。

克罗斯比认为，不良质量造成的成本远远大于传统定义的成本，所以公司不应该把提高质量所做的努力视为成本，而应该把这种努力视为降低成本的一种途径，公司提高质量水平所得的将超过其所付出的。

2.2.3.6 多利安·谢宁

多利安·谢宁是世界多个大公司的顾问，是世界第一流的质量问题专家，获得过美国质量协会颁发的主要奖金和奖章。他创立了新的试验设计，称为“谢宁的试验设计”或“谢宁 DOE”，该方法具有简捷、效果强大、改进成本低等优点。结合经典 DOE 方法，谢宁 DOE 是解决企业经营生产中的一系列问题尤其是复杂问题无法替代的突破性方法。和传统利用“头脑风暴”、鱼骨图等问题解决方法不同，他采用由果到因的逆向式查找方法，以输出结果为起点，寻找最重要的原因。该方法的优点很多，如摒弃了晦涩难懂的数理统计，和零件、现场对话，小样本，尽量不干扰生产，锁定原因迅速，等等。

在摩托罗拉公司有这样一句名言：“没有戴明，美国就不会有质量哲学；

没有朱兰，美国就不会有质量方向；没有谢宁，美国就无从解决质量问题。”这句名言总结了美国最伟大的三位质量大师的贡献。

2.2.3.7　凯克·博特

凯克·博特是美国另一名著名质量管理专家，是谢宁的同事和合作伙伴，在国际质量界享有盛誉。他长期为世界300多个著名公司做质量顾问，具有丰富的实践经验。凯克·博特是凯克·博特联合公司的总裁，这是一家专门从事质量和生产力改进的咨询集团。他还撰写了20多本书，包括《世界级质量管理工具》（纽约时报畅销书）和《终极六西格玛》，他被《质量文摘》杂志选为“美国质量大师”之一。他应用和发展了谢宁试验设计，首创线索生成技术，提出21世纪的质量管理十大工具，这些都是经过实际应用证明非常有效、简单、便于操作的工具。这10种强有力的工具是：

（1）新的DOE（谢宁的DOE技术），或翻译成“线索生成技术”；

（2）多环境强化应力试验（MEOST）；

（3）质量功能展开（QFD）；

（4）全面生产维修（TPM）；

（5）水平对比法；

（6）消除操作人员控制的错误；

（7）客户管理（NOAC）；

（8）供应管理；

（9）全面价值工程；

（10）缩短生产周期。

他的著作《世界级质量管理工具》，介绍了这10种有效的质量管理工具，并结合案例介绍其在实践运用中的作用，以及如何对从工程师到一线工人的使用者进行指导。凯克·博特指出了7种质量体系模式之间的优劣，还提出了对传统的全面质量管理、“六西格玛管理”以及他命名的大Q管理的评价，为质量管理提供了新的方法。

2.2.3.8　石川馨

石川馨是日本著名质量管理专家，“QCC之父”，日本式质量管理的集大成者。他深受戴明和朱兰的影响，是20世纪60年代初期日本“质量圈”运动的最著名倡导者。因果图（也称作“鱼刺图”）是石川馨的主要贡献之一，该图可以向使用者清晰地展示产生某一结果所有可能的原因，从而找出导致过程缺陷的最主要原因。此外，石川馨结合日本的企业文化，创造并普及了质量小组的理念，质量小组是由一些负责相同、相似或互补工作职能的员工组成的小团队，强调全体合作、集思广益。在石川馨的学说中，重视有效的数据收集和演示，提出公开的小组讨论与绘制图表有同等的重要性，并以将促进质量工具(如帕累托图和因果图)用于优化质量而著称。这些图表作为系统工具是有用的，既可以用它们查找、挑选和记录生产中质量变化的原因，也可以使它们之间的相互关系有条理。石川馨认为，推行日本的质量管理是经营思想的一次革命，其内容可归纳为 6 项：质量第一，面向消费者，下道工序是顾客，用数据、事实说话，尊重人的经营，机能管理。

2.2.3.9 田口玄一

田口玄一是日本著名质量管理专家，于 20 世纪 70 年代提出质量的田口理论，他认为产品质量首先是设计出来的，其次才是制造出来的，检验并不能提高产品质量。这一观点与质量管理的“事前预防、事中控制、事后分析”观点相一致，获得国际质量管理界高度认可。此外，田口玄一博士将质量分为两类，第一类是顾客要的，包括机能本身、产品种类、外观、售价等相关因素，这些与顾客个人的所得收入和价值观有关，无法由企业的质量工程师决定；第二类是顾客不要的，如社会损失、污染、缺点、失效、机能变异等，企业的质量工程师可以通过解决这些问题提高企业产品的市场占有率。除此之外，田口玄一博士还提出了质量新理念，“所谓质量，是指产品上市后给社会带来的损失”，并建立了质量损失函数，用质量损失函数量化产品的质量损失。同时，他还提出了质量工程学，分为线外质量管理和线内质量管理两大部分。田口玄一在其理论体系中，提出“三次设计”的概念，称为“田口方法”。他把产品的设计分为系统设计(一次设计)、参数设计(二次设计)和公差设计(三次设计)，其中，系统设计解决产品的布局和结构设计问题，参数设计确定零部件各种设计参数，公差设计用来确定各种技术参数的公差值。三次设计是在 DOE 基础上发展起来的一种统计技术和工程技术相结合的技术，核心是参数设计，因此又称“稳健性设计”。田口方法是从工程技术观点研究质量管理中各种问题，灵活应用统计方法：正交表、方差分析、回归分析，但不完全以纯粹的数理统计观点分析问题，有浓厚的工程技术色彩。他最突出的贡献是建立了质量损失函数，是品质工程的奠基者。该函数有一个决定不良质量损失的公式。公式的含义是与标准相比，某一部件的偏差能引起一定的损失；而且，不管各自的偏差多么小，把所有部件与标准相比的偏差造成的影响加起来就会产生很大的影响。

田口方法的目的在于，使设计的产品质量稳定、波动性小，使生产过程对各种杂讯不敏感。在产品设计过程中，利用质量、成本、效益的函数关系，在低成本条件下开发出高质量的产品。

2.3 质量管理原则

多年来，经由学术界在质量管理领域的深耕与探索，质量管理思想不断发展，质量管理理论研究有了长足进步。与此同时，企业在管理过程中充分开展质量管理活动，为质量管理理论的补充和完善积累了丰富的实践经验。在此过程中，一些具有影响力的质量管理思想和基本原则逐渐形成，但由于不同专家和学者的表述存在差异，人们难以对质量管理达成共识，因此需要对这些管理思想进行归纳和总结，以便更有效地指导企业的质量管理活动。基于此，质量管理的 8 项原则应运而生，分别为以顾客为关注焦点、领导作用、全员参与、过程方法、管理的系统方法、持续改进、基于事实的决策方法以及互利的供应商关系。

伴随着时代的进步与发展，质量管理原则也在与时俱进，并在 ISO 9001：2015 质量管理中做出了相应调整，公布了新的 7 项质量管理原则，具体为删除了“管理的系统方法”项，其他 7 项的框架不变，但对内容进行了一定程度的补充和完善。7 项质量管理原则是对质量管理理论研究和实践经验的总结，揭示了质量管理最基本、最通用的一般性规律，是企业实施质量管理活动必须遵循的原则。

2.3.1 关注顾客

顾客是企业生存的前提，企业依存于顾客，企业只有赢得顾客的信任，把顾客的满意作为核心驱动力，才能获得持续成功。

任何企业都要了解顾客当前和未来、明示和隐含的需求与期望，并将顾客的需求与期望在整个企业内予以沟通，致力于满足顾客需求并努力超越顾客期望。

顾客是企业生存和发展的基础，一个企业没有顾客就没有了存在的意义，所以企业要将目标和顾客的需求与期望联系起来，时刻将顾客的要求放在第一位，把识别和满足顾客需求作为企业实现目标的基本前提。

企业在关注顾客的过程中不仅要学会满足和超越顾客需求，还要学会精准识别顾客。质量管理体系中的顾客不仅指外部顾客，还有内部顾客。在企业内部，下一道生产工序就是上一道生产工序的内部顾客，只有充分考虑内部顾客的要求，生产过程才能顺利进行。内部顾客的要求来源于外部顾客，是对外部顾客要求执行情况的监督检查。

企业要主动管理与顾客的关系，持续关注顾客的满意情况，对于任何有可能影响到顾客满意的因素及时采取措施进行解决，提高企业的竞争能力。

2.3.2 领导作用

企业开展任何管理活动都离不开领导的重视和推进，企业领导者要确立企业统一的宗旨和方向，同时为员工提供充分参与并实现企业目标的内部环境。

在一个企业内部，高层管理者起着关键作用，他们的任务不仅在于制定企业运作的总体方向和审慎研讨企业的使命，而且要充分了解顾客、员工、社会等相关方的要求，开展和深化企业的质量管理活动，包括制定质量方针和目标，建立质量管理体系，编制质量计划，实施质量控制、保证和改进等内容。同时，确保企业的资源得到充分利用，加强信息的沟通和反馈，使企业的运作方向和目标相一致，创造一个让全体员工充分参与实现企业目标的内部氛围和环境。

2.3.3 全员参与

企业实施的管理活动主要参与者是员工，只有提高他们的满意度、调动他们的积极性，才能充分发挥他们的才干，使企业实现创新和持续改进，获得更大的收益。

著名学者罗森帕斯向传统观念“顾客就是上帝”发出挑战，认为“员工第一、顾客第二”才是企业成功之道，提出企业滑坡的首要原因在于员工对目前的工作状态不满意，进而产生抱怨和不作为，从而引发顾客抱怨。“客户”是企业的外部顾客，而“员工”是企业的内部顾客。如果员工感觉目前的工作状态很糟糕或对企业不满意，就会导致员工消极怠工或者直接离职，不管哪种结果都不利于企业的良好运作，因为内部顾客不满意很难创造价值使外部顾客满意。如果员工对企业满意的话，他们参与工作的积极性将会被调动起来并得到充分发挥，自觉提高产品和服务质量，并且时刻保持警惕及时消除企业存在的一些隐患，为企业创造价值，促进企业的长远发展。

在企业发展的任何阶段员工都是极其重要的。员工的创造性、积极性和主观能动性的充分发挥以及员工素质的全面提高，既是企业实现有效管理的基本前提，也是企业在激烈的市场竞争中取得一席之地的根本保障。企业的质量管理离不开企业内部各职能、各层次员工的积极参与，实施过程的有效性也取决于参与人员的能力和意识。新时代的竞争是人才的竞争，为了实现企业的目标和宗旨，全员的主动参与更重要。企业需要同时增加多层次人才，将所有人员的工作都纳入标准体系，为企业的良好运作打下坚实基础。只有调动更多员工的积极性，他们的能力和聪明才干才能得到更充分的发挥，企业实施管理活动的有效性和顾客满意度才能得到提高，从而获得更大收益。

2.3.4　过程方法

过程方法是ISO 9000:2000系列标准的重要内容，是质量管理体系方法的基础。

过程是质量管理这门学科的基本研究对象，如同商品是经济学的研究对象、细胞是生物学的研究对象、分子是化学的研究对象一样。只有使研究对象更加具体，才能对各个过程中运用的相关资源进行高效管理，进而得到期望的结果。

所谓过程，是指一组通过实施管理和资源利用将输入转化为输出的活动，此外，一个过程的输出可直接形成下一个或者下几个过程的输入。考虑到企业内部存在众多相互关联的过程，为了使企业有效运行，必须对这些过程进行系统的识别和管理，特别是关键过程和过程之间的相互作用，从而提高过程的有效性和效率，这就是过程方法。ISO 9000:2000系列标准不仅适用于制造业，而且适用于企业数量众多的服务业。一般情况下，人们往往把加工制造中的“工序”理解为过程，认为过程就是一道道工序。但是在质量管理中，这种观点是片面的，因为质量特性的形成不仅包含“工序”，还包含管理、服务、研究设计、改进等各种过程。因此，使用“过程”作为质量管理研究的基本对象，能够更好地对每项工作的标准进行维持，从而保证总体质量目标的实现。

企业应该采取以下活动使过程方法得到充分应用：第一，识别质量管理体系需要的过程，确定过程的顺序和相互作用，以便企业对这些过程的输入和输出活动进行有效控制，从而取得预期的结果。第二，明确管理活动的职责和权限，使其得到充分落实。第三，识别和分类关键过程。关键过程对输出结果起着重要作用，一般分为产品或服务重要特性的形成过程、向顾客提供产品和服务的过程。第四，重视并管理能改进企业活动的各种因素，如方法、资源和材料等。对过程进行监视，并对结果进行数据分析，寻找改进的机会，实现持续改进。第五，识别企业职能之间与职能内部活动的接口。一般情况下，企业会设置不同的职能部门管理不同的过程，或者一个职能部门涵盖多个过程，所以识别职能之间与职能内部活动的接口就是识别过程的接口，以便整体过程能够顺利运行。

2.3.5 改进

成功的企业总是致力于改进，在竞争激烈的市场环境中，企业在保持当前业绩水平的基础上，对企业内外部发生的变化及时做出反应，并创造新的机会是十分必要的。

改进总体业绩应当是企业管理者的一个永恒目标，是企业的一个永恒主题。

事物都是不断发展的，当经济发展水平越来越高时，企业间的竞争越发激烈，竞争对手和技术在不断变化，人们对过程、结果的需求与期望也会不断变化和提高，企业若只满足眼前的成果而不去寻找更多的改进机会，则会使自己处于落后地位。因此，企业应该树立改进的管理理念和企业价值观，建立改进机制，使 ISO 9000 体系成为一项长期的、行之有效的质量管理措施，增强企业对改进机会的快速反应能力，识别和适应外界的种种变化，主动促进改进，提高企业的竞争能力，提升企业的整体业绩。

改进是企业增强对内外部风险、机会的预测和反应能力的循环活动，改进的对象可以是过程绩效、质量管理体系和顾客满意度等。改进可以作为过程进行管理，在管理该过程时，应重点关注提高改进的目标、效率和有效性。

综上所述，企业若想在市场竞争中长期立于不败之地，就必须将改进提升到企业发展战略的层面上，迫使企业提高自身对环境变化的适应能力，从而实现增长性和突破性改进。

2.3.6 循证决策

决策是在采取行动之前选择最佳行动方案的过程，是一个复杂的过程，因为在决策过程中可能面临错误的数据和信息、非理性思维以及不确定因素，这些可能导致决策出现失误，促使目标无法实现甚至产生不可逆转的损失。

一个有效的决策离不开证据的支持。一般来说，证据的主要成分包括数据和信息及其不确定性，数据和信息及其不确定性需要通过科学的加工方法才能成为证据，科学的加工方法主要包括知识、经验、方法学、判断力、感知力、价值观、理性思维等。循证决策就是基于证据进行的决策，该决策方法既可以支持运行层面，也可以支持战略层面。

循证决策需要理性的分析和系统的方法，并在专业知识的支持下实现最优的结果。实施循证决策的优点在于，它有效地改进了决策的过程，使决策变得更加理智，同时提高了评估、实施和改变决策的能力，改进了运行的效率和有效性，使标准体系更具有针对性和可操作性。

2.3.7 关系管理

为了获得持续成功，企业需要管理与供应商等所有相关方的关系。

企业与相关方的关系大多是商业关系，关系的紧密程度有所不同，双方建立关系的目的是实现双赢或者至少有一方获利。相关方会影响企业的绩效，企业若能够有效管理与相关方的关系，不仅可以尽可能地提高当前的绩效水平，而且可以增强双方创造价值的能力，因此对供应商及合作伙伴的关系网进行管理十分重要。

供应商是企业进行关系管理时需要重点关注的对象之一，二者相互依存。企业市场的扩大为供应商增加了提供产品的机会，而供应商提供的材料直接影响企业最终产品的质量。此外，将企业标准体系的要求传达至上游供应商，并通过上游供应商的标准体系加以保证，是对企业产品质量进行的层层检验，以确保产品的质量符合顾客要求。因此，企业进行关系管理可以通过共享资源以及管理与质量有关的风险，增强为相关方创造价值的能力，从而提高企业和相关方的绩效。

第3章

全面质量管理

3.1 全面质量管理的基本内涵

3.1.1 全面质量管理形成背景

20 世纪 40—50 年代，随着第二次世界大战的结束，世界各国开始战后的生产重建，在多个领域取得快速发展，使质量管理环境发生了巨大变化：一方面，从供给端来看，科技的快速发展，为火箭、人造卫星等大型精密且复杂的装备制造奠定了基础，这些涉及不同专业工种之间沟通合作的复杂生产制造，对质量管理的要求更为严格；同时，也使质量管理成为不仅仅是某一个部门的事情，更是组织全员参与的事情。另一方面，从需求端来看，随着消费者权益意识的不断提高，对于产品的质量要求越来越高，以质取胜成为企业立足市场形成竞争优势的重要法宝。

在此背景下，越来越多的管理者意识到，单纯依靠制造领域的统计质量控制，已不能满足大环境的现实需求。1951 年，美国通用电气公司的费根堡姆出版了《质量管控：原理、实操和管理》(*Quality control*：*Principles*，*Practice and administration*)一书，强调了质量管理全员参与的必要性，深刻地影响了日本制造品质和世界范围的全面质量管理。

3.1.2 全面质量管理概念渊源

对于企业的成长而言，技术创新能力是必要的，但仅仅凭借于此并不足以取得成功。企业成功与否，更加依靠构建一个能让组织成员理解、相信并参与其中的工作流程系统。一个清晰的工作流程系统，能有效地减少官僚主义、提高响应速度、孵化创新能力，从而确保产品、市场和组织的成功，这种工作流程系统便是全面质量管理（Total Quality Management，TQM）。

围绕全面质量管理“是什么”“为什么”“如何做”等核心问题，形成了不同的定义。

费根堡姆认为，全面质量管理是为了在最经济的水平上，并考虑到充分满足客户要求的条件下进行生产服务，而把研制质量、维持质量、提高质量等企业各部门活动融为一体的有效体系。

国际化标准组织颁布的ISO 8402：1994将全面质量管理定义为：一个组织以质量为中心，以全员参与为基础，目的在于通过让顾客满意和本组织所有成员及社会受益达到长期成功的管理途径。

陈国华认为，全面质量管理是企业全体员工及有关部门同心协力，综合运用管理技术、专业技术和科学方法，经济地开发、研制、生产和销售用户满意的产品的管理活动。

综合国内外学者对全面质量管理的定义，本书将全面质量管理定义为：组织以质量为中心，以全员参与为基础，综合运用各种技能方法，经济地创造和维护用户及相关者利益，并实现自身长期成功的管理途径。

3.1.3　全面质量管理任务原则

随着消费者购买经验、权利意识、消费需求等不断升级，企业改进质量压力日益增加。在最大限度满足客户需求的目标指导下，全面质量管理包括以下任务原则。

1. 生产符合顾客核心质量需求的产品

尽管高质量的产品往往是顾客普遍追求的，但对于企业而言，设定产品质量标准并不是越高越好。忽视顾客的核心质量需求，片面地刻意追求质量的高标准，不仅使企业生产成本增加，还可能出现“技术过剩”“技术累赘”等问题。例如，即使生产出来的衣服质量足够穿几十年，也没有多少顾客真的愿意去穿几十年。

2. 提供顾客认同价格的产品并以此获利

全面质量管理要求最大限度地降低不必要的消耗，此过程往往需要进行工艺改善或技术升级，而这可能需要一定的资金投入。如果企业缺少对质量成本的控制，仅仅为了追求高质量，则产品最终售价很可能超出顾客可接受范围，最终使企业受损。

3. 确保必要规模的生产数量

一般而言，随着某一产品生产规模的扩大和数量的增加，其生产产品的边际成本将不断降低，形成所谓的“规模效应”。只有实现规模效应，企业才能以相对较低的价格及薄利多销的方式实施成本领先战略，以便获得竞争优势。

4. 提供必要的及时服务

产品是服务的载体，服务是产品的附属及其延伸。从服务的本质来看，服务不是作为物而有用，而是作为活动而有用。就全面质量管理而言，不仅涉及产品价值的质量管理，还涉及以服务为重点的顾客价值的质量管理。为顾客提供必要的及时服务，既是对以企业为主导的产品价值保障，也是对以顾客为主导的顾客价值履行。同时，高品质的服务更能实现顾客满意，从而长远地影响顾客对产品质量的整体感知。

3.2 全面质量管理的主要特点

与传统的质量管理相比，全面质量管理在管理的理念、主体、对象、内容、方式等方面都发生了较大改变。总体来看，全面质量管理具有全过程的质量管理、全员参与的质量管理、全面的质量管理和多种方法的质量管理等主要特点，这些特点被简称为“三全一多样”。

3.2.1 全过程的质量管理

根据迈克尔·波特的价值链分析法(Value Chain Analysis, VCA)，产品价值及顾客价值的创造过程，涉及来料储运、生产加工、产品物流、市场营销、售后服务等一系列基本增值活动。各个环节相互关联、互相影响，共同在价值链流程上维系着全过程的质量管理。

3.2.1.1 来料储运阶段

用于生产的原料一旦出现质量问题，就会为产品价值的创造和顾客价值的创造带来“先天性”质量隐患。对于原料的质量管理，一般要做好以下工作。

首先，原料标准设定。原料标准并不一定要遵循“越严格越好”原则，而需要在遵守国家法律法规及相关行业规范的基础上，结合顾客需求及企业实际，做好质量成本控制。

其次，原料验收入库。原料验收一般发生在原料收入仓库之前，主要由相关的原料保管人根据购料发票、运输单据、交货清单等凭证，对原料的品类、规格、数量、质量等进行核验检查，并将符合要求的原料登记入库。

最后，原料仓储保管。做好对原料的信息分类，保持仓储环境的整洁卫生，实现储存条件和原料特性的匹配，避免混料及变质，以达到“易验收、易进仓、易发料、易工作、易搬运、易盘点”的“六易”目的。

3.2.1.2 生产加工阶段

生产加工阶段的质量管理，主要是保证生产加工出来的产品符合产品标准规范。在该阶段，需要做好以下工作。

首先，按照标准组织生产。建立健全技术标准体系，厘清原料辅助材料标准、工艺工装标准、半成品标准、产成品标准、包装标准、检验标准等内在统一的关系，层层严格把关，并保持标准的科学性、创新性。

其次，强化质量检验功能。充分发挥质量检验的保证职能，落实“原料不合格不投产、半成品不合格不进下一道工序、产品不合格不出厂”的制度。同时，通过质检信息的反馈，形成对不合格产品的提前预防。

最后，做好质量关键点控制。通过科学分析，把握产品质量的核心特征和关键要素，针对生产加工过程中的关键部分和薄弱环节，形成质量的关键点控制。

3.2.1.3 产品物流阶段

产品物流阶段是价值链中产品价值向顾客价值转化的关键阶段，在该阶段，进行质量管理需要做好以下两方面工作。

一方面，产品搬运过程管理。应根据产品的特点，配置合适的搬运人员、搬运工具、搬运方式，并做好对产品的分类状态识别。对于易损品的搬运，要做到小心谨慎、轻拿轻放。对于笨重物品的搬运，要做好安全防护及搬运后的安全再确认。对于危险物品的搬运，要配备好专职安全管理人员，落实好安全监督及应急救援预案。

另一方面，产品运输过程管理。遵循及时、准确、安全、便捷等原则，做好对于运输人员、运输设备、运输路线的科学规划。对于运输条件如温度、时间等有特殊需求的产品，需要做好专车专运，确保产品交付时的质量安全。

3.2.1.4 市场营销阶段

市场营销阶段是销售人员向消费者展示产品并说服其购买的过程，根据《中华人民共和国产品质量法》(2018 年修正)第三章相关条款要求，销售人员需要承担以下产品质量的责任和义务。

第一，销售者应当建立并执行进货检查验收制度，验明产品合格证明和其他标识。

第二，销售者应当采取措施，保持销售产品的质量。

第三，销售者不得销售国家明令淘汰并停止销售的产品和失效、变质的产品。

第四，销售者销售的产品的标识应当符合本法第二十七条的规定。

第五，销售者不得伪造产地，不得伪造或者冒用他人的厂名、厂址。

第六，销售者不得伪造或者冒用认证标志等质量标志。

第七，销售者销售产品，不得掺杂、掺假，不得以假充真、以次充好，不得以不合格产品冒充合格产品。

3.2.1.5 售后服务阶段

售后服务作为厂商对于消费者产品质量负责的重要措施，是不断提升产品和服务竞争能力的重要路径，该阶段要做好以下两方面工作。

一方面，构建客户质量管理团队。对客户提交的售后问题进行分类、初判、评估、维修、补偿等，为客户提供满意的售后服务解决方案，并以此形成企业良好的服务品质和品牌形象。

另一方面，做好对价值链的前端反馈。售后服务不是企业为顾客创造价值的终点，相关的售后服务解决方案还需要为价值链前端形成反馈，以形成企业持续提升产品质量的价值循环。

3.2.2 全员参与的质量管理

质量管理不仅仅是质量检验监督部门的事情，更是组织中全体成员的事情，只有人人做好本职工作，才能确保产品质量。具体而言，全员参与质量管理可以通过以下方法得以实施。

3.2.2.1 质量控制小组

质量控制小组概念最早起源于日本，是指组织中生产、服务及管理等不同岗位员工，围绕企业的经营战略方针，以改进质量、降低消耗、提高效益为目的而建立起来的自发性组织。该组织具有以下特点。

第一，自主性。质量控制小组的参与者属于非强制性的自主参与，和正式组织不同，组织成员之间实施自我教育、自我管理。

第二，群众性。质量控制小组的参与者来源部门多样，既可以是服务人员，也可以是技术人员，既可以是高级领导，也可以是基层员工，但在该组织中，成员的身份地位是平等的。

第三，民主性。质量控制小组作为群众性质量管理的一种组织形式，体现了员工参与企业的民主管理和现代科学管理之间的融合。

第四，科学性。质量控制小组在解决问题时，反对盲目的经验主义，坚持客观性和理性，用科学逻辑分析、用客观事实说话。

3.2.2.2 全员把关

对于企业而言，单纯依靠生产部门的科学生产和质检部门的严格把关保证产品质量往往是不现实的。质量管理不仅仅是质检部门的事情，更应该是全员参与监督的事情。企业应积极通过组织员工学习质量管理制度、反思质量管理问题等途径，营造人人关心质量效益的文化氛围，以便提高员工参与企业管理的主人翁意识。以日本的一些企业为例，员工有权在发现质量问题时停下生产线，从而节约大量因返工和浪费带来的劳动力成本与机器损耗。

3.2.3 全面的质量管理

全面的质量管理在有些文献中被称为“全企业的质量管理”，是指质量管理范畴不仅包括产品质量，还应该包括工作质量、工程质量、服务质量等。

3.2.3.1 工作质量

所谓工作质量，是指按照一定的作业标准完成的工作任务量。工作质量在很大程度上取决于员工的质量意识、责任感以及知识技能等，在实际应用中往往难以精准量化，通常可以综合产量的质量水平、不合格品率进行间接衡量。可以说，产品质量依赖于工作质量，工作质量是保障产品质量的重要前提。

3.2.3.2 工程质量

工程质量既包括工程项目本身的实体质量，也包括工程项目衍生的功能价值质量。工程的实体质量主要体现在作业工序、分项工程、分部工程、单位工程等方面的一系列质量上，工程的功能价值质量主要体现在项目的合法性、安全性、适用性、经济性等方面。

3.2.3.3 服务质量

服务过程是服务提供者和服务消费者互相参与的过程，不同顾客的认知存在差异，加之服务本身很难完全标准化，使服务质量的感知相对于实体产品质量的感知更加难以鉴别。因此，在实际应用中，服务质量更多体现在感知服务质量和预期服务质量之间的差距上。

3.2.4 多种方法的质量管理

古语云："工欲善其事，必先利其器。"好的方法和工具可为质量管理的顺利实施赋能增效。在实践中，用于质量管理的方法有很多。

3.3 全面质量管理的主要方法

全面质量管理的方法诸多，仅数理统计方法就有不少。本节以 PDCA 循环和"朱兰三部曲"两种基本方法为例，介绍其具体应用。

3.3.1 PDCA 循环

3.3.1.1 背景内涵

20 世纪 20 年代，"统计质量控制之父"沃特·阿曼德·休哈特提出了以"计划—实施—检查"为核心的 PDS 模型。随后，美国质量管理专家威廉·戴明在此基础上进行了优化，提出以"计划—实施—检查—处理"为内容的 PDCA 模型，即"PDCA 循环"。

3.3.1.2 阶段步骤

首先，计划是指通过相关的调研分析，明确客户需求和组织要求，建立必要的行动计划方案。计划不仅包括质量目标的设定，还包括实现质量目标拟采取的主要措施手段等规划。

其次，实施是指对于行动计划方案的执行。在该阶段，还涉及根据质量标准对相关人员的培训。

再次，检查是指检查行动的执行情况。该阶段主要目的是检查执行情况是否达到计划的预期效果。

最后，处理是指总结检查情况并采取相应的处理措施。对于成功的经验，应加以肯定并适当使之标准化以便进行推广；而对于未解决的问题，则进入下一循环。

在具体的实施细节上，PDCA 循环还可以细分为描述现状、分析问题、寻找根源、制定措施、实施行动、检查结果、总结经验、新问题转入新循环等 8 个主要步骤(见图 3.1)。

3.3.1.3 主要特点

首先，综合性循环。PDCA 循环的阶段步骤并没有绝对清晰的界限，也不

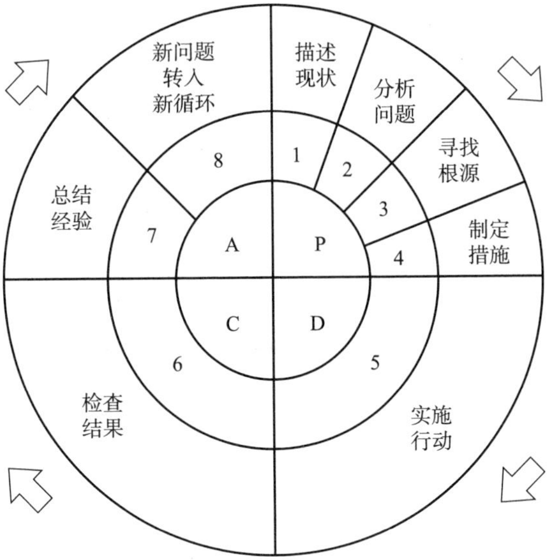

图 3.1 PDCA 循环的阶段步骤

是一次完结，而是周而复始地不断循环。当一个循环结束时，对于没有解决的问题，则要进入下一循环过程。

其次，大环套小环。如果将整个企业的质量工作视为一个大环，那么各个次级单位如同小环。大环是小环的指导和依据，小环是大环的落实和具体化，大环和小环之间相互联系，共同构成有机整体(见图 3.2)。

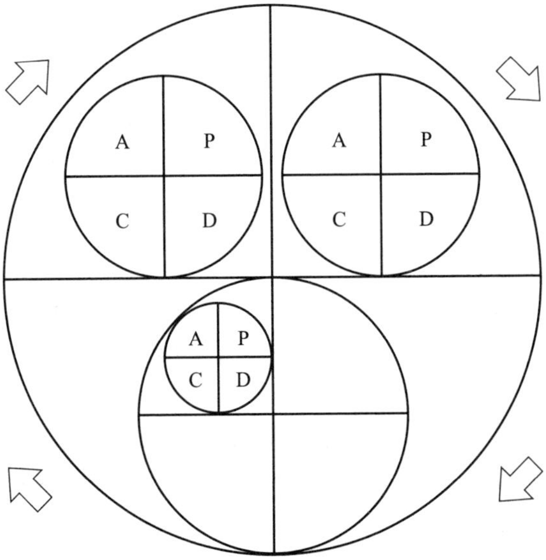

图 3.2 PDCA 循环大环套小环示意

最后，阶梯式上升。PDCA 循环不是在原有水平上的循环，而是像爬楼梯一样，阶梯式不断上升。每循环一次，就解决一些质量问题、提高一些质量水平、形成一些新的经验内容、取得一些新的管理成绩。当实施下一次循环时，又会形成新的目标和内容(见图 3. 3)。

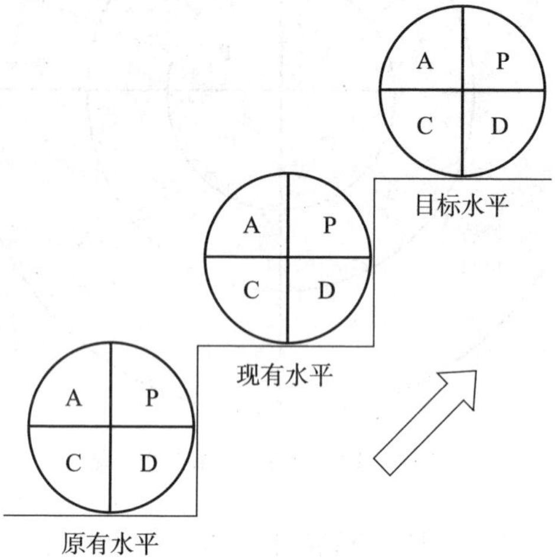

图 3. 3　PDCA 循环阶梯式上升示意

3. 3. 1. 4　应用示例

以某公司的新员工培训为例，对其中质量管理 PDCA 循环具体应用情况进行说明。

首先，制订培训计划(P)。根据新员工的教育背景、知识水平和业务目标之间的差距比对，明确新员工培训的主要目的及预期价值；进而围绕预期培训目标的设定，对参与培训的人员、时间、地点、内容、方式、费用、保障等进行进一步细化。

其次，实施培训计划(D)。按照既定的培训计划，执行和落实具体培训工作。

再次，进行效果检查(C)。从多维角度出发，对培训过程中新员工的参与满意度(反应层)、学习效果(学习层)、行为能力(行为层)和业绩表现(效益层)等进行检查，评估和预期目标之间的差距。

最后，问题处理改进(A)。总结整体活动经验，对于效果好的一些环节，进行提炼总结，形成标准并实施推广。当然，对于一些仍未解决的问题，则可转入下一个 PDCA 循环。

3.3.2 “朱兰三部曲”

朱兰博士在其82岁高龄时，发表了著名的《质量三部曲：一种普遍适用的质量管理方法》，该文被称为“朱兰三部曲”。根据朱兰博士的观点，质量管理包括质量规划、质量控制、质量改进三个基本过程，以下对这三个基本过程逐一进行说明。

3.3.2.1 质量规划

质量规划是指企业通过开展科学的调研设定质量目标，并规定相关流程和资源配置以实现既定目标的策划过程。其中，质量目标设定的依据是对质量差距的认知，而在衡量质量差距时，还需要结合顾客满意(收益)及工艺生产投入(成本)之间的关系进行衡量。具体来说，该阶段可以进一步细分为：识别内外客户、明确核心需求、形成产品构思、建立质量目标、设计工艺流程、计划转向实施等具体步骤(见图3.4)。

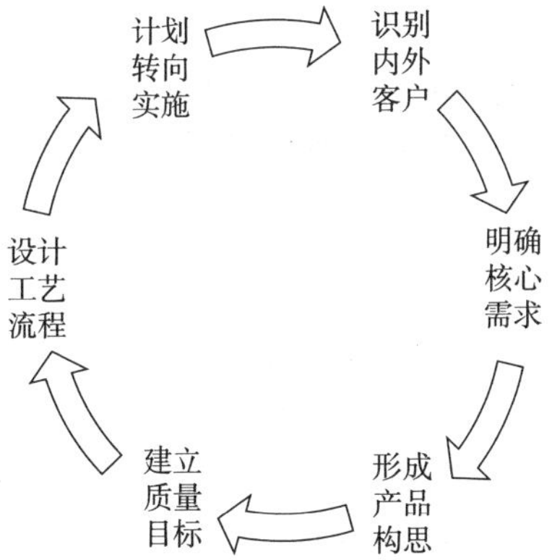

图3.4 “朱兰三部曲”之质量规划过程

值得一提的是，传统的质量计划往往是由质量负责人或技术负责人等特定人员拟订，普通员工很少直接参与质量管理决策。由于信息的不全面和不对称，加之计划制订者自身能力水平有限，当上游部门把工作丢给下游部门时，可能因为计划不科学而出现各自为政和彼此脱节等问题。相对而言，质量规划则是多部门共同协商的结果，不仅可以提前形成对成本信息的考量，而且可以对可能出现的风险点提前预警。

3.3.2.2 质量控制

质量控制是指采用一定的控制方法，使质量管理过程朝着既定方向运行并最终实现质量要求的目标。具体来说，该阶段可以进一步细分为：选择控制对象、选择测量单元、开展测量实施、设置绩效标准、测量实际绩效、解释实际差异、采取纠正措施等具体步骤(见图3.5)。

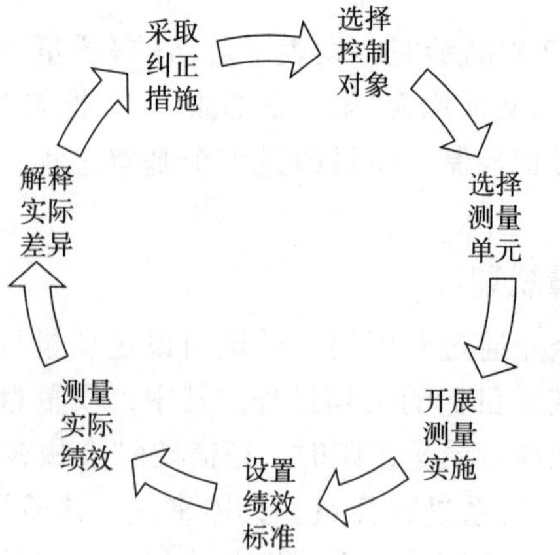

图3.5 “朱兰三部曲”之质量控制过程

根据朱兰博士的观点，质量控制过程本质上是对质量规划的执行，相比质量优化是有不同内涵的。通常情况下，质量优化是嵌入质量规划和质量改进的，如果质量控制中需要优化，则必须回头去调整质量规划或者转入质量改进环节。

3.3.2.3 质量改进

质量改进是指通过对系统性问题的改进，主动打破既定状态而使质量达到新的水平。具体来说，该阶段可以进一步细分为：确定改进需求、明确改进内容、组织项目团队、组织实施诊断、诊断挖掘原因、提供补救措施、证明补救有效、控制巩固成果等具体步骤(见图3.6)。

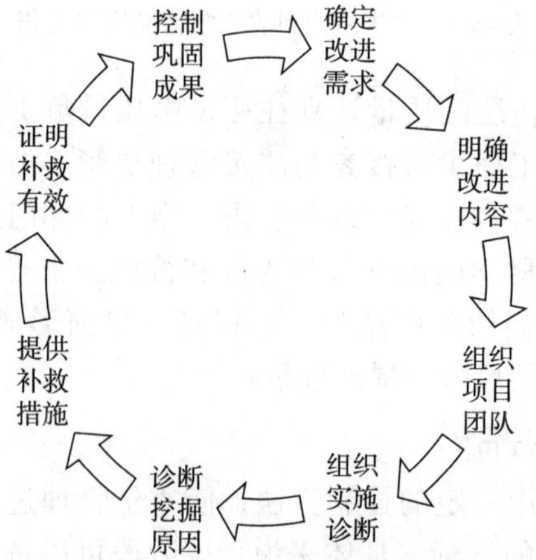

图3.6 “朱兰三部曲”之质量改进过程

与质量控制阶段的任务要求不同，质量改进特别强调对原有计划的突破和超越，旨在通过质量改进，使质量水平迈上新的台阶。同时，在此过程中不断发现新的管理方式。

3.3.2.4 “朱兰三部曲”之间的关系

根据朱兰博士的观点，“朱兰三部曲”三个阶段的关系如图 3.7 所示。

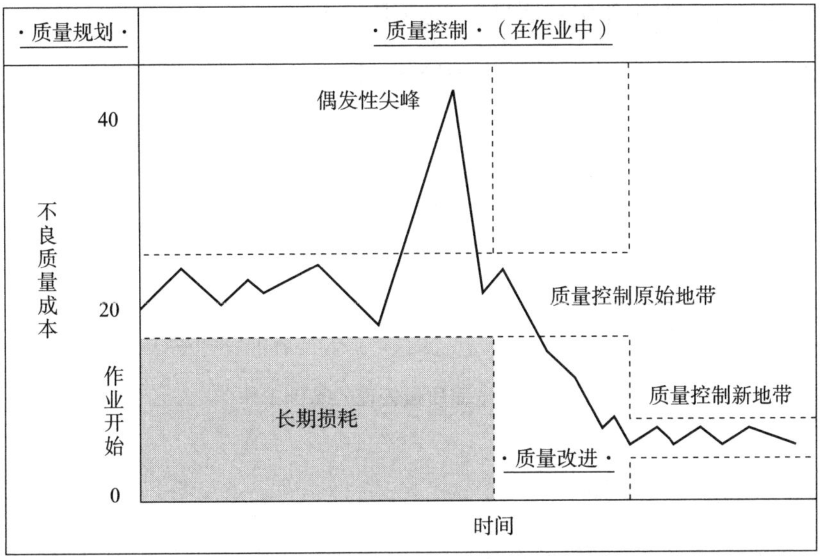

图 3.7 “朱兰三部曲”三个阶段的关系

资料来源：JURAN J M. The quality trilogy[J]. Quality Progress，1986，19(8)：1-9.

由图 3.7 可知，质量规划完成后，质量管理开始进入实际运营阶段。通过质量控制，不良质量成本被控制在一定区间水平(图 3.7 中的质量控制原始地带)。其中，偶发性尖峰常常是突发原因(如临时停电、操作失误)导致的，不需要刻意关注。原因找到并解决以后，不良质量成本会回到质量控制的原始地带。长期损耗则代表了质量改进的重点方向和主要机会，改进的对象则包括产品质量、服务质量以及工作质量等。通过质量改进，使不良质量成本水平进入质量控制新地带。

总体来看，尽管三个阶段有各自的使命，但三者围绕质量管理的功能互相依存、不可分割：质量规划是质量管理的基本前提，质量控制是实现质量目标的关键保障，质量改进则是质量活动升级优化的重要路径。

3.4 全面质量管理的基础工作

全面质量管理的实现不是一蹴而就，在实施之前，需要开展诸多基础性工作。这些基础性工作主要包括质量教育工作、质量责任工作、质量标准化工作、质量计量工作和质量信息工作(见图3.8)。

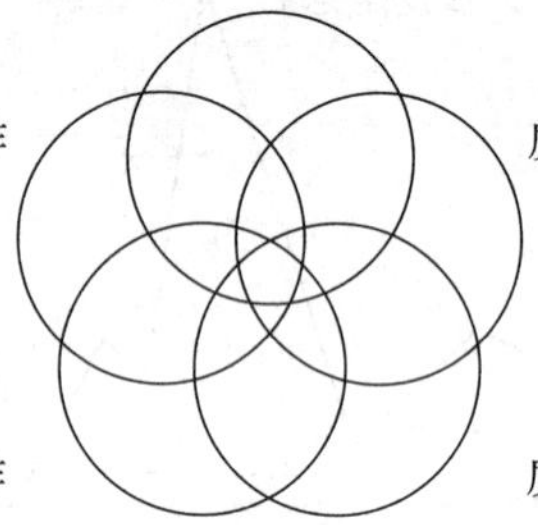

图3.8 全面质量管理的基础工作

3.4.1 质量教育工作

质量管理是一个需要全员参与的活动、由于组织中各成员的职能不同、能力不一，需要通过质量教育培养员工的质量管理意识，使之掌握质量管理技能，明确质量管理责任。企业在进行员工质量教育时，应把握提高员工的质量认知、端正员工的质量态度、丰富员工的质量知识等重点工作。

3.4.1.1 提高员工的质量认知

"数量"多涉及表象，"质量"更涉及本质。相对于"数量"的直观性，"质量"作为事物的本质属性，较为抽象难把握。对于员工，尤其是经验不足的员工，对质量的认知需要有科学的方法去教育引导，而单纯依靠员工自发学习和实践往往是不够的。

3.4.1.2 端正员工的质量态度

国内外大量实践案例证实，质量态度决定着员工对质量问题的价值取向，进而影响其工作中的质量行为。以美国通用集团为例，该集团曾在20世纪80年代建立撒旦分部集团生产某一系列汽车，该分部集团当时是世界上技术水平最高、装备能力最强的生产基地，然而，在产品质量方面却没有明显优于其他分部。因此，制约产品质量提升的核心要素并不是技术，而是员工的质量观念和对于质量的态度。

3.4.1.3 丰富员工的质量知识

质量知识涉及产品质量知识、质量管理知识、质量法律知识等。一般而言，员工的质量知识储备越丰富，对质量的认知水平往往越高，越容易形成良好的质量态度。与此同时，员工质量认知水平越高、质量态度越好，员工对于质量知识的学习越有积极性和获得感。

3.4.2 质量责任工作

质量责任工作是为了保障质量而明确规定各主体在质量工作上的权力、责任、义务及相关奖惩措施。在具体实施质量责任制时，要注意把握以下原则。

3.4.2.1 质量责任的权责利统一

权力是行使职责的决定权和支配权，责任是职务上需要承担的义务，利益是获得的物质上或精神上的收益。权力、责任、利益之间是相互关联的辩证关系，其中，责任起到关键传导作用。没有责任，权力就会落空，利益也自然不复存在。所谓的权责利统一，是指权力、责任与利益三者之间要对等和匹配，承担什么样的责任，就要有什么样的权力，获取什么样的利益。

3.4.2.2 质量责任的主体多元性

由于质量管理需要企业全员参与，而不同层次、不同部门、不同岗位的成员，在质量管理中的责任划分有所不同。企业应该结合实际情况，通过广泛调研和科学论证，落实每个主体的具体质量责任，使质量管理中人人有事做，事事有人为。通过质量责任制的落实，在出现质量问题时，能够迅速进行问题溯源并查明责任，进行处理和经验教训总结。

3.4.2.3 质量责任内容的可考核

在进行质量责任划分时，需要对责任范围、责任程度、责任形式等进行具体化和数据化，以便让责任主体明晰具体的责任内容。同时，在对质量责任进行评价时，要通过科学合理的规划，构建集考核要点、考核内容、评价标准、实施依据等于一体的质量责任考评体系。

3.4.3 质量标准化工作

麦绿波所著的《标准化学——标准化的科学理论》一书，将标准化定义为“任意事件集合经约束映射到约定域的事件集合态”，并指出，“标准化是技术哲学，也是方法论，还是实用知识。作为技术哲学，是对技术共同性和重复性事项的提炼；作为方法论，是向各领域提供统一、简化、互通、优化等共性有效方法；作为实用知识，是建立秩序、提高效率、互联互通、畅通交流、优化关系、合理发展的手段”。

在质量管理范畴，质量标准化是针对重复性的质量管理活动，通过制定、发布和实施标准，获得最佳质量效益的过程，包括简单化、统一化、通用化、系列化、模块化等形式(见表3.1)。

表3.1 质量标准化的主要形式

形式	要点	属性
简单化	对非必要环节简化	标准化的初期形式
统一化	对同类事物多种表现形式进行归并	标准化的一般形式
通用化	识别对象共性特征，借此拓展范围	多次、多种方式使用同一物件的标准化形式
系列化	同类产品性能参数按一定数列排列，规定形式结构，从而指导同类产品发展	标准化走向成熟的标志
模块化	不同半自律子系统按一定准则构成复杂系统	标准化的高级形式

资料来源：中国金属材料流通协会．标准化是循环经济的最佳实现形式[EB/OL]. http://www.cumetal.org.cn/hybz/bzh/30934.htm.

3.4.3.1 简单化

通常情况下，非必需的复杂化往往会导致大量的资源消耗和成本增加。以生产加工环节为例，流程的复杂化不仅对原材料、工艺等形成挑战，还对员工技术和素养提出更高的要求。为此，需要深度分析顾客核心需求，结合企业自身资源及能力优势，对于非必要环节，通过减少投入时间、资金、人力，降低顾客理解难度，弱化顾客与原体验的矛盾程度等，实现简化。值得一提的是，简化不能被简单视为减少生产投入，而是指减少非必要的投入及浪费，是针对非必要的复杂化采取的一种标准化措施。

3.4.3.2 统一化

无论是军事组织，还是现代企业组织，统一指挥都是有效管理应遵循的基本原则。对质量管理而言，统一化是把同类事物的两种或多种表现形式归并为一种或限制在一定范围内。作为标准化的最一般形式，统一化是循环经济的“减量化(Reducing)、再利用(Reusing)、再循环(Recycling)”(3R)等原则的经验基础。

以啤酒瓶盖的国家标准为例，GB/T 13521—2016 要求冠形瓶盖有 21 个锯齿，为什么是 21 个锯齿？其实这是多年不断统一化探索的结果。在 19 世纪，瓶盖多是螺丝瓶盖，但是常因为密封不严而导致饮料变质。19 世纪末，美国工程师威廉·佩特(William Painter)开发了一款 24 齿的“王冠瓶盖”，有效地解决了密封的问题。20 世纪 30 年代，工业自动化的加盖技术出现，24 齿容易堵塞加盖软管的弊端不断被暴露。考虑单数锯齿不易卡管，锯齿数量又被统一修改为 23 齿。再后来，综合考虑产品密封性和用户开盖时的安全性，生产商将锯齿调整为 21 齿并延续至今。

3.4.3.3 通用化

通用化是基于对象集合的共性和相似特征识别，找出共同物理特征或典型结构，借此最大限度拓展产品或零部件使用范围，其本质是通过对象的多用途使用、多机会使用和多对象使用等途径实现标准化。通用化的主要形成模式如表 3.2 所示。

表 3.2 通用化的主要形成模式

模式	内涵
借用通用化	将已有产品具有通用属性的单元整体借用到新研制产品中
继承通用化	同类产品在进行下一代开发时，大量继承使用上一阶段的产品
压缩通用化	将多个品种进行归并，形成一种能广泛使用的通用化品种
开发通用化	在产品设计开发时，按照通用化要求，设计形成通用化产品
编号通用化	对产品进行编制通用件代号，以便实现通用化
定标通用化	将通用性强、适用面广的产品制定为标准而形成的通用化

资料来源：麦绿波．通用化的理论和设计方法：上[J]．中国标准化，2014，448(1)：49-53.

3.4.3.4 系列化

系列化，是根据同类产品的发展规律和使用需求，将其性能参数按照一定的数列顺序进行安排和规划，并对其形式和结构进行统一规定，从而有目的地指导同类产品发展。由于每种规格的产品都有着一定范围的通用性，在开展系列化具体实践时，一方面是对现有品类规格的适当简化和压缩；另一方面是开发新的品种、规格，以使产品系列在细分市场上具有协同优势。从某种意义上来看，系列化是对同一类产品在其横向和纵向的综合标准化。

3.4.3.5 模块化

模块化，是两个或多个具有半自律的子系统按照一定准则构成更加复杂系统的过程。在产品复杂性背景下，单个企业很难完成全部的生产制造过程，于是不同企业以价值链为主线，基于技术可分解性和工艺衔接性，立足自身资源禀赋及能力优势，形成模块化生产。模块化的最终对象是复杂产品，对于模块构成和连接模式而言，往往具有多样性、可拆分性、可扩展性、组合丰富性等特征。

3.4.4 质量计量工作

质量计量，是采用科学的计量方法及适当的计量器具对质量进行衡量的过程。参考现代计量学的社会功能分类，可以将质量计量工作分为质量的科学计量、质量的工程计量、质量的法制计量三类，三个分类分别代表着计量的基础、计量的应用和以政府为主导的计量社会事业等不同层面的质量管理。

3.4.4.1 质量的科学计量

质量的科学计量，是通过研制、开发、建立质量考评的计量基准和标准装置，为质量评价提供量值传递和溯源的依据。从本质上来看，质量的科学计量是对质量的基础性、先行性的计量科学研究。从内容上来看，主要涉及质量单位的确定、计量基准的设定、质量风险的监控、缺陷产品的技术评价等。

3.4.4.2 质量的工程计量

质量的工程计量，是质量实现过程中原料消耗、工艺流程、产品性能等进行计量的过程。工程计量相对烦琐复杂，在具体实践时，计量的依据主要有质量合格证、工程清单、技术规范、设计图纸、测量数据等。

3.4.4.3 质量的法制计量

质量的法制计量，是对关系到国计民生的重大质量问题，由政府进行强制管理，并对相关计量方法、器具、行为等进行依法监督的过程。由于该过程和法定的计量机构相关执法工作有关，较好地保证了质量计量工作的公正性、公平性和可信性。

3.4.5 质量信息工作

质量信息，是反映质量来源的原料清单、生产记录、物流信息、供销数据、服务信息等数据资料。质量信息工作是通过应用相关信息技术手段，实现对质量信息的需求确定、搜集获取、分析处理、评估应用等过程。为了更好地发挥质量信息的决策参考作用，需要做好以下工作。

3.4.5.1　搭建质量信息管理系统

质量信息管理系统作为质量信息应用的重要基础，承担着为高层提供决策、为中层提供信息、为基层提供指导等综合职能。一般而言，一个相对完整的质量管理信息系统功能模块往往包括质量数据、质量文档、质量知识、质量培训、质量案例、质量法规等内容。当然，在构建质量信息管理系统时，需要充分做好前期规划，按照 5W1H 原则，明确质量信息管理系统的建设主体（Who）、建设对象（Whom）、建设内容（What）、建设范围（Where）、建设时机（When）、建设方式（How）等。

3.4.5.2　甄别质量信息渠道来源

从质量信息的来源渠道来看，企业的质量信息主要分为内部信息和外部信息，两者在信息的可信性、传递性等方面存在一定的区别和联系。内部质量信息主要是企业自身生产经营过程中产生的质量记录等，可以通过质量检查、不合格产品统计等方式获取。相对而言，内部质量信息往往是经过实践验证具有较好的可信性，但由于涉及企业机密和原创性内容，一般情况下不得向企业外传播。外部质量信息是企业从自身之外获得的关于行业质量问题的相关信息，外部信息多具有公开性和广泛性，尤其是在信息时代，获取的成本相对较低，但需要特别注意甄别信息真实性和客观性。

3.4.5.3　落实质量信息考核制度

质量信息工作并不是某一个部门的事情，为更好地发挥质量信息的决策指导价值，需要形成并落实质量信息考核制度。对于质量信息的提供者，重点对其提供信息的真实性、数量规模、价值大小等进行评价。对于质量信息的统计者，重点对其统计方法的科学性、统计过程的规范性、分析结果的合理性等进行评价。对于质量信息的应用者，重点对质量信息决策应用于具体经营和质量提升的深度、广度及经验路径等评价。

第4章

ISO 9000质量体系

4.1 ISO 9000 质量体系标准

4.1.1 ISO 9000 族标准产生背景

ISO 9000 族标准是由 ISO/TC 176 制定的国际标准，是针对组织的管理结构、人员、技术能力、各项规章制度、技术文件和内部监督机制等一系列体现组织保证产品及服务的管理措施的标准。其产生的背景如下。

4.1.1.1 主要原因：企业生存和发展的需要

质量是焦点，是取得顾客信任的前提，产品质量是影响企业生产和发展的重要因素。为了获得质量保证能力，企业需要对外实施质量保证、对内完善质量管理。通过建立有效的质量管理体系，对影响质量的各环节实行有效控制，满足消费者对产品质量的要求。自 20 世纪 80 年代以来，这类质量活动成为世界潮流，许多国家开始编制和发布质量管理标准，这为国家标准化组织制定 ISO 9000 族标准奠定了基础。

4.1.1.2 主要技术基础：科学技术进步和社会生产力的提高

企业产品的功能随着科学技术的进步和社会生产力的提高不断升级。随着技术结构复杂性的提高和形式的日益繁多，仅仅按照技术标准对产品进行验证已明显不能适应市场竞争，必须在产品质量形成过程中加强管理和实施监督，这要求生产方建立相应的质量体系，提供能充分说明质量符合要求的客观证据。为了尽可能地避免发生质量问题，且在追究责任时，能够提出足够的证据为自己辩护，企业必须开展质量保证活动，加强质量管理，并且向权威机构申请对其质量管理体系进行认证。这为 ISO 9000 族标准的产生提供了客观条件。

4.1.1.3　实践基础：质量保证工作的成功经验

第二次世界大战期间，美国为了监管兵工厂的质量系统，开展了相关质量保证工作。20 世纪 50 年代末，美国军方发布了《质量大纲要求》MIL-Q-9858A，该质量大纲成为世界上有关质量保证方面的最早标准。随后美国国防部又制定并发布了一系列对生产武器和承包商进行评定的质量保证标准。美国在军用品生产质量保证上的成功经验，在世界范围产生了很大影响，并被一些工业发达国家借鉴，英国、法国等也相继颁布了用于民用品生产的质量管理和质量保证标准。随着世界各国相互合作和交流的深入，对供方质量管理体系进行审核已经成为国际贸易和国际合作的共同需求。但是，由于各国制定的质量管理和质量保证标准内容不同，给国际间的经济合作和贸易往来造成了障碍，国际社会普遍要求建立世界统一的“质量管理和质量保证标准”。这为 ISO 9000 族标准的产生奠定了坚实的基础。

4.1.1.4　客观要求：世界贸易发展的需要

国际贸易需要关于质量管理体系的通行规则，这种规则是适应国际市场竞争的必然产物。为了适应市场形式的发展，世界范围兴起了以质量保证评价为核心的贸易交流活动，促进了质量管理和质量保证标准的产生。同时，跨国企业间为了建立信任，通常会减少一些重复的检查、认可，以降低采购成本，此时把质量管理体系的认证证书作为参与国际贸易的入门资格，已成为日益广泛的需要。

4.1.2　ISO 9000 族标准的构成和特点

4.1.2.1　ISO 9000 族标准的构成

1987 年版：ISO/TC 176 于 1986 年 6 月 15 日正式颁布了《质量——术语》ISO 8402 标准，该标准统一了质量术语。1987 年 3 月，ISO 正式颁布了 ISO 9000：1987 系列标准。

(1) ISO 9000:1987《质量管理和质量保证标准——选择和使用指南》。

(2) ISO 9001:1987《质量体系——设计、开发、生产、安装和服务的质量保证模式》。

(3) ISO 9002:1987《质量体系——生产、安装和服务的质量保证模式》。

(4) ISO 9003:1987《质量体系——最终检验和试验的质量保证模式》。

(5) ISO 9004:1987《质量管理和质量体系要素——指南》。

1994 年，ISO 9000 系列标准进行了修订，并提出了“ISO 9000 族”概念。为了适应不同行业、不同产品的需要，1994 年版的 ISO 9000 族标准达到 27

项标准和文件，将其分为术语标准、两类标准的使用或实施指南、质量保证标准、质量管理标准和支持性技术标准 5 类。

1994 年版 ISO 9000 族标准核心标准如下。

(1)ISO 8402：1994《质量管理和质量保证——术语》。

(2)ISO 9000-1:1994《质量管理和质量保证标准——第 1 部分：选择和使用指南》。

(3)ISO 9001:1994《质量体系——设计、开发、生产、安装和服务的质量保证模式》。

(4)ISO 9002：1994《质量体系——生产、安装和服务的质量保证模式》。

(5)ISO 9003：1994《质量体系——最终实验和试验的质量保证模式》。

(6)ISO 9004-1:1994《质量管理和质量体系要素——第 1 部分：指南》。

2000 年，国际标准化组织颁布了 ISO 9000:2000 族标准，其核心标准如下。

(1)ISO 9000:2000《质量管理体系——基础和术语》。该标准表述质量管理体系基础知识，并规定质量管理体系术语。

(2)ISO 9000:2000《质量管理体系——要求》。该标准规定质量管理体系要求，用于证实组织具有提供满足顾客要求和使用法规要求的产品的能力，目的在于增进顾客满意度。

(3)ISO 9004:2000《质量管理体系——业绩改进指南》。该标准提供考虑质量管理体系的有效性和效率两个方面的指南，目的是促进组织业绩改进和使顾客及其他相关方满意。该标准取代了 ISO 9004-1:1994、ISO 9004-2:1994、ISO 9004-3:1994、ISO 9004-4:1994。

(4)ISO 19011:2000《质量和(或)环境管理体系审核指南》。该标准提供审核质量和环境管理体系的指南。

2008 年 11 月 15 日，ISO 9001:2008 版正式发布，取代 ISO 9001：2000 版标准，ISO 9000：2008 核心标准如下。

(1)ISO 9000:2005《质量管理体系——基础和术语》。该标准于 2005 年 9 月 29 日公布，它的发布是为了加强各种标准应用关键词解释的统一。ISO 9000:2005 版以 ISO 9000:2000 版为基础，包括了附加关键词及详尽的解释，如技术专家、要求、缔约能力、合同、审核员、审核小组、审核计划及审核范围等。

(2)ISO 2000:2008《质量管理体系——要求》。该标准规定了要使运营符合标准并获得认证需要达到的条件。整体来说，ISO 9001:2008 版标准与 ISO 9001:2000 版相比变动很少。ISO 9001 标准的目的、范围均未做变动，主要是对容易发生或容易产生误解部分做进一步澄清或增加批注的进一步说明。另外，将该标准中的一些术语与 ISO 14001 中的术语相统一。原标准关注的内容基本上没有变，仅为部分文字上的重新编辑。

(3) ISO 9004:2009《质量管理体系——业绩改进指南》。该标准于 2009 年 11 月 1 日由国际标准化组织在 ISO 9004:2000 版基础上修订发布。该指南阐明绩效改进指导方针，这些指导方针建立在 8 项质量管理原则基础上，旨在为高级管理层提供一种使用框架，该框架能让其考虑所有利益相关方的需求，从而引导组织改善绩效。

(4) ISO 19011:2002《质量和(或)环境管理体系审核指南》。ISO 于 2002 年 10 月 1 日正式颁布 ISO 19011:2002《质量和(或)环境管理体系审核指南》，代替以下 6 项标准：ISO 10011-1:1991、ISO 10011-2:1991、ISO 10011-3:1991、ISO 14010:1996、ISO 14011:1996 和 ISO 14012:1996。我国制定了 GB/T 19011—2003 标准，于 2003 年 10 月 1 日实施。该标准为审核方案的管理、内部或外部质量和(或)环境管理体系审核的实施以及审核员的能力和评价提供了指南，适用于广泛的潜在使用者，包括审核员、实施质量和(或)环境管理体系的组织，第一方、第二方和第三方审核。组织应通过掌握该标准、制定并实施审核方案，管理、提高内部审核的有效性。

2015 年 9 月 15 日，ISO 9001:2015 版正式发布。它的发布是为了加强各种标准应用关键词解释的统一。ISO 9000:2015 版以 ISO 9000:2008 版为基础，包括了附加关键词及详尽的解释，如技术专家、要求、缔约能力、合同、审核员、审核小组、审核计划及审核范围等。ISO 9000:2015 年《质量管理体系——基础和术语》引言中明确了该标准的目的、作用和基本框架内容。具体内容如下。

(1) 为质量管理体系提供了基本概念、原理和术语，可以作为其他质量管理体系的基础。可以帮助使用者理解质量管理的基本概念、原理和术语，以便能够高效地实施质量管理体系，并实现其他质量管理体系的价值。

(2) 该标准基于汇集当前有关质量的基本概念、原理、过程和资源的框架，准确定义质量管理体系，以帮助组织实现其目标。它适用于所有组织，无论其规模、复杂程度或经营模式，旨在增强组织在满足顾客和相关方的需求与期望以及实现其产品、服务的满意度方面的义务及承诺意识。

(3) 该标准包含 7 个质量管理原则，通过简述介绍每个原则，通过理论依据解释组织应该重视它的原因，通过获益之处告之应用这一原则的结果，通过可开展的活动给出组织应用这一原则可采取的措施。

(4) 该标准包括了 ISO/TC 176 之前起草的全部质量管理和质量管理体系

标准，及其他特定行业质量管理体系标准中应用的术语和定义。在该标准的最后，提供了按照字母顺序排列的术语和定义的索引。

4. 1. 2. 2 ISO 9000 族标准的特点

ISO 9000 族标准是一系列系统性标准，涉及的范围和内容非常广泛，同时对各部分的职责权限进行明确划分、计划和协调，使企业能有效地开展各项活动，确保工作顺利进行。

ISO 9000 族标准具有如下特点。

（1）具有较强的通用性。ISO 9000 族标准适用于所有不同产品类别、不同规模的组织，在满足删减条件的前提下，可根据组织实际需要，剪裁某些质量管理体系要求、调整相应的内容。也就是说，组织在采用新标准的过程中，可以根据其质量管理体系的需求与应用范围对标准条款和要求做出取舍，删减不适用的标准条款。

（2）应用过程方法具有逻辑性和相关性。ISO 9000 族标准提倡利用过程方法建立质量管理体系，并利用过程方法对质量活动进行控制，如此可以使标准的逻辑性更强。2008 年版标准采用以过程为基础的质量管理体系模式，注意过程间的联系和相互作用，考虑过程的风险和能力，有利于组织将自身的过程标准和要求更好地结合；同时，体现了组织管理的一般原理，有助于组织结合自身的生产和经营活动采用标准建立质量管理体系，并重视有效性的改进和效率的提高。

（3）应用系统的管理思想，以提高有效性和效率为目的，强调质量管理体系的适宜性和有效性。以文件化的模式实现系统化和科学化的管理，消除人治的弊端，在最佳工作途径下达到内部法治化管理，减少管理被动引起的内耗。

（4）具有兼容性。与环境管理体系、职业健康安全管理体系兼容；遵循 PDCA 运行模式，实现组织的可持续发展。

（5）具有继承性，且期望每五年修订一次。目前，最新版的 ISO 9000 族标准为 2008 年版 ISO 9000 族标准。

（6）协调一致的成对标准。ISO 9001 标准和 ISO 9004 标准协调一致，两个标准使用相同的术语，均遵循质量管理的 8 项原则，都采用以过程为基础的质量管理体系模式。

（7）强调全体员工的参与及培训，确保员工素质能够满足工作要求，并使每个员工都有较强的质量意识。要求对所有对质量有影响的工作人员都进行培训，确保他们能胜任本岗位的工作，防止因知识或技能不足造成产品或质量体系的不合格。

（8）强调对各部门的职责权限进行明确划分、计划和协调，从而使组织有效地、有秩序地开展各项活动，保证工作顺利进行。

（9）强调以顾客为焦点，进而关注顾客的顾客，并考虑所有相关方的利益和要求，将顾客满意或不满意信息的监控作为评价质量管理体系业绩的一种重要手段。

（10）强调领导是关键。质量管理的主要职责由最高管理者承担，其对组织质量方针和质量目标的制定与落实以及质量管理体系的建立、完善、实施及保持的决策负责。

（11）强调以预防为主，消除导致不合格的潜在原因，防止不合格的发生，从而降低成本。质量管理体系的重点是质量问题的预防，而不是事后的检查。

（12）突出持续改进是提高质量管理体系有效性和效率的重要手段，以满足顾客不断变化的要求，达到顾客满意。

（13）由关注程序向关注结果转变，强调结果至关重要。减少了对文件的强制性要求，扩大了组织自行决定文件化程度的自由度。1994 年版标准要求组织建立质量管理体系需要至少 17 个程序文件和 18 个以上的质量记录。这些程序文件和质量记录的编制给组织带来过多的文件方面工作量，有些程序文件和质量记录可能偏离组织的特征和管理实况，降低了质量管理体系文件的效能和实用性。2000 年版标准和 2008 年版标准提出了 6 个程序文件的明确要求，组织可以根据产品的特点、过程的复杂程度和执行人员的培训程度，决定程序文件的数量和繁简程度。标准特别强调文件应能够为过程带来增值，指出记录只是证据的一种形式，这使标准更加灵活。

ISO 9000 族标准从现代性和科学性方面来讲是动态的，强调动态循环的管理思想；从系统性和逻辑性、帮助组织和规范管理方面来讲不是孤立的，强调以顾客为焦点，强调领导者的作用和全面质量管理的思想，兼顾内部、外部双方的要求。因此，它是公开的、独立的。

4.1.3 ISO 9000 族标准与全面质量管理的关系

ISO 9000 族标准与全面质量管理反映了欧美国家和日本质量管理的精华。两者之间有很多相同之处，如都依据质量环原理控制产品质量的全过程，都按照 PDCA 管理循环的方法不断改进质量控制，都要求生产出满足顾客需求的产品，都要求在经营管理中突出质量，都提倡用事实和数据寻求质量控制的动态规律，都主张用统计技术揭示质量变化的规律，都强调企业最高管理者和各职能部门领导管理职责的落实，都重视产品实物质量存在问题的发现和纠正，都强调加强质量信息的有效反馈等。

但是，两者之间也存在明显差异，主要体现在以下方面。

(1)目的不同。ISO 9000 族标准的目的是建立质量管理体系，使顾客满意，建立对组织质量管理体系能力的信任，持续满足顾客需求和期望。全面质量管理的目的是保证质量，满足用户需求，通过加强内部管理保证工作质量进而保证实物质量。

(2)出发点不同。ISO 9000 族标准的出发点是以顾客为中心进行质量管理，以顾客推动为主。全面质量管理的出发点是从生产者出发加强管理，是生产供应商自主的质量管理，以管理者推动为主。

(3)指导思想不同。ISO 9000 族标准以预防为主，强化质量策划和持续改进，在 PDCA 循环中，从 P 做起。全面质量管理是以控制为主，发现和排除质量问题，在 PDCA 循环中，从 C 做起。

(4)概论基础不同。ISO 9000 族标准的概论基础是质量管理的 5 个基本概念和 7 项基本原则，全面质量管理的概论基础是一般的质量管理原理。

(5)管理模式不同。ISO 9000 族标准以过程为导向，只规定质量管理体系要求，不规定达到这些要求的具体途径和方法，适用于四大类产品：硬件、软件、流程性材料和服务。全面质量管理的管理模式是以产品为导向，既提出管理要求，又给出管理活动的实施方法，适用于硬件产品。

(6)管理范围不同。ISO 9000 族标准重在使客户满足有关生产和服务的过程、管理过程，管理向纵深发展，从过程优化到所有与过程有关的过程，从组织内部延伸到组织外部。全面质量管理则是强调全员、全过程、全企业，但以生产过程为主，不包括质量策划、质量保证和持续改进的全部要求。

(7)管理侧重点不同。ISO 9000 族标准强调过程的有效性，注重过程的绩效评价。全面质量管理则强调重点项目和关键过程。

(8)社会性不同。ISO 9000 族标准强调必须满足法律法规要求，注重社会利益。全面质量管理只注重满足用户需要和企业获利，不注重社会利益。

(9)管理技术不同。ISO 9000 族标准需要采用各种统计分析技术和多种质量管理技术，如质量审核、质量策划等。全面质量管理只需要采用一般的统计技术，如质量管理七种工具。

(10)标准化不同。ISO 9000 族标准已将质量管理提升为标准，要求保持或保留必要的形成文件的信息。全面质量管理却没有规范化要求，也未形成标准。

可见，相比全面质量管理，ISO 9000 族标准有质的飞跃，代表着当代质量管理的潮流。ISO 9000 族标准的概念界定准确，具有实用性，有效性更强，是被全世界所接受的标准。

4.1.4 我国采用 ISO 9000 族标准的概况

我国于 1988 年 12 月发布的 GB/T 10300 质量管理和质量保证系列标准，仅在等效程度上采用了 ISO 9000 族标准，虽然对宣传 ISO 9000 系列标准、探索企业如何贯标起了积极作用，但在质量体系认证方面无法与国际接轨，客观上阻碍了质量体系认证在我国的实施。其间，我国的外向型企业，不得不耗费资金寻求境外的咨询和认证机构，来进行 ISO 9000 质量保证体系的咨询和认证。1992 年，我国放弃了 GB/T 10300 质量管理和质量保证系列标准，转而发布了等同采用 ISO 9000 族标准的 GB/T 19000 质量管理和质量保证系列标准。从此，我国真正与国际上的质量体系认证接轨，这为我国质量体系认证事业的迅速发展奠定了基础。

总体而言，我国等同采用 ISO 9000 族标准内容如下。

(1) ISO 9000:2015《质量管理体系——基础和术语》。

我国等同转化了 ISO 9000:2015 标准，并于 2016 年 12 月 30 日发布了 GB/T 19000—2016 标准，自 2017 年 7 月 1 日实施。

(2) ISO 9001:2015《质量管理体系——要求》。

国际标准化组织于 2015 年 9 月 15 日发布该标准，我国等同转化了 ISO 9001:2015 标准，于 2016 年 12 月 30 日发布了 GB/T 19001—2016 标准，自 2017 年 7 月 1 日实施，规定了要使运营符合标准并获得认证需要达到的条件。整体来说，ISO 9001 标准 2015 年版与 2000 年版相比变动较大，具体有：管理原则由原来的 8 项转变为 7 项；结构由原来的 8 章增加为 10 章；条款明细进行了大幅度调整；取消了管理者代表的指定，更多条款内容突出领导作用；增加新关注点，如内外部环境、相关方的需求和期望、对风险和机遇的应对、变更管理、绩效指标等内容，将“部门+要素”的管理方式提升到“过程绩效”的管理理念；对文件和记录的概念有所突破，取消了质量手册和程序文件这类文件形式，统一用“形成文件的信息”取代；取消了“记录”的用语，统一用活动结构的“证据”取代；吸纳了绩效管理等内容；消除了一些理解误区，如不再将预防措施与纠正措施并列；其他内容，如术语的变化、对于外包控制的变化等。

(3) ISO 9004:2009《质量管理体系——业绩改进指南》。

该标准于 2009 年 11 月 1 日由国际标准化组织在 ISO 9004:2000 标准基础上修订发布，我国等同转化了 ISO 9004:2009 标准，于 2011 年 12 月 30 日发布了 GB/T 19004—2011 标准，自 2012 年 2 月 1 日实施。该指南阐明了绩效改进指导方针，这些指导方针建立在质量管理原则的基础上，旨在为高级管理层提供一种使用框架，该框架能让其考虑所有利益相关方的需求，从而引导组织改善绩效。

(4)ISO 19011:2011《质量和(或)环境管理体系审核指南》。

我国等同转化了 ISO 19011:2011 标准，于 2013 年 12 月 17 日发布了 GB/T 19011—2013 标准，自 2014 年 4 月 1 日实施。

4.2 质量管理体系的实施与运行

建立质量管理体系是组织的战略决策，是一项复杂且具有相当难度的系统工程，也是一个随着时间推移不断发展的动态系统。每个组织都有质量管理活动，无论其是否有正式计划。新版 ISO 9000 族标准为如何建立一个正规的体系管理这些活动提供了指南，帮助组织建立一个有凝聚力的质量管理体系。

质量管理体系基础中明确指出建立质量管理体系的步骤为：①确定顾客与其他相关方的需求和期望；②建立组织的质量方针和质量目标；③确定实现质量目标必需的过程和职责；④确定和提供实现质量目标必需的资源；⑤规定测量每个过程的有效性和效率的方法；⑥应用这些测量方法确定每个过程的有效性和效率；⑦确定防止不合格并消除诱因的措施；⑧建立和应用持续改进质量管理体系的过程。在根据上述步骤建立质量管理体系时，不仅要考虑标准的要求，还要考虑组织自身的实际情况。一般建立质量管理体系包括 4 个阶段：质量管理体系的策划、质量管理体系文件的编制、质量管理体系的试运行、质量管理体系的审核。

4.2.1 质量管理体系的策划

质量管理体系的策划属于建立质量管理体系的前期工作，不是一件单独的事情，而是一个持续的过程。计划随着组织对标准的学习和环境的变化逐渐形成。计划要考虑组织的所有质量活动，并确保覆盖 ISO 9000 的全部指南和 ISO 9001 的要求，计划经批准后才能实施。质量管理体系策划的主要活动包括：领导决策，组织落实；全员参与，骨干培训；拟订计划，配备资源；制定质量方针和目标，确定过程等。

4.2.1.1 领导决策，组织落实

最高管理者要通过其领导作用创造一个员工充分参与的内部环境，只有

这样的环境才能确保质量管理体系有效运行。管理层，特别是最高管理者的参与是质量管理体系建立和实施的关键。最高管理层应统一思想，做出建立和实施质量管理体系并持续改进其有效性方面的承诺，并身体力行，积极推动质量管理体系建立的各项工作。质量管理体系的建立涉及组织的各个部门和每个员工，成立一个强有力的领导小组和工作班子，是质量管理体系建立和运行的保证。通常要搭建一个可分为三个层次的工作班子：第一层次为领导班子，以组织最高领导人为负责人，并确定管理者代表，负责建立质量管理体系的具体工作。其主要任务包括质量管理体系建设的总体规划、质量方针和质量目标的制定、各级组织工作的安排和协调。第二层次为职能部门领导参加的工作班子，由质量管理部门和计划部门的领导共同牵头，主要任务是根据质量管理体系建设的总体规划组织实施质量管理体系。第三层次为部门小组，根据各职能部门的分工，明确质量管理体系条款的责任单位，编写相关质量管理体系文件。

4.2.1.2　全员参与，骨干培训

全员参与是组织质量管理体系建立与实施的基础，只有充分调动全体员工的积极性和创造性，才能确保最高管理者各种承诺的实现。组织应采取措施确保在整个组织内提高满足顾客要求的意识，使每个员工认识其所在岗位的重要性，为实现质量目标做出贡献，为组织带来收益。质量管理体系的建立与实施是始于教育、终于教育的过程，是提高认识和统一认识的过程，要分步骤对组织的各级员工进行培训。

4.2.1.3　拟订计划，配备资源

组织落实和明确责任后，要根据进度目标制订组织建立、实施质量管理体系的详细工作计划。在拟订工作计划时，要明确目标，突出重点，控制进度。明确要完成的任务、解决的问题、达到的目的，并明确任务完成的时间表和所有参与人员的分工。此外，在建立质量管理体系的各项工作开展后，要根据需要配备相应硬件、软件和人员。

4.2.1.4　制定质量方针和目标，确定过程

在建立质量管理体系前，还应对组织的现有体系进行检查和分析，明确现有体系的不足和改进方向，同时确定各级过程应开展的质量活动。质量方针是组织最高管理者正式发布的该组织的质量宗旨和方向。组织应该根据自身实际制定相应的质量方针，而质量目标是质量方针的具体化；在此基础上，进一步对产品实现过程和其他过程进行识别确定，确保这些过程满足确定的产品质量目标和相应的要求。

4.2.2 质量管理体系文件的编制

编制符合组织自身特点和实际的质量管理体系文件是建立质量管理体系过程的核心任务，编写的文件应具有适宜性、可操作性。质量管理体系文件的价值在于通过表达确定的信息，便于人们沟通，统一行动。此外，质量管理体系文件的编制和实施过程本身也是一项增值活动。该阶段的工作包括：质量管理体系文件的策划和编写、质量管理体系文件意见征求、质量管理体系文件的评价、质量管理体系文件的发布和实施等。

4.2.2.1 质量管理体系文件的结构

根据ISO 9000族标准的要求，组织的质量管理体系文件应包括文件化的质量方针和质量目标、质量手册、标准所要求的程序文件、保证组织能够有效运行的工作指导、标准要求的质量记录。

组织在实际运作时，除了需要上述质量管理体系文件外，还可能需要表格、质量计划、规范和外部文件等。在确定组织所需文件的数量、详略程度以及使用何种媒体时，应当根据组织的实际，包括组织的类型和规模、过程的复杂性和相互作用、产品的复杂性、顾客要求、适用的法规要求以及人员能力等来确定。

4.2.2.2 质量管理体系文件的发布和实施

在质量管理体系文件正式发布前，应认真征求各方面的意见，修改完善，并经授权人批准发布。质量手册必须经最高管理者签署才能发布。质量手册的正式发布实施意味着质量手册规定的质量管理体系正式实施和运行。在质量管理体系文件正式发布但尚未正式实施之前，各部门、各级人员要认真学习，清楚了解质量管理体系文件对本部门、本岗位的要求，对其他部门、岗位的要求以及对彼此关系的要求，只有这样才能确保质量管理体系文件在整个组织内得到有效实施。

4.2.3 质量管理体系的试运行

组织编写的质量管理体系文件是否有效、组织内部是否协调，都需要通过试运行来检验。质量管理体系的有效运行需依靠体系的组织机构进行组织协调、质量监控、信息管理、质量管理体系审核和评审来实现。在这一阶段，需要对试运行中暴露的问题进行整改，以完善体系文件，确认体系文件的符合性和有效性。这一阶段的活动主要包括质量管理体系文件的实施、内部审核、文件的整改完善、管理评审等。内部审核，是组织内部审核员对质量管理体系进行审核，以确认质量管理体系是否符合策划的安排、是否达到组织规定的质量管理体系要求、是否得到有效实施和保持。在内部审核的基础上，组织的最高管理者就质量方针、质量目标，对质量管理体系进行系统评审，称为“管理评审”。评审内容包括评价质量管理体系改进的机会和变更的需要，以及质量方针、质量目标变更的需要。管理评审的目的是确保质量管理体系持续的适用性、充分性和有效性。内部审核和管理评审都是组织建立自我评价、自我完善机制的重要手段，按策划的时间间隔，每年都应坚持实施内部审核和管理评审。质量管理体系运行的过程就是根据 PDCA 循环进行系统改进的过程。

在质量管理体系试运行时要注意以下几点：①要有针对性地宣传贯彻质量管理体系文件，统一认识新建质量管理体系的必要性，学习掌握标准，进而贯彻执行质量管理体系的各项程序和条款。②体系文件在试运行阶段出现问题是正常现象，要随时把实践中发现的问题和改进意见如实反馈至有关部门，以便及时采取纠正措施。③体系建设工作小组要对体系试运行中暴露的问题进行协调和改进，如体系设计不全面问题、项目不全问题、程序不优化问题、体系与环境不适应问题等。④所有与质量活动有关的人员都应按照体系文件的要求，做好质量信息的收益、分析、传递、反馈、处理和归档，尤其是各种信息的使用等工作，以支持质量体系持续改进。⑤评审包括评价质量管理体系改进的机会和变更的需要，包括质量方针和质量目标。对质量方针和质量目标的评审，依据是顾客的期望和社会要求，并考虑新技术的使用以及质量概念的发展和经营环境的变化，管理评审要有评审记录，并提交评审报告。同时，管理评审应输入审核结果、顾客反馈、过程的业绩、产品的符合性、预防和纠正措施的状况、以往管理评审的跟踪措施、可能影响质量管理体系的变更以及改进的建议。管理评审应输出质量管理体系及其过程有效性的改进、顾客要求的产品改进和资源需求。

4.2.4 质量管理体系的审核

质量管理体系的审核，是依据质量管理体系标准以及审核准则对组织质量管理体系的符合性及有效性进行系统的、独立性的审查并形成文件的过程。质量管理体系审核的系统性是审核活动必须进行的一项正式、有序、全面的验证活动。正式主要指外部审核按照合同进行，内部审核由最高管理者授权；有序指审核必须是有组织、有计划并按规定程序进行的；全面指对与审核对象有关的各个方面都要进行审核，以便得出完整的结论。形成文件是审核的基本要求，包括审核前应准备的审核计划、检查表，审核中的不符合报告和审核记录，审核后提要求(审核后提交的审核报告等)。下面介绍质量管理体系审核的基本概念和质量管理体系审核的实施。

4.2.4.1 质量管理体系审核的基本概念

(1)审核。审核是为获得审核证据并对其进行客观的评价，以确定按照审核准则进行的系统的、独立的活动并形成文件的过程。审核的目的是确定审核准则是否得到满足，审核的方法是获得证据并对证据进行客观评价，审核的要求是审核过程应具有系统性、独立性并形成文件。

(2)审核准则。审核准则是用作依据的一组方针、程序或要求。审核准则又称“审核的依据”，通常包括标准、相关的法律法规、组织的质量管理体系文件。

(3)审核证据。审核证据是与审核准则有关并能够证实的记录、事实陈述或其他信息。审核证据可以是审核员在审核范围内查阅到的文件、记录，也可以是现场审核中观察到的现象，还可以是自己或他人测量或试验的结果、被审核人的谈话等。

(4)第一方审核(内部审核)。第一方审核是组织对其自身的质量管理体系进行的审核，由组织或以组织的名义进行，可作为组织自我合格审核的基础。

(5)第二方审核。第二方审核是由组织的顾客或其他人以顾客的名义，按合同规定对组织的质量管理体系进行审核，可作为合同前评定组织是否具备一定质量保证能力的措施。

(6)第三方审核。第三方审核是由外部独立的审核服务组织，依据质量管理体系的要求，提供符合规定要求的认证或注册。审核的作用包括确定现行的质量管理体系、实现规定质量目标的有效性，确定受审核方的质量管理体系能否被认证或注册，为受审核方提供改进其质量管理体系的机会。

4.2.4.2 质量管理体系审核的实施

质量管理体系审核一般要经历基础工作、审核前的准备、现场审核、纠正措施跟踪和认证后监督等阶段。

(1)基础工作。基础工作主要包括选择咨询机构、运行质量管理体系、提出认证申请的审查与批准、签订认证审核合同等。在选择咨询机构时，要邀请咨询机构指导并参与组织质量管理体系的建立过程。咨询机构要为组织开展各类培训等。组织在建立好质量管理体系后，要运行半年至一年以上，方可提出认证申请。申请认证单位向认证机构提出申请，并向认证机构提交一份正式的、由其授权代表签署的申请书。认证机构收到申请方的正式申请后，对申请方的申请文件进行审查。审查合格后，决定接受申请并发出接受申请通知书，通知申请方做好下一步与认证有关的工作安排。如果审查不合格，则应及时反馈给申请方，并要求申请方做出必要修改，待其符合相关规定后，方可再发出接受申请通知书。如果确实不符合相关规定的要求，则可以不接受申请并向申请方发出不接受申请通知书，说明不接受申请的理由并退回有关文件。同时，认证机构在发出接受申请通知书后，必要时可以派人到申请方进行非正式访问，协商认证费用，签订合同。

（2）审核前的准备。审核前的准备指现场审核前的策划和准备工作，包括组成审核组、文件审查、编制审核计划、编制检查表等活动，以确保现场审核的有序性和完整性。审核组通常由 2~4 人构成，至少配备 1 名主任审核员和 1 名经认可具有相关专业能力的技术专家，以确保理解被审核质量管理体系的有关要求，包括相关的过程和控制要求。审核组组长通常是国家注册高级审核员，具有组织管理整个审核工作的能力。审核组对申请方提供的质量手册等质量管理体系文件进行审查，主要评价质量管理体系必需的过程是否被确定、过程程序是否被恰当地形成文件、体系文件是否满足申请认证的标准要求，并初步确定审核的范围和删减的合理性。审核计划，是经策划确定的对现场审核的人员、时间以及审核路线进行安排的文件，由审核组组长负责编制，认证机构批准确认，一般在审核前 10~30 天通知受审核方，使其有充分时间按审核计划要求做出安排。检查表是审核员在审核时用的工作文件、提纲或工具，是审核策划工作的成果。检查表应列出审核项目和要点，确保审核覆盖年度的完整，明确审核步骤和方法。依据检查表的审核内容进行审核可保持审核目标的清晰、明确。

（3）现场审核。现场审核是为了查证质量管理体系标准和质量管理体系文件的实际执行情况，对质量管理体系运行状况是否符合标准和文件规定做出判断，并据此做出是否通过质量管理体系认证的结论。首次会议由审核组组长主持，审核组全体成员、受审核方领导及有关人员参加，重审审核计划内容并确认，介绍和沟通审核的程序及方法。现场审核的目的是确定质量管理体系过程的复合性，判断体系总体的有效性。现场检查按照审核计划的日程安排，通过现场观察、查阅文件和有关记录、与受审核方人员的交谈和提问，必要时实际测定等调查方法，查证发现问题和获取客观数据。审核过程中应对收集到的信息进行分析、整理，以确定哪些是严重不符合项，哪些是有待进一步证实或舍弃的不符合项，哪些是偶然、孤立的不符合项，哪些是审核过程中已经纠正的不符合项等。不符合项可以分为一般不符合项和严重不符合项。严重不符合项主要指该不符合项如果继续存在下去，将对质量管理体系的有效运行或产品质量产生严重后果；一般不符合项是指孤立的、个别的、偶尔发生但不会发生严重后果的情况。不符合项报告包括事实陈述、性质判定、审核依据及不符合项的条款号等。审核员在现场检查完后，应对审核过程的记录进行汇总整理，统计分析不合格项，通过召开审核组内部会议，审核不符合项报告，判定质量管理体系的有效性，起草书面报告，为末次会议做准备。审核报告的内容包括审核项目编号、受审核方的基本情况、审核目的、审核范围、审核依据、审核组成员名单、审核过程综述、评价和结论等。末次会议是对现场审核的总结，由审核组组长主持，报告审核结果，宣布审核结论。审核结论通常有三种情形，第一种情形是质量管理体系已经建立且运行有效，同意推荐认证通过；第二种情形是质量管理体系已经建立且开始运行，对在审核中发现的不合格项，要求限期实施纠正措施，同意在验证纠正措施实施后推荐认证通过；第三种情形是质量管理体系仍存在缺陷，认证不通过。

(4)纠正措施跟踪和认证后监督。审核组通过现场审核，对暂缓通过组合审核中确定的不符合项，由受审核方确认后，审核组提出纠正要求。受审核方针对不符合项制订纠正措施计划并加以实施，审核组对实施情况进行纠正措施的跟踪。认证机构对审核组提出的审批报告进行全面检查，若审查后批准通过，则认证机构给予注册并颁发注册证书。注册证书一般包括证书号、注册供方的名称地址、所认证质量管理体系覆盖的产品范围、评价依据的质量标准、颁发证书的机构、签发人和日期等内容。同时，质量管理体系认证机构对获得认证的受审核方在证书有效期(通常为 3 年)内定期监督和复查，以验证其是否持续满足认证标准的要求，并促使受审核方质量管理体系正常运行且持续改进。

4.2.5 质量管理体系建立和运行中应注意的问题

相关调查表明，已经建立 ISO 9000 质量管理体系的企业多半没有收到预期效果。因此，必须了解清楚质量管理体系建立和运行中应注意的问题，主要有以下几个方面：

(1)每个企业在客观上都有其质量管理体系，但这个体系需要不断地加以改进和完善，不能认为通过认证就一劳永逸了。

(2)一个企业只能建立一个质量管理体系，这个体系可以覆盖多种产品，适应不同环境的要求，但可以根据不同的产品建立不同的质量保证模式。

(3)质量管理体系的建立和运行过程是一项复杂的系统工程，涉及企业的领导、员工、部门和质量活动，各级领导必须高度重视，所有员工要积极参与，各部门要相互合作。

(4)必须根据企业的实际情况制定质量方针和质量目标，并层层分解到部门和人，使之得到贯彻和落实。

(5)体系文件必须上下协调、接口清晰、可操作性强。文件应该是实际操作经验的体现，体系文件不仅包括质量管理性文件，还包括与产品质量和工作质量有关的技术文件、作业指导书，以及工作完成后的证实性文件，即质量记录。

(6)确定一名熟悉质量管理业务，了解企业实际，具有较强组织、协调、指挥能力的管理者代表，建立一个业务能力强、具有较高权威的运作机构，对顺利建立和运行质量管理体系十分重要。

(7)必须制订严密的工作计划，使一切工作都能按部就班地进行，这样才能达到预期目标。

(8)质量管理体系文件一旦发布，就要遵循质量管理体系三准则：如果有规定，则必须按照规定执行；如果规定不合理，则先执行规定后提出修改建议；如果没有规定，则先按照正确方法执行，再制定规定，使体系文件更加完善。

4.3 质量体系认证

4.3.1 质量体系认证制度

英国是世界上最早实行认证的国家。1903 年，英国工程标准委员会(现为英国标准协会)首创用于符合标准的标志，即“BS”标志，也称“风筝”标志。后来，该标志按英国 1922 年的《商标法》注册，成为世界上第一个受法律保护的认证标志。

随着市场经济和国际贸易的发展，质量认证制度从 20 世纪 30 年代起开始迅速发展；到 50 年代，工业化国家基本都开展了质量认证活动；从 70 年代起，发展中国家开始推行质量认证制度，使质量认证制度发展到一个新阶段，出现跨国界建立的若干区域认证制度和国际认证制度。国际标准化组织于 1970 年设立认证委员会(CERTICO)，后改为合格评定委员会(CASCO)，主要负责质量认证指南的制定和国际间相互认可工作的推进。

《中华人民共和国产品质量法》(以下简称《产品质量法》)第十四条第一款规定:“国家根据国际通用的质量管理标准,推行企业质量体系认证制度。企业根据自愿原则可以向国务院市场监督管理部门认可的或者国务院市场监督管理部门授权的部门认可的认证机构申请企业质量体系认证。经认证合格的,由认证机构颁发企业质量体系认证证书。”

4.3.2 质量认证的内涵

4.3.2.1 质量认证的含义

质量认证也称“合格性认证”(conformity certification),指第三方对产品或过程的质量体系是否符合规定要求给予的书面保证。这种认证已经成为世界范围广泛适用的国际认证,不受供需双方经济利益的影响,是建立在公正科学基础上的第三方认证,是世界各国对产品质量与企业质量管理体系进行评价、监督、管理的通行做法和认证制度。从概念可以看出,质量认证的对象是产品或过程,认证的依据是标准或技术规范,认证的方式是颁发合格证书或合格标志,认证的主体是第三方机构。从认证的作用来看,可分为安全认证和合格认证;从认证的对象来看,可分为产品质量认证和质量管理体系认证。

值得一提的是,质量认证与质量认可并不相同。认可,是一个权威团体依据程序对某一团体或个人具有从事特定任务的能力给予正式承认,最后出具证明的方式是认可证书。认可的对象可以是团体或个人,认可的依据是认可程序,认可的方法是评审后正式承认,认可的证明方式是认可证书。可见,认可与认证是有区别的,主要体现在对象、主体、内容、依据和结果五个方面:①认可的对象是人和机构,认证的对象是产品或过程;②认可的主体是由权威机构进行,认证的主体是由第三方机构进行;③认可的内容是考核能力,认证的内容是考核符合性;④认可的依据是认可准则,认证的依据是各个标准;⑤认可的结果是正式承认,认证的结果是书面保证。尽管质量认证与质量认可具有明显的差异,但是二者均属于合格评定的范畴。合格评定,是直接或间接确定相关要求被满足的任何相关活动。合格评定的主体是质量认证和质量认可,包括产品质量认证、质量管理体系认证、认证机构认可、实验室认可、检查机构和人员资格认可等。

4.3.2.2 产品质量认证

产品质量认证可分为自愿性产品认证和强制性产品认证。自愿性产品认证是依据国家标准、行业标准、国际电工委员会(IEC)标准、其他国家先进标准及中国质量认证中心(CQC)补充技术要求进行的产品认证，如能源、电视显示设备“高清显示”等。强制性产品认证是指按国家统一发布的标准目录执行的产品认证，如中国强制性产品认证(CCC)、产品绿色标志等。其认证类型主要有：①型式试验。型式试验，是按规定的试验方法对产品的样品进行试验，以证明样品符合标准或技术规范的要求。这种认证类型主要用于证明产品设计符合规范要求，且只提供证书，不允许使用认证标志。②“型式试验+体系评定”。体系评定是对组织按既定规范要求提供产品的质量保证能力进行评定。③“型式试验+监督抽检”。监督的办法是对产品抽样进行检验，以证明认证产品的质量持续符合标准或技术规范的要求。抽样检验的方式有市场抽样检验、供方抽样检验，以及市场和供方抽样检验。这种认证类型不仅可以使用产品质量认证标志，还可以提供产品质量的信任程度。④“型式试验+体系评定+监督抽检”。“型式试验+体系评定+监督抽检”认证类型的特点是在批准认证的资格条件中增加了对产品供方质量管理体系的检查和评定，在批准认证后的监督措施中增加了对供方质量管理体系的复查。它能够给顾客提供很大程度的产品质量信任，可以使用认证标志。这是目前各国认证机构通常采用的一种认证类型。

4.3.2.3　质量体系认证

质量体系认证的对象是质量管理体系，即质量保证能力。它的主要依据是ISO 9001标准；它的作用是能够提高顾客对供方的信任度，增加订货，减少顾客对供方的检查评定，有利于顾客选择合格的供方。质量管理体系认证是自愿的，企业通过体系认证获得的证书不能用于其生产的产品，但可以用于正确的宣传，它是ISO向各国推荐的一种认证制度。质量体系认证具有以下特点：①经国家认可机构认可的具有第三方公正地位的认证机构进行客观的评价并做出相应的结论；若符合要求，则予以注册并颁发证书。我国的认可机构是中国合格评定国家认可委员会。②认证机构派出的审核人员必须经过授权的人员认可机构注册，并保证其独立性和公正性。我国的认证人员注册管理机构是中国认证认可协会。③审核是从组织的实际出发，根据选定的标准，围绕其质量管理体系进行。审核不能超越标准要求，那些以全面质量管理活动为依据或强行要求组织去开展那些实际上并不存在，其产品和服务实现过程中也不需要的活动的做法，是许多审核员经常犯的错误。④只能依据ISO 9001(或某个规范)，而不能依据ISO 9004(目的是对质量管理体系业绩进行改进)实施认证审核。

质量体系认证要求符合以下条件：独立的、具有法律地位的合法组织；产品符合国家标准或行业标准要求，或能按需方的图纸或提出的要求进行生产和提供服务；正在进行生产或提供服务并有持续3个月以上符合要求的生产记录；有按照ISO 9000国际标准建立的质量体系文件；质量体系运行无严重不合格。审核质量体系运行正常与否的依据是检查企业质量管理行为是否符合质量体系文件的要求。

4.3.2.4 质量体系认证与产品质量认证的区别

虽然质量体系认证源于产品质量认证，但两者并不完全相同，主要体现在认证对象、认证依据、证实方式、认证目的、证明条件、证明使用和性质方面，具体内容包括：①产品质量认证的认证对象是特定产品，质量体系认证的认证对象是供方组织的质量管理体系。②产品质量认证的认证依据是产品质量符合指定标准要求，质量体系认证的认证依据是质量管理体系符合申请认证的质量管理体系标准和必要的补充要求。③产品质量认证的证实方式是对质量管理体系进行检查，并依据特定标准对产品实施检查；质量体系认证的证实方式是对质量管理体系进行审核，但不对实物产品和规定要求的符合性进行检验。④产品质量认证的认证目的是证实供方的具体产品符合规定标准的要求，质量体系认证的认证目的是证实供方的质量管理体系具有连续保证所提供的产品满足规定要求的能力。⑤产品质量认证的证明条件是产品质量认证证书和认证标准，质量体系认证的证明条件是质量管理体系认证证书和认证标志。⑥产品质量认证的证明使用是证书能用于产品，标准可用于获准认证的产品；质量体系认证的证明使用是证书和标志都不能在产品上使用，但可用于正确的宣传。⑦产品质量认证的性质有自愿或强制两种，质量体系认证的性质只有自愿一种。

4.3.3 质量体系认证的程序和作用

4.3.3.1 质量体系认证的程序

质量体系认证的程序是：第一步，由申请方提交认证申请书并签约；第二步，提交质量体系文件；第三步，实施现场审核；第四步，批准与注册、认证、发证；第五步，认证后的跟踪监督。其中，提交质量体系文件具体包括企业在体系文件正式颁布运行后，将质量体系文件及有关资料提交给认证机构，认证机构审核文件是否符合申请认证的ISO 9000质量管理标准，对不符合的地方进行修改；企业根据修改要求，对文件进行相应修改，并将修改意见内容以修改页的形式返回认证中心；认证中心对修改及纠正措施进行跟踪。批准与注册、认证、发证可能会出现以下三种情况：第一种情况，审核过程中发现3项以上严重不符合项则不予通过；第二种情况，审核过程中发现 1~2 项不符合项或若干一般不符合项，根据情况定出整改时间，延期通过；第三种情况，未发现不合格，给予通过。审核组的审核报告经认证中心管理委员会讨论通过后，向认证机构推荐注册。认证机构一般在管理委员会会议后 10~20 天将认证证书颁发给企业。

4.3.3.2　质量体系认证的作用

ISO 9000 族标准是经济发达国家质量管理实践经验的科学总结，具有通用性和指导性。建立符合 ISO 9001 标准要求的质量管理体系并通过认证，有利于质量管理体系的改进和完善，对促进国际贸易、提高组织管理水平等都有积极作用，主要体现在以下五个方面：①有利于提高产品和服务质量，保护消费者利益。按照 ISO 9000 族标准建立质量管理体系，通过体系的有效应用，促进组织持续地改进产品、服务及其过程，实现产品和服务质量的稳定与提高，不仅是对消费者利益的一种最有效的保护，而且增加了消费者选购合格供应商的产品和服务的信任程度。②为提高组织的运作能力提供了有效的方法。ISO 9000 族标准鼓励组织在制定、实施质量管理体系时采用过程方法，将活动作为相互关联、功能连贯的过程体系来理解和管理，从而高效地得到一致的、可预知的结果。此外，质量管理体系提供了持续改进的框架，增加了顾客和其他相关方满意的机会。因此，ISO 9000 族标准为提高组织运作能力和市场竞争能力提供了有效的方法。③有利于增进国际贸易，消除技术壁垒。在国际经济技术合作中，ISO 9000 族标准被作为相互认可的技术基础，ISO 9000 的质量管理体系认证制度在国际范围内得到互认，并被纳入合格评定的程序。《世界贸易组织贸易技术壁垒协议》是 WTO 达成的一系列协议之一，它涉及技术法规、标准和合格评定程序。贯彻 ISO 9000 族标准为国际经济技术合作提供了国际通用的语言和准则，取得质量管理体系认证已经成为参与国内和国际贸易、提升竞争能力的有力武器。因此，贯彻 ISO 9000 族标准对消除技术壁垒、排除贸易障碍起到了十分积极的作用。④有利于组织的持续改进并持续满足顾客的需求和期望。顾客要求产品和服务具有满足其需求与期望的特性，这些需求与期望在产品和服务的技术要求或规范中得到表述。因为顾客的需求和期望是不断变化的，这就促使组织持续地改进产品和服务，而质量管理体系要求为组织改进其产品、服务及过程提供了一个有效途径。⑤减少社会重复检查费用。顾客为了保证供方提供产品的可靠性，会在适当的条件下对其质量管理体系提出要求。经过认证的组织，可以避免对不同的供方实行重复的第二方审核。

第5章

六西格玛管理

5.1 六西格玛管理概述

5.1.1 概念

六西格玛是一套系统、集成的业务改进方法体系，是旨在持续改进组织业务流程，实现顾客满意的管理方法，基于系统、集成的业务改进流程，实现无缺陷的六西格玛设计(Design For Six Sigma，DFSS)，并对现有过程进行过程界定(Define)、测量(Measure)、分析(Analyze)、改进(Improve)、控制(Control)——简称“DMAIC 流程”，消除过程缺陷和无价值作业，从而提高质量和服务、降低成本、缩短运转周期、达到顾客完全满意，增强企业竞争力。

六西格玛诞生于全面质量管理盛行的 20 世纪 80 年代中期，诞生之初，存在很多疑问：六西格玛是什么，它能为企业带来收益吗；六西格玛管理和其他质量管理模式相比有什么优势？1993 年，摩托罗拉公司率先采用六西格玛管理模式，两年后该公司就获得了美国波多里奇国家质量奖，六西格玛的作用通过该公司的一些数据得以展现，从侧面回应了人们对六西格玛的一些质疑。自从实施六西格玛管理，摩托罗拉公司因质量缺陷造成的损失减少 84%，生产率平均每年提高 12.3 个百分点，利润率每年攀升近 20 个百分点，累计节约额达到 140 亿美元，摩托罗拉的股价平均每年上涨 21.3%。

除了摩托罗拉公司外，美国通用电气公司也是实施六西格玛管理的受益者。实施六西格玛管理使该公司效益每年加速递增，营业毛利率不断刷新纪录。一时间，六西格玛名声大振，更多的公司开始实施六西格玛管理，如百得、庞巴迪、联邦快递、强生、柯达、宝丽来、索尼、东芝等。这些公司通过实施六西格玛管理，在不同程度上都获得了各种各样的改善，产生了深远而重大的影响。六西格玛以缺陷为中心的方法持续改进、提高效率和有效性，具有其他质量管理模式不可比拟的优势，被认为是最先进的质量管理方法和工具。

5.1.2　六西格玛的基本原则

无论实施哪种管理模式，企业最终目的都是取得收益；若某种管理模式只存在理论上的创新而无法提供实践指导，那么就毫无意义。六西格玛管理可为企业带来切实收益，主要有两个方面：一是通过加强领导、提高员工和顾客的满意度、提高效率等方式提高销售额、利润和市场份额。二是通过降低经营所需的资源成本，减少由于质量问题导致的损失。六西格玛能够使企业市场占有率提高，顾客满意度提升，营运成本降低，缺陷率降低，实现最佳社会效益。六西格玛管理可以帮助企业实现经营业绩最大化，主要在于它遵循以下三个基本原则。

(1)提高顾客满意度的原则。无论企业发展处于哪个阶段，顾客满意都是决定其生存和发展的重要因素，只有提高顾客的满意度，企业的市场份额才会进一步增加，才能在市场竞争中立于不败之地。但是，企业在现实的经营过程中，通常会面临一种矛盾，即对顾客有益的不一定会对企业的发展有益。企业不能一味地为了满足顾客的需求，而忽视了盈利这一根本目的。六西格玛同时关注顾客和企业两个方面，而不是仅仅强调单一产品、服务或过程的质量，从而推动企业经营的全面发展。

(2)降低质量成本的原则。六西格玛管理从质量成本分析入手，通过分析质量成本占销售额比例寻求改善之策。首先，要了解质量成本的构成。一般来说，质量成本分为符合性质量成本和非符合性质量成本，而符合性质量成本又可以分为预防成本和鉴定成本(检验预防)，非符合性质量成本可以分为鉴定成本(查明故障原因)和损失成本，非符合性质量成本通常占销售额的4%~5%。这些成本中隐含着一部分劣质成本，劣质成本既包括非符合性质量成本，又包括符合性质量成本不增值部分，劣质成本占总成本的15%~20%。因此，降低非符合性质量成本，消除不增值的“隐藏工厂”，减少劣质成本，是六西格玛管理的关键。

(3)降低资源成本和风险的原则。六西格玛管理通过降低非符合性质量成本和符合性质量成本中的不增值部分来减少企业的经营资源成本。同时，六西格玛管理把所有的错误和缺陷作为风险，并通过两种方式降低风险：一是降低产品或服务提供者的风险，二是降低顾客购买产品或服务的风险。总之，要降低成本和风险，就要对质量成本展开分析，详细界定不同成本的性质，进行针对性消除或改进，并通过统计分析和测量手段识别企业经营过程中存在的潜在风险，采取有效措施进行控制，从而使企业达到高绩效水平。

5.1.3 实施六西格玛管理的意义

实施六西格玛管理的意义主要体现在以下几个方面。

(1)获取竞争优势的战略。六西格玛管理通过管理创新和技术创新重塑企业核心竞争力的有效手段，不能仅仅停留在方法层面，重要的是通过管理创新和技术创新打造竞争对手难以复制的核心竞争优势。除此之外，六西格玛管理还应与企业的战略相结合，使其成为实现企业战略目标的重要驱动力，增强企业的战略执行力，帮助企业实现愿景、完成使命。

因此，企业要从战略层面定位和推进六西格玛管理，从而实现管理创新、技术创新、核心竞争力建设和企业文化建设。

(2)持续改进的活动。六西格玛管理的本质是研究影响过程输出的关键因素，实现过程的输出趋于目标值或理想值并减少波动，追求“零缺陷”，追求完美。从结合过程方法的角度来看，过程管理是对过程的输入要素与输出结果进行识别和管理。因此，实施六西格玛管理能够提高过程的有效性和效率，重点在于对过程进行重点性改进和突破。

(3)科学的问题解决方法体系。六西格玛作为一套系统的业务改进方法体系，在方法层面更重视系统集成与创新，工具和方法包括应用统计技术、信息技术、现代质量管理技术、工业工程和现代管理技术等。

(4)六西格玛管理文化。企业文化作为企业生存和发展的软环境，时时刻刻影响着企业内外部的每个人，只有与六西格玛管理模式适配的企业文化，才能让六西格玛管理更好地适应企业，从而发挥其最大价值。因此，企业要打造有利于六西格玛管理实施，并结合企业具体特点的独特的企业文化，如勇于变革、持续改进、以顾客为中心、以质量为主线、以数据为基础等。

5.1.4 六西格玛的新发展

六西格玛是对全面质量管理，尤其是质量改进理论的继承和发展。传统的六西格玛作为一种降低差错率并改善产品质量的方法，广泛应用于制造业，后来逐渐发展为一种推动企业持续改进、不断提高顾客满意度、带给企业巨大利润的系统管理方法。随着六西格玛方法在实践中不断发展和充实，摩托罗拉公司于2000年之后提出了新六西格玛方法：一种由沟通、培训、团队合作、领导艺术、度量和以顾客为中心等价值观驱动的变革方法，目的在于变革组织文化和提高组织竞争力。

相较于传统的六西格玛方法，新六西格玛方法通过将业务流程再造、平衡计分卡、对核心业务进行不断监控、传统的六西格玛方法等工具整合起来，为管理人员提供了一套在业务实施过程中达到平衡的切实可行的方法，并创造性地解决了以往管理人员在管理过程中面临的两大难题：一是利用快速改进项目实现企业的短期财务目标；二是在关键人才和流程方面为企业未来的发展积蓄力量。六西格玛作为一种领导力管理程序，是一种业务总体改进的方法，适用于各行各业。

除此之外，六西格玛的发展具有以下三个方面的重要特征：一是精益六西格玛，它将精益技术和六西格玛进行结合，二者具有很强的互补性。精益六西格玛一方面可以通过六西格玛提升产品质量，提高顾客满意度；另一方面可以通过精益生产提高效率，减少投入。目前，精益六西格玛已在大多数企业得到广泛应用。二是六西格玛设计的成熟化。设计作为产品实现的起点，若在设计环节实现成熟化和专业化，则可以使后面的多个环节尤其是生产环节少走弯路，减少不必要的投入。目前六西格玛设计流程更多地融入了三次设计、TRIZ 等创新设计技术，使其逐渐成熟化。三是六西格玛在服务业的广泛应用。在“只要有流程，就可以应用六西格玛”理念的影响下，服务业逐渐引入六西格玛，考虑到服务业以人员为主体的特点，提高人员的软技能是一个漫长且需要耐心的过程。

5.1.5 六西格玛与企业文化

六西格玛不仅为企业带来了先进的质量流程管理技术，而且在实施过程中对企业文化产生了深远而重要的影响，经过多年的提炼和发展，在企业内部形成了以下六个方面的六西格玛价值观。

(1)以顾客满意为中心。企业的发展离不开顾客的支持，因此让顾客满意是六西格玛最基本的价值观。与顾客建立良好的关系，时刻注意倾听顾客的需求，增进顾客满意和忠诚，是企业始终要秉持的初心，以及后期努力的重点。

(2)以事实和数据驱动管理。在企业中，实施和推进六西格玛管理，要以事实和数据为基础，这是六西格玛管理和企业传统的管理方式最大的差异；通过数据和事实准确找到企业产品与服务中存在的缺陷，持续改进和优化，提高企业的质量管理水平。

(3)关注流程，以流程为重。流程被认为是成功实施六西格玛的关键，关注流程、精通流程不仅为企业实现持续改进创造机会，而且是企业建立竞争优势的重要来源。设计产品和服务，测量业绩，改进效率、提高顾客满意度等，在六西格玛中都属于流程。重点关注这些流程，有助于消除无附加值活动，减少不必要的成本浪费。

(4)有预见的积极管理。有预见的积极管理要求企业在事情未发生之前就能感知，并采取行动。这要求企业设定具有挑战性的目标，在追求目标过程中不断进行回顾和反思；将注意力集中在预防问题上，找出存在的隐患并加以干涉，进而有效提高管理效率。

(5)无边界的协力合作。六西格玛扩展了企业各部门之间、上下环节之间的合作机会。六西格玛致力于通过流程改进提高产品质量，但流程在企业中并不是孤立的，品质改进也不是一个短暂的过程，它需要不同部门之间长期的无边界合作和配合。因此，六西格玛能够为企业打造一种真正支持团队合作的氛围和环境。

(6)追求完美，但同时容忍失败。在实施六西格玛管理的企业中，企业持续追求完美、降低差错率、减少缺陷、提升产品质量，但同时能及时处理偶然产生的挫败，从错误中学习，在实践中成长。

5.2 六西格玛管理的统计学意义

σ 是希腊字母，读作“西格玛”，统计学中称为“标准差”，用来表示数据的分散程度或者个体偏离平均值的程度，是一种评估产品和生产过程特性波动大小的参数。企业中常用西格玛的不同等级衡量自身的流程管理水平，“六西格玛”代表最低的失误率及较高的标准差水平，在企业中，六西格玛质量水平相当于100万次出错机会中只有3.4个失误和缺陷，意味着企业拥有卓越的管理能力、强大的竞争力和忠诚的客户。

西格玛质量水平将过程输出的平均值、标准差与质量要求的目标值、规格界限联系起来进行比较，是对过程满足质量要求能力的一种度量。西格玛水平越高，过程满足质量要求的能力就越强，顾客的满意度越高，企业的管理越完善，企业的竞争力越强；反之越低。表5.1显示了不同西格玛水平的 *DPMO*(Defects Per Milliom Oppprtunities)及含义。其中，*DPMO* 作为衡量质量水平的重要指标，代表缺陷率，也就是每100万次出错机会中出现多少个缺陷。ppm (parts per million)是 *DPMO* 计算值的单位，表示“百万分之……”。

表 5.1 西格玛水平与 *DPMO* 的关系及含义

西格玛水平(σ)	*DPMO*(ppm)	含义
6	3.4	意味着卓越的管理、强大的竞争力和忠诚的客户
5	233	意味着优秀的管理、很强的竞争力和比较忠诚的客户
4	6210	意味着较好的管理和运营能力及满意的客户
3	66807	意味着平常的管理，缺乏竞争力
2	308537	意味着每天都有 1/3 企业资源的浪费
1	697672	意味着每天有 2/3 的事情做错，企业无法生存

从表 5.1 中可以看出，六西格玛水平对应的缺陷率是 3.4ppm，意味着企业要持续追求品质改进，达到六西格玛程度，就要做到在 100 万个出错机会里仅存在 3.4 个瑕疵。但值得考虑的是，为什么 6σ 水平对应的缺陷率是 3.4ppm，而不是其他呢?

一般意义上，3σ 水平包含 99.73%的数据；而达到 6σ 时，在上下限内通常包含 99.99999982% 的数据。但这个 99.99999982% 的数据即缺陷机会为 0.0018ppm，与前面提到的 3.4ppm 不一致。下面结合表 5.2 和表 5.3阐述二者之间的区别。

表 5.2 6σ=0.0018ppm

规格界限	包含数据(%)	*DPMO*(ppm)
$\pm1\sigma$	68.27	317300
$\pm2\sigma$	95.45	45500
$\pm3\sigma$	99.73	2700
$\pm4\sigma$	99.99966	3.4
$\pm5\sigma$	99.999943	0.57
$\pm6\sigma$	99.99999982	0.0018

表 5.3 6σ=3.4ppm

规格界限	包含数据(%)	可接受缺陷和差错(ppm)
$\pm1\sigma$	30.23	697700
$\pm2\sigma$	69.13	308700

续表

规格界限	包含数据(%)	可接受缺陷和差错(ppm)
$\pm3\sigma$	93.32	66810
$\pm4\sigma$	99.379	6210
$\pm5\sigma$	99.9767	233
$\pm6\sigma$	99.99966	3.4

结合表5.2、表5.3，可以看出，人们通常所说的六西格玛水平对应缺陷机会为3.4ppm(如表5.3所示)，而不是表5.2对应的0.0018ppm。出现这种现象的原因在于，从统计学角度，达到6σ水平时，缺陷机会只有0.0018ppm，而非3.4ppm。这时，过程缺陷接近于零，几乎可以忽略不计。但是，从表5.2中可以看出，3.4ppm缺陷率对应的是4σ，这就产生了2σ的偏差或漂移。产生这一现象的真正原因和现实逻辑在于，六西格玛实践的短期和长期表现不同。具体来说，六西格玛在短期内只需要处理正常的过程变化，因此在短期内表现为6σ水平；但是在长期会出现特殊的过程变异，表现为4σ水平。总之，流程在短期内的表现比长期内的实际表现要好。导致过程变异的长期变化通常有两个原因：一是过程平均值随时间变化；二是随着时间的推移，该过程的标准差增大。

在长期过程中，上述一个原因或者两个原因的结合，都会导致流程无法达到真正的六西格玛水平。这种变化，称为"长期均值变化"，该变化不符合六西格玛标准，但我们如何知道从正态曲线的两边各去掉1.5σ水平呢？这并不是统计学上的结果，而是行业的长期惯例。摩托罗拉公司是六西格玛方法论的先驱者，其通过大量例证，同样得出1.5σ偏移的结论。虽然有人对此提出质疑，但由于摩托罗拉公司的榜样作用，行业内已接受了6σ水平对应3.4ppm缺陷机会。注意，通常计算6σ水平用到的数据都是长期数据，而不是短期数据，但6σ结果通常看短期数据结果。

图5.1显示了过程输出特性在无漂移状态下的正态分布。从图5.1中可以看出，当上下规格界限之差为12σ($\pm6\sigma$)，且过程无漂移，即实际分布中心与规格中心重合时，低于下规格界限*LSL*和高于上规格界限*USL*的面积(概率)均为0.001ppm，总缺陷概率为十亿分之二。其中，μ为正态分布的中心值，M为规格中心，σ为标准差。

但实际上，过程输出的均值出现漂移是正常的。在典型制造过程中，由于影响过程输出的基本质量因素有很多，如操作者、原材料、设备、操作方

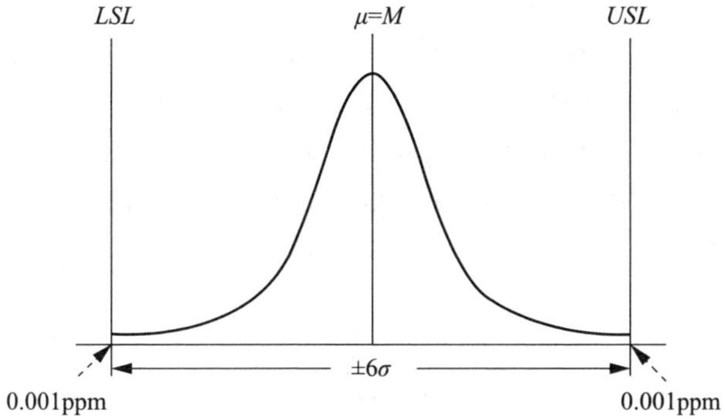

图 5.1　过程输出特性正态分布(无漂移)

法及规范、工作环境等，且一直发生变化。所以，一般来说，过程输出质量特性的分布中心与规格中心重合的可能性很小。为此，在计算过程长期运行中出现缺陷的概率时，通常考虑将上述正态分布的中心向左或向右偏移 1.5σ，此时一侧的缺陷为 3.4ppm，另一侧因数量级极小可忽略不计，总缺陷概率为百万分之三点四，即 *DPMO* 为 3.4，如图 5.2 所示。因此，所谓的六西格玛质量水平代表 3.4*DPMO*，是考虑了过程在长期运行中，分布中心相对规格中心漂移±1.5σ 后出现的缺陷概率。

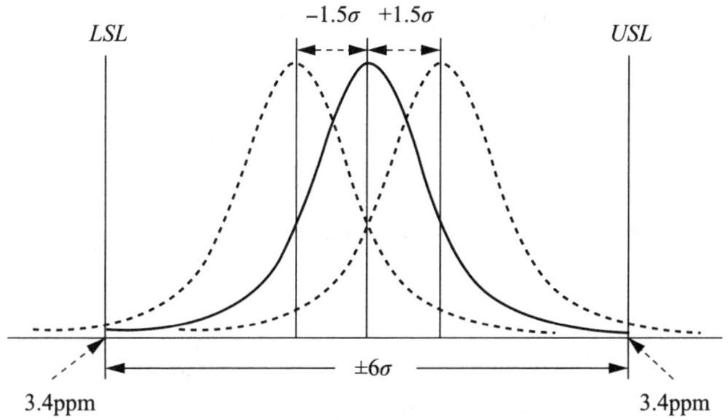

图 5.2　过程输出特性正态分布(±1.5σ 漂移)

5.3　六西格玛管理的组织结构

实施六西格玛的首要任务是把六西格玛主题和实践贯穿于组织的日常管

理，设置能承担相应职责的组织人员，以及设计适用于六西格玛开展的组织结构，在组织中形成六西格玛组织体系，确保流程的科学性和合理性。

企业顺利实施六西格玛管理的前提是创建一支致力于流程改进的专家团队。六西格玛团队由高层领导、倡导者、业务负责人、黑带大师、黑带和绿带构成(见图 5.3)，六西格玛团队成员权责分明、来自各个岗位，并经过六西格玛的专门培训，具备较高的技术水平和较强的组织能力，可为六西格玛管理提供组织上的保障。

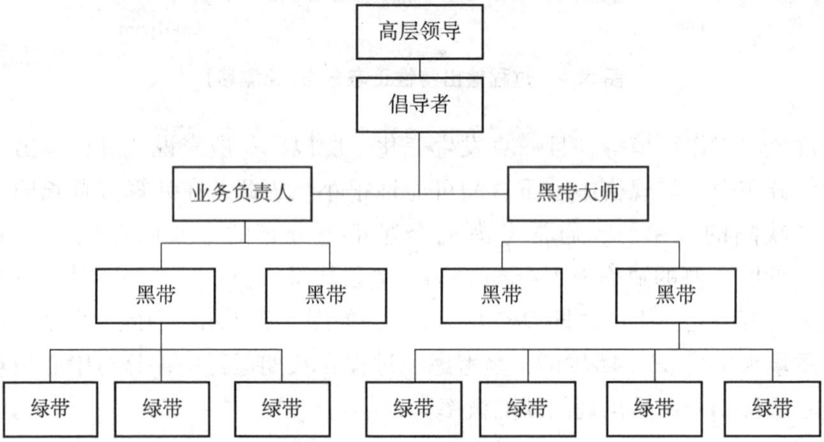

图 5.3 六西格玛管理组织机构

1. 高层领导

高层领导的支持、参与、高度认同及卓越领导是组织“自上而下”坚定不移地进行改革，并成功推行六西格玛管理的根本动力和关键因素。

2. 倡导者

倡导者一般为组织中层以上管理人员，或者是组织六西格玛管理领导小组成员，是六西格玛管理的重要角色。其通常基于战略层面对六西格玛进行全面的战略部署、目标确定、项目策划、资源分配与过程监控，并最终对六西格玛活动整体负责。

倡导者的核心任务包括：充分认识变革，为六西格玛确定前进方向；发起和支持黑带项目，确认和支持六西格玛管理全面推行，制定战略性项目规划；决定“该做什么”，确定任务的优先顺利；合理分配资源，提供必要的支持；消除障碍；检查进度，确保按时、按质实现既定目标；了解六西格玛管理工具和技术的应用；管理和领导业务负责人、黑带大师、黑带。

3. 业务负责人

成功的六西格玛项目需要配备相关业务负责人，六西格玛项目的顺利进行离不开其的协调与帮助、支持与配合。此外，还需要为六西格玛项目配置财务代表，对项目潜在收益、解决方案成本收益及项目成果收益等进行全面评估。

业务负责人不需要独立完成项目，在六西格玛管理中他们的职责是：达成对六西格玛的共识；协助选择黑带、绿带；为黑带、绿带提供资源支持；关注黑带、绿带项目的实施过程；协调管辖范围内的黑带、绿带项目，保持与业务方向的一致性；确保过程改进能够落实，保持改进成果。

4. 黑带大师

黑带大师一般由具有工科或理科背景，或具有较高管理学位的人担任，是组织实施六西格玛项目的主要技术负责人，是运用六西格玛管理工具的高手，他们是全职人员，“自上而下”实施持久而根本的变革。

黑带大师的核心任务包括：担任六西格玛方案专职培训师，为黑带学员传授六西格玛管理及统计方面的知识；帮助倡导者、管理者选择合适的人员，协助选择和实施能获得潜在利润的改进项目；为参加六西格玛项目的黑带提供指导和咨询；作为指导者保证黑带及其团队始终在正确的轨道上，能够顺利地完成工作；指导和协助黑带及其团队在六西格玛改进过程中完成每个步骤的关键任务；在收集数据、统计分析、设计试验及与关键管理人员沟通等方面为团队提供意见和帮助。

5. 黑带

黑带作为企业推行六西格玛管理的中坚力量，来自企业的各个部门，是六西格玛管理过程中最重要的角色，他们的努力程度和技术水平直接关系企业推行六西格玛管理的成败。黑带专门负责企业的六西格玛改进项目，要同时具备技术和管理两方面的才能。首先，要对六西格玛项目改进流程非常熟悉，且能够灵活应用六西格玛管理的工具和方法。其次，要有较强的组织与协调能力，能够激励一线员工的积极性和创造性，具有一定的实践工作经验，善于解决复杂问题，带领团队迅速实现改进目标。黑带的主要任务如下。

(1)领导。在倡导者和黑带大师的指导下，进一步界定六西格玛项目，根据项目需要成立项目改进团队，带领团队运用六西格玛方法完成项目。

(2)策划。制订项目的具体实施计划，决定项目每一步骤需要完成的任务，包括组织跨职能工作。

（3）培训。具有培训技能，为项目团队成员提供六西格玛战略、工具及技术应用的专门培训与辅导。

（4）辅导。为组员提供一对一支持，带领绿带队员快速有效地实现改进目标。

（5）传递。通过各种形式的培训、案例研究、工作座谈会和交流活动，将新的战略和新的工具方法传递给团队的其他成员。

（6）发现。在组织的内部或外部（如供应商和顾客等）寻找运用新战略和新工具方法的机会，与黑带大师一起确定有价值的项目，解决相关资源问题。

（7）确认。通过与其他组织合作，发现新的商业机会。

（8）影响。拥有良好的人际关系和组织技巧，让团队始终保持高昂的士气与稳定的情绪。

（9）总结。对六西格玛项目进行总结，向最高管理层提供项目报告，并在组织内部公开进行交流、分析和汇报。

每个成功的六西格玛项目都离不开黑带的不懈努力，从六西格玛项目的最初启动到最终结束黑带要时刻保持警惕，以免走向错误的方向。从开始组织、管理、指导一支特定的六西格玛团队开展工作，到工作过程中的持续跟进、管理团队进展，直至项目最后成功，都需要黑带具有一定的管理和技术才能。因此，成为一名合格的黑带，必须拥有以下几项技能。

（1）管理和领导能力。黑带必须基于权力和职责指导项目的执行，要发挥管理能力和领导才能，熟练运用项目管理方法和技巧。

（2）决策能力。在六西格玛项目中，黑带要做无数次的决策。为制定可靠、及时的决策，黑带必须随时掌握和了解项目的每个方面，平衡成本、时间和效果。

（3）团队建设和谈判。黑带必须与不同的人建立持久的联系，如上层管理者、顾客、组织的关键股东、团队成员、项目倡导者及供应商等。一个优秀的黑带必须经常与上级领导沟通和谈判，使六西格玛项目获得优先权。

（4）项目管理能力。与其他项目管理活动相同，六西格玛项目管理包括目标建立、项目细化、绘制工作流程、任务调度、成本预算、协调团队、组员沟通等，黑带必须有效策划和高效行动，平衡项目规划和进度安排，这是项目成功的关键。

（5）关注全局。一个成功的黑带要能够统筹项目的所有方面，如果对细节过分关注，则可能影响对项目的整体判断。

（6）沟通和人际交往能力。这里的沟通是指把项目活动的内容和结果，及时向相关人员进行传递和反馈。作为项目领导，黑带必须具有一定的人格魅力：诚实、有能力、可信赖、有包容心，与项目倡导者和组织的主要相关方建立良好关系，将不同背景的人员组成一个团队。

6. 绿带

绿带是六西格玛管理中人数最多、最基本的力量。绿带接受六西格玛技能培训的项目与黑带类似，但层次略低。在实施六西格玛管理的企业中，有很大比例的员工都接受过绿带培训，他们把六西格玛的新概念和工具带到了企业的日常活动中。

绿带的职责是提供相关过程的专业知识；建立绿带项目团队，并与非团队同事进行沟通；促进团队观念改变；把时间集中于项目；执行改进计划以降低成本；与黑带讨论项目执行情况及后期项目；保持高昂的士气。

第6章

质量管理中的统计工具

质量管理的“七大质量控制工具”，是一套用于解决质量问题的统计技术和方法。这些工具最早由日本质量管理专家石川馨提出，目的是帮助企业识别、分析和解决质量问题，从而提高产品和服务的质量。

6.1 排列图

6.1.1 概念

排列图又称“帕累托图”(Pareto Chart)，是一种条形图和折线图的组合，为品质管理经常使用的一种图表方法。1930 年，约瑟夫·朱兰首次将其应用于品质管理中，按照发生的频度排序，显示了多少结果是由每个识别出来的原因产生。排列图与帕累托法则有关，是品质控制的一个工具，是品质管理七大工具之一。

帕累托图是一种基于帕累托原理的分析工具。帕累托原理，又称“80/20 法则”，是一种描述不均匀分布现象的经济学原理。它最早由意大利经济学家维尔弗雷多·帕累托(Vilfredo Pareto)于 19 世纪末提出。帕累托观察到，在许多情况下，资源和效果的分布呈现出不均衡特征，即大部分效果(约 80%)通常来源于少数关键因素(约 20%)。将问题按照影响程度进行排序，并绘制成柱状图和累积百分比曲线来展示数据的帕累托分布，可帮助我们识别关键问题和优先处理的领域。

根据帕累托原理延伸的 ABC 分类法则成为分析主次要原因的重要方法。ABC 分类法(Activity Based Classification)，全称应为“ABC 分类库存控制法”，又称“帕累托分析法”“巴雷托分析法”“柏拉图分析”“主次因分析法”“ABC 分析法”“分类管理法”“ABC 管理法”“abc 管理”等，是对 80/20 法则的一种扩展。在 ABC 分类法分析图中，有两个纵坐标、一个横坐标、几个长方形、一条曲线。左边纵坐标表示频数，右边纵坐标表示频率，以百分数表示。横坐标表示影响质量的各项因素，按影响大小从左到右排列。曲线表示各种影响因素大小的累积百分比。一般地，将曲线的累积频率分为三级，与之相对应的因素分为以下三类：

A 类因素，发生累积频率为 0~80%，是主要影响因素。

B 类因素，发生累积频率为 80%~90%，是次要影响因素。

C 类因素，发生累积频率为 90%~100%，是一般影响因素。

通过分析帕累托图，我们可以快速识别关键问题，从而有针对性地采取改进措施。例如，如果发现某个问题占总问题的 80%，那么我们应该优先关注和解决这个问题，以实现最大的改进效果。帕累托图广泛应用于质量管理、项目管理和决策分析等领域。质量管理中的排列图如图 6. 1 所示。

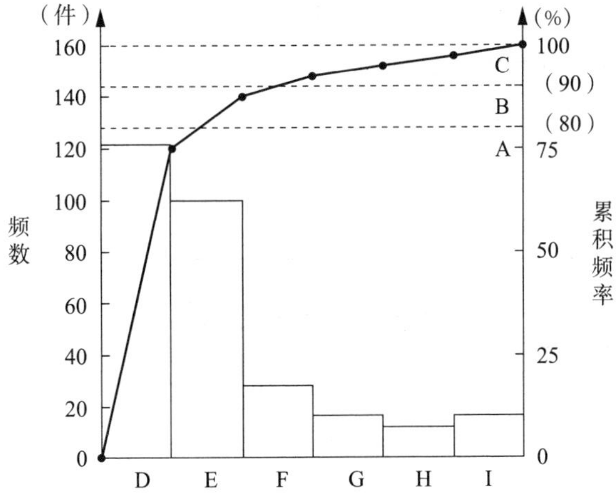

图 6. 1　排列图

6. 1. 2　绘制步骤

帕累托图的绘制步骤如下。

(1) 收集数据。收集与分析问题的相关数据，如问题发生的频数、影响程度等。

(2) 对数据进行排序。将数据按照影响程度（如问题频数）从大到小排序。

(3) 计算累积频率。计算每个数据的累积百分比，即当前数据及其前面所有数据的累积和占总和的百分比。

(4)绘制柱状图。在坐标轴上绘制柱状图，横坐标表示问题类别，纵坐标表示影响程度(如问题频数)。柱状图的高度表示各个问题类别的影响程度。

(5)绘制累积百分比曲线。在同一坐标轴上绘制累积百分比曲线，纵坐标表示累积百分比。累积百分比曲线通常使用折线图表示。

例题 6.1 某厂对活塞环槽侧壁不合格的 275 件产品进行缺陷分类统计，结果如表 6.1、表 6.2 所示。

表 6.1 不合格品分布

单位：件

不合格项名称	不合格件数
精磨外圆不合格	229
精镗销孔不合格	56
磨偏差不合格	14
精切环槽不合格	136
垂直摆差不合格	42
斜油孔不合格	15
其他不合格	8

表 6.2 不合格品分布

单位：件

序号	缺陷	频数(件)	累积频数(件)	频率(%)	累积频率(%)
1	精磨外圆	229	229	45.8	45.8
2	精切环槽	136	365	27.2	73.0
3	精镗销孔	56	421	11.2	84.2
4	垂直摆差	42	463	8.4	92.6
5	斜油孔	15	478	3.0	95.6
6	磨偏差	14	492	2.8	98.4
7	其他	8	500	1.6	100.0
总计		500			

排列数据并计算累积频率，排列图绘制结果见图 6.2。

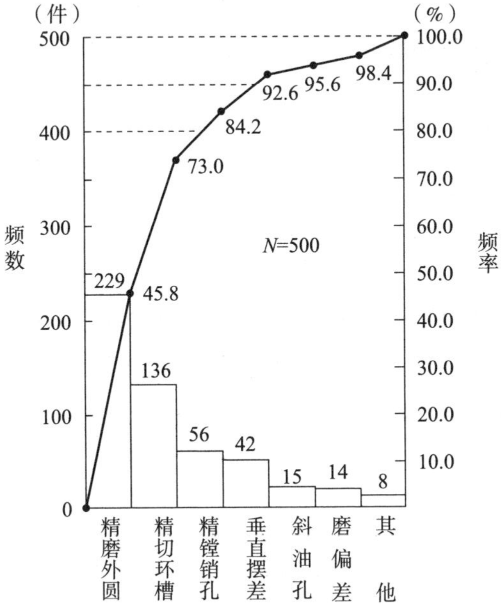

图 6.2 排列图绘制结果

结论：精磨外圆和精切环槽是主要因素，解决了这两个主要问题，将显著降低不合格品率；精镗销孔为次要缺陷；其他缺陷为一般缺陷。解决问题应从主要缺陷入手。

6.1.3 注意事项

(1)一般来说，主要因素应只有 1~2 个，至多不超过 3 个，否则会失去寻找主要因素的意义。当主要因素过多时，要重新考虑因素的分类。

(2)必要时，频数可用金额表示，以找出真正重要的因素。

(3)采取措施后，还应制作排列图，以进行效果检查对比。

(4)收集数据的时间以 1~3 个月比较合适，时间过长，生产过程往往有较大的变动，影响数据的可比性；时间过短，只能反映一时情况，影响数据的代表性。

(5)不太重要的项目很多时，横坐标会很长，通常把这些列入“其他”项，排在最后。

(6)排列图不仅可以用来分析导致产品质量问题的原因，也可以解决其他问题。

6.2 因果图与对策表

6.2.1 因果图

1. 概念

因果图，是一种用于分析问题原因和识别问题根源的图形工具，最早由日本质量管理专家石川馨提出，因此得名“石川图”。因果图的形状类似于鱼的骨架，故又称为“鱼骨图”。因果图将问题的原因分为不同类别，并按照层次关系组织在一张图中，可帮助我们更好地理解问题的成因和关键影响因素。

2. 因果图的分析结构

问题的特性总是受到一些因素的影响，我们可通过“头脑风暴”法找出这些因素，并将其与特性值结合，按相互关联性整理成层次分明、条理清楚，标出重要因素的图形，即“特性要因图”“特性原因图”。它是一种透过现象看本质的分析方法。鱼骨图可用于生产中，形象地表示生产车间的流程。

质量管理问题的成因分析一般使用 5M1E 分析法。5M1E 分析法是一种用于解决问题的系统性工具，可以帮助人们确定问题的本质，找出根本原因，并提出相应的解决方案。其基本思想是将问题分解成 5 个方面和 1 个环境因素。

(1)人员(Manpower)。人员方面主要考虑问题与人员有关的因素，如人员素质、技能、知识、态度、行为等。

(2)机器(Machine)。机器方面主要考虑问题与机器有关的因素，如机器的性能、设备维护、机器故障等。

(3)材料(Material)。材料方面主要考虑问题与材料有关的因素，如材料的质量、供应、储存、消耗等。

(4)方法(Method)。方法方面主要考虑问题与方法有关的因素，如工艺、流程、标准化、规范化等。

(5)测量(Measurement)。测量方面主要考虑问题与测量有关的因素，如数据收集、监测、评估等。

(6)环境(Environment)。环境方面主要考虑问题与环境有关的因素，如温度、湿度、噪声、照明、空气质量等。

通过分析以上 5 个方面和 1 个环境因素，可以找到导致问题的根本原因，并制定相应的解决方案。例如，当生产线出现质量问题时，可以使用 5M1E 分析法确定导致问题的原因，如人员技能不足、机器维护不当、材料质量差、方法不规范等，再制定相应的解决方案，如加强员工培训、改进机器维护程序、优化材料采购流程、规范工艺流程等。根据 5M1E 分析法原理得到的因果图分析结构如图 6.3 所示。

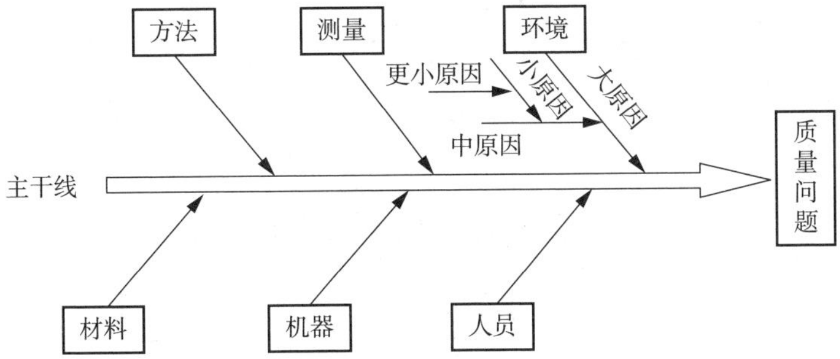

图 6.3　因果图分析结构

3. 因果图制图步骤

(1)定义问题：明确问题的性质、规模和影响范围。

(2)确定影响因素：列出影响问题的所有因素，包括人员、设备、环境、材料、方法等，可以借助 5M1E 分析法。

(3)画出主线：用一个箭头表示问题的主线，即问题的表现。

(4)画出分支：根据影响因素画出与主线相关的分支，用箭头指向主线。

(5)确定关系：对分支之间的关系进行分析，找出因果关系，并在箭头上标注。

(6)补充细节：为每个分支添加细节，以便更好地理解和处理。

(7)审查和验证：仔细检查因果图，确保图表上的每个因素都是合理的，并检查它们之间是否具有合理的关系。

(8)提出解决方案：利用因果图分析找寻问题的根本原因，再针对根本原因制定解决方案。

例题 6.2　通过因果图分析某企业活塞销孔孔径尺寸超标原因(见图 6.4)。

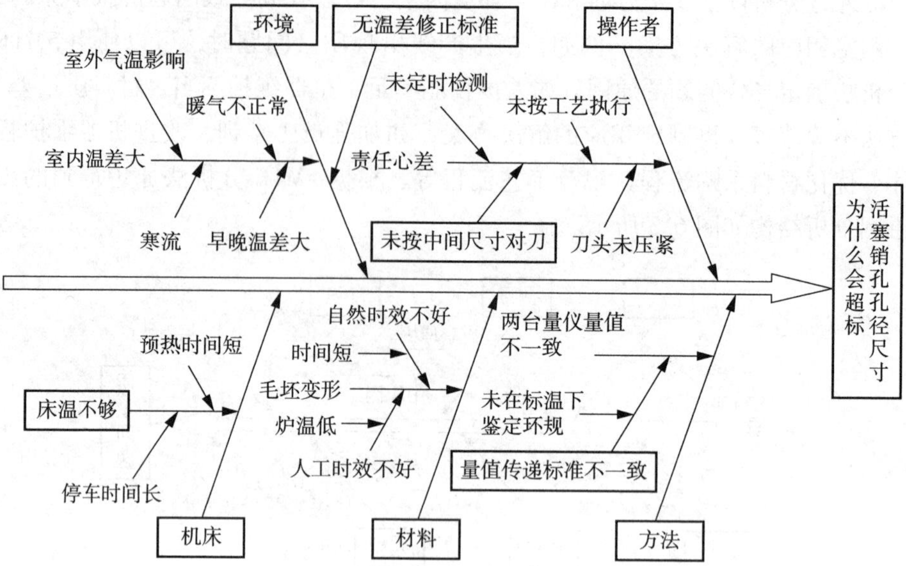

图 6.4 企业活塞销孔孔径尺寸超标因果图

6.2.2 对策表

对策表是在因果图基础上，针对每个根本原因制定的解决方案，如表 6.3 所示。

表 6.3 对策表

序号	根本原因	对策	执行人	验证人	期限	要求
1	操作者不能掌握工序质量控制方法	□组织学习工序质量控制理论和公差原理； □……				
2	设备精度偏低	□做好日常维护； □点检				
3	测量误差较大	□及时将量具送计量室检定、校准； □统一并选定正确的测量方法，减少测量误差				
4	切削余热影响尺寸精确度	□加工时注意工件温度，最后一刀加工在工件温度正常时进行				

因果图的对策表制作步骤如下：

(1)确认根本原因：根据因果图找出导致问题的根本原因，并对其进行确认。

(2)列出对策：对于每个根本原因，列出解决方案，一般可以从人员、机器、材料、方法和环境等方面入手。

(3)评估对策：评估每个对策的优劣，考虑实施的可行性、效果和成本等因素。

(4)选择对策：根据评估结果选择最佳对策，确保可以有效地解决问题。

(5)制订实施计划：针对选定的对策，制订具体实施计划，包括执行时间、责任人、资源需求等。

(6)实施对策：按照制订的计划执行对策，确保实施过程中质量的可控性和稳定性。

(7)监控效果：实施对策后，进行监控，以确保对策的效果达到预期目标。

总之，因果图的对策表是解决问题的重要步骤，可以帮助我们找到最佳解决方案，并确保其实施效果达到预期目标。

6.3 调查表与分层法

6.3.1 调查表

检查表又称“调查表”“核对表”“统计分析表”，是用来系统收集资料和积累数据，确认事实并对数据进行粗略整理与分析的统计图表。在质量管理领域，调查表作为一种重要的数据收集工具，广泛应用于收集和分析客户需求、满意度、产品质量等方面的信息。质量管理专家和团队可以通过设计与发放调查表了解潜在的问题、优化流程、改进产品和提高客户满意度。检查表使用简便，既能按统一的方式收集整理数据，又便于直观分析，在质量分析和质量改进过程中被广泛使用。

质量管理中的调查表应用场景如下：

(1)客户满意度调查。通过调查表收集客户对产品和服务的满意程度，找出客户关注的问题和改进领域，提高客户满意度和忠诚度。

(2)员工满意度调查。了解员工对工作环境、管理方式、培训和发展等方面的需求与意见，以提高员工满意度和工作效率。

(3)产品质量调查。收集客户对产品性能、质量和可靠性等方面的意见与建议，以便持续改进产品和提高市场竞争力。

(4)供应商评估。通过调查表了解供应商的质量、交货时间和服务水平等方面的表现，从而选择合适的供应商并优化供应链管理。

(5)过程改进。通过收集内部或外部相关人员对生产或服务过程的意见和建议，寻找过程中存在的问题和改进机会。

在设计质量管理中的调查表时，需要注意以下几点：确保调查表的目的明确，与质量管理的目标和需求紧密相关。选择合适的问题类型，便于对数据进行分析和解释。调查表的长度应适中，避免过长导致回答者失去兴趣。保证问题表述清晰、简洁且无引导性，以获取真实的回答。在数据收集和分析过程中，遵循相关法律法规和伦理规范，确保受众的隐私得到保护。通过有效使用调查表，质量管理团队可以更好地了解各种质量问题和需求，从而采取有针对性的改进措施，实现质量目标。

例题 6.3 对产品质量外观做调查表，如图 6.5 所示。

塑料制品外观质量调查表

调查人：李×　时间：
地点：某厂　方式：实地观测

机号	2月5日		2月6日		2月7日		2月8日		2月9日		2月10日	
	上午	下午	上午	下午	上午	下午	上午	下午	上午	下午	上午	下午
1	○● ×○	●□	○○	×□ ×	△○△ ×	○	○○○ ○●△ ○○	○○● △○○ ○△	□○	○△	○×	×× ●
2	△○ □	○○ ○● ×	○× ×× ●	●● △△ ×	○●● △△	○○× ××	○○○ ●△○ ○○○	○○○ ●△× ○○○ ○	×●○ ○	×○ △□	○○ ×	○□

缺陷符号：●疵点　○气孔　△成形　×变形　□其他

图 6.5　调查表示例

6.3.2　分层法

质量管理分层法是一种通过对组织内各个层次进行系统性质量管理，持续改进和达成质量目标的方法。质量管理分层法将企业的质量管理分为不同的层次，各层次在质量管理中扮演不同的角色，并通过沟通与协作，实现质量目标。

分层法又称“分类法”，是质量管理中用来分析影响质量因素的重要方法。在实际生产中，造成质量变动的因素很多，这些因素往往交织在一起，如果不将它们区分开来，就难以发现问题的本质，难以准确判断数据的特征，得出变化的规律。分层法将不同类的数据分开以便分别对其进行处理和分析，可使数据更真实地反映事实的性质，有利于找出主要问题，分清责任，及时加以解决。

例题6.4　某柴油机装配厂的气缸体与气缸垫之间经常发生漏油现象，为解决这一质量问题，对该工序进行现场统计。被调查的50台柴油机，有19台漏油，漏油率为38%，通过分析，认为造成漏油的原因有两方面：一是该工序涂密封剂的工人A、B、C三人的操作方法有差异；二是气缸垫分别由甲、乙两厂供应，原材料有差异。试用分层法找出影响产品质量的原因。

解：(1)通过分析：造成漏油的原因有两方面。

①齿轮箱密封垫是由甲、乙两厂分别供给的。

②涂密封剂的工人A、B、C操作方法不同。

(2)为分析问题产生原因，采用分层法分别对操作者和齿轮箱垫供货单位分层(见表6.4、表6.5)。

(3)措施：采用乙厂的齿轮箱垫，工人B的操作方法。

(4)效果：漏油率不但未降低，反而增加了。

表6.4　操作者分层

工人	漏油(台)	不漏油(台)	漏油率(%)
A	6	13	32
B	3	9	25
C	10	9	53
合计	19	31	38

表6.5　齿轮箱垫供货单位分层

供货厂	漏油(台)	不漏油(台)	漏油率(%)
甲	11	14	44
乙	8	17	32
合计	19	31	38

(5)再次分析原因：只是单纯地考虑不同工人、不同供应厂造成的漏油情况，而没有考虑不同工人用不同供应厂提供的齿轮箱垫造成的漏油情况，即没有进行细致的综合分析导致。做综合分层(见表6.6)。

表 6.6 综合分层

单位：台

供货厂		齿轮箱垫		合计
		甲	乙	
A	漏油	6	0	6
	不漏油	2	11	13
B	漏油	0	3	3
	不漏油	5	4	9
C	漏油	5	5	10
	不漏油	7	2	9
	漏油	11	8	19
	不漏油	14	17	31
	合计	25	25	50

结论：使用甲厂的齿轮箱垫时，工人 B 的操作方法好；使用乙厂的齿轮箱垫时，工人 A 的操作方法好，采取措施后漏油率大大降低。

6.4 相关图与回归分析

6.4.1 相关图

6.4.1.1 概念

散布图(Scatter plot)是一种表示两个变量之间关系的二维图形。散布图的横轴和纵轴分别表示两个变量，每个数据点在图中的位置表示两个变量对应的值。散布图常用来观察两个变量之间的相关性或者趋势，可以用于发现数据中的异常值或离群值。在散布图中，如果两个变量之间有正相关性(随着一个变量的增加，另一个变量也增加)，则数据点通常聚集在图的右上角；如果两个变量之间有负相关性(随着一个变量的增加，另一个变量减少)，则数据点通常聚集在图的左下角；如果两个变量之间没有明显的相关性，则数据点分散在图中。散布图可以帮助我们理解数据之间的关系，为进一步分析和决策提供有价值的信息。

散布图是用来研究两个变量是否存在相关关系及存在何种相关关系的一种图示工具，成对的数据可能是“特性—要因”“特性—特性”“要因—要因”的关系。制作散布图的目的是辨认一个品质特征和一个可能原因因素之间的联系。在质量管理过程中，经常需要对一些重要因素进行分析和控制。这些因素大多错综复杂地交织在一起，它们既相互联系又相互制约，既可能存在很强的相关性也可能不存在相关性。如何对这些因素进行分析？散布图便是一种直观且有效的好方法，通过作散布图，因素之间繁杂的数据变成了坐标图上的点，其相关关系可以一目了然地呈现。

当两组变量之间的关系可以用确定的数学公式描述，由一个或几个变量的值精确地求出另一个变量的值时，称为“函数关系”，其数学表达式为 $y=f(x_1, x_2, \cdots, x_n)$。

变量之间还有另一种类型的关系。两组变量之间虽然有关系，但又不能由一个或几个变量去确定另一个变量值，这种非确定性关系称为“相关关系”。相关关系普遍存在，函数关系仅是相关关系的特例。研究相关关系必须包括相关性质（正相关、负相关）和相关程度（强相关、弱相关）两个方面的内容。

6.4.1.2　制作步骤

（1）收集数据。首先要收集数据，为了保证散布图分析结果的可靠性，通常要收集 20 对以上的数据。从理论上讲，收集的数据越多，分析误差越小。

（2）建立平面直角坐标系。

（3）在平面直角坐标系中画点（如果有两个数对相同，则点用⊙表示）。

（4）分析散布图。根据成对的数据在平面直角坐标系形成的点子云形态，分析数据对相关性质（正相关、负相关）和相关程度（强相关、弱相关）。

例题 6.5　由金属材料学的知识可知，在一定范围内，钢铁材料的强度与合金中的含碳量有关。为了生产出强度满足顾客需求的合金，应用散布图分析钢铁材料的强度与合金中的含碳量的关系。钢铁材料与含碳量关系如表 6.7 所示。

表 6.7　钢铁材料与含碳量关系

序号	含碳量（%）	强度（10^7Pa）
1	0.10	41.5
2	0.11	43.5
3	0.12	45.0
4	0.13	45.5
5	0.14	46.0

续表

序号	含碳量(%)	强度(10^7Pa)
6	0.15	47.5
7	0.16	49.0
8	0.17	51.5
9	0.18	52.0
10	0.20	54.0
11	0.21	58.1
12	0.22	60.2
13	0.23	61.1
14	0.24	61.5
15	0.25	63.3
16	0.26	64.2
17	0.27	66.0
18	0.28	67.1
19	0.29	66.6
20	0.30	68.0

按照作图步骤作相关图并在坐标系中描点，结果如图 6.6 所示。

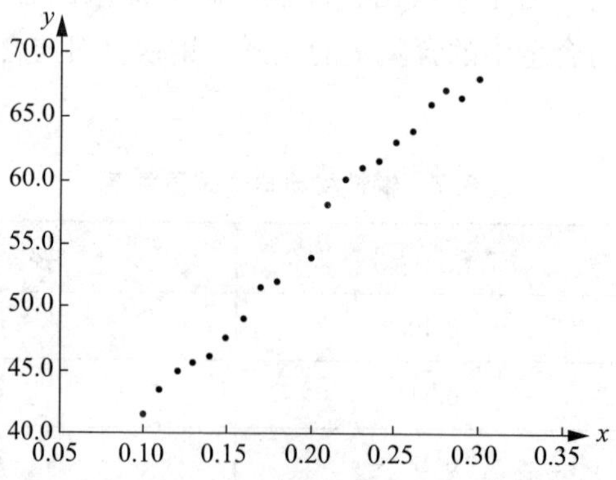

图 6.6　相关图作图示例

结论：在一定含碳量范围内，合金含碳量与合金强度间存在较强的正相关关系，当合金中含碳量增加时，合金强度呈上升趋势。

6.4.1.3 注意事项

(1)数据要分层。作散布图时，要注意对数据的分层。根据数据来源按人、机、料、法、环等因素进行分层；否则可能会产生错误的分析结果。

(2)要有适宜的取值范围。作散布图时，应根据专业理论知识和实践工作经验，合理确定自变量的取值范围；否则会产生错误的分析结论。散布图相关性规律的运用范围必须限于观测值数据范围内，任意扩大相关判断范围将导致结论错误。

(3)要注意坐标刻度。在横坐标和纵坐标划分刻度时，应取恰当的比例。可参考数据组中最大值、最小值和取值范围，让 x 和 y 的极差的长度大体相等，否则会造成图形的视觉错误，影响分析结果的直观性。

6.4.1.4 定性分析

通过和典型图例对照，判断符合哪种相关关系。通过对典型图例的判断对数据之间的相关性做出定性判断。对比典型图例分析法简单直观，但误差较大。典型的相关图图例如图 6.7 所示。

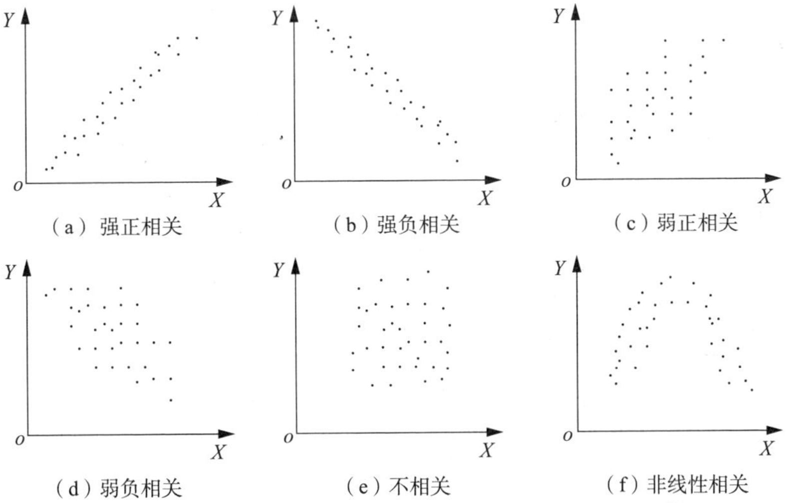

图 6.7 典型相关图图例

6.4.1.5 定量分析

相关图的定量分析法为相关系数法(correlation coefficient method)，比定性分析法要准确。相关系数法是一种衡量两个变量之间相关性的方法，可以通过计算两个变量的相关系数来判断它们之间的线性相关程度，常用于统计学和数据分析领域。相关系数是一个介于-1 和 1 之间的数字，表示两个变量之间的线性相关性的强度和方向。当相关系数为正数时，说明两个变量之间存在正相关关系，即随着一个变量的增加，另一个变量增加；当相关系数为负数时，说明两个变量之间存在负相关关系，即随着一个变量的增加，另一个变量减少；当相关系数为零时，说明两个变量之间不存在线性关系。

常用的相关系数包括皮尔逊相关系数和斯皮尔曼相关系数。皮尔逊相关系数适用于两个变量均为连续型变量，且具有线性关系；斯皮尔曼相关系数适用于两个变量至少有一个为有序型变量，且不需要满足线性关系假设。相关系数法可以帮助我们理解两个变量之间的关系，从而进行数据分析和预测。

相关系数的计算公式为：

$$r=\frac{\sum(x_i-\bar{x})(y_i-\bar{y})}{\sqrt{\sum(x_i-\bar{x})^2\cdot\sum(y_i-\bar{y})^2}}=\frac{L_{xy}}{\sqrt{L_{xx}\cdot L_{yy}}}$$

式中，

$\bar{x}$ 表示 n 个 x 数据的平均值。

$\bar{y}$ 表示 n 个 y 数据的平均值。

L_{xx} 表示 x 的离差平方之和，即 $\sum(x_i-\bar{x})^2$。

其中，$\sum(x_i-\bar{x})^2=\sum(x_i^2-2x_i\bar{x}+\bar{x}^2)=\sum x_i^2-2\bar{x}\sum x_i+n\bar{x}^2=$

$$\sum x_i^2-\frac{2}{n}\left(\sum x_i\right)^2+\frac{1}{n^2}\left(\sum x_i\right)^2=\sum x_i^2-\frac{1}{n^2}\left(\sum x_i\right)^2。$$

L_{yy} 表示 y 的离差平方之和，即 $\sum(y_i-\bar{y})^2=\sum y_i^2-\frac{1}{n^2}\left(\sum y_i\right)^2$。

L_{xy} 表示 x 的离差与 y 的离差的乘积之和，即 $\sum(x_i-\bar{x})\cdot\sum(y_i-\bar{y})$。

其中，$\sum(x_i-\bar{x})\cdot(y_i-\bar{y})=\sum(x_iy_i-\bar{x}y_i-x_i\bar{y}+\bar{x}\bar{y})$。$\sum(x_iy_i)-$

$$\frac{1}{n}\sum x_i\sum y_i-\frac{1}{n}\sum x_i\sum y_i+\frac{1}{n}\sum x_i\sum y_i=\sum(x_iy_i)-$$

$$\frac{1}{n}\sum x_i\sum y_i。$$

通常，为了避免计算离差误差，在计算相关系数时，可以采用下列公式进行：

$$r=\frac{\sum x_iy_i-\frac{1}{n}\left(\sum x_i\right)\left(\sum y_i\right)}{\sqrt{\left[\sum x_i^2-\frac{1}{n}\left(\sum x_i\right)^2\right]\left[\sum y_i^2-\frac{1}{n}\left(\sum y_i\right)^2\right]}}$$

在使用公式时要注意以下几点：

(1)不同的散布图有不同的相关系数，r 满足：$-1 \leq r \leq 1$。可根据相关系数 r 值(见表 6.8)判断散布图中两个变量之间的关系。

(2)r 表示线性相关。

(3)当 r 的绝对值很小甚至等于 0 时，并不表示 x 与 y 之间一定不存在任何关系。如 x 与 y 之间有关系，但是相关系数为 0，这是因为此时 x 与 y 的关系是曲线关系，而不是线性关系。

表 6.8 相关系数 r 值的判定

r 值	两变量间的关系判断
$r=1$	完全正相关
$0<r<1$	正相关(越接近于 1，越强；越接近于 0，越弱)
$r=0$	不相关
$-1<r<0$	负相关 （越接近于-1，越强；越接近于 0，越弱）
$r=-1$	完全负相关

例题 6.6 某工业部门要进行一项研究，分析该部门的产量与生产费用之间的关系。为此，从这个工业部门随机抽选了 10 个企业作样本，计算 x 与 y 的相关系数，相关资料如表 6.9 所示。

表 6.9 x 与 y 的相关系数

产量 x(10^3 件)	40	42	48	55	65	79	88	100	120	140
生产费用 y(10^3 元)	150	140	160	170	150	162	185	165	190	185

解：(1)制表，如表 6.10 所示。

表 6.10 10 个企业样本的相关资料

i	x_i	y_i	x_i^2	y_i^2	x_iy_i
1	40	150	1600	22500	6000
2	42	140	1764	19600	5880
3	48	160	2304	25600	7680
4	55	170	3025	28900	9350
5	65	150	4225	22500	9750

续表

i	x_i	y_i	x_i^2	y_i^2	x_iy_i
6	79	162	6241	26244	12798
7	88	185	7744	34225	16280
8	100	165	10000	27225	16500
9	120	190	14400	36100	22800
10	140	185	19600	34225	25900
合计	777	1657	70903	277119	132938

(2)由表 6.10 计算可知：

$\bar{x}=77.7$，$\bar{y}=165.7$，$\sum x_i^2=70903$，$\sum y_i^2=277119$，$\sum x_iy_i=132938$

$$r=\frac{\sum x_iy_i-\frac{1}{n}\left(\sum x_i\right)\left(\sum y_i\right)}{\sqrt{\left[\sum x_i^2-\frac{1}{n}\left(\sum x_i\right)^2\right]\left[\sum y_i^2-\frac{1}{n}\left(\sum y_i\right)^2\right]}}$$

$$=\frac{132938-10\times77.7\times165.7}{\sqrt{(70903-10\times77.7^2)(277119-10\times165.7^2)}}\approx0.808$$

即 x 与 y 的相关系数 $r\approx0.808$。

6.4.2 回归分析

6.4.2.1 概念

回归分析(regression analysis)是一种探究两个或多个变量之间关系的统计方法，可以用来预测一个变量(称为“因变量”或“响应变量”)如何随着一个或多个其他变量(称为“自变量”或“解释变量”)的变化而变化。回归分析的主要目的是通过建立一个数学模型描述因变量和自变量之间的关系。常用的回归模型包括线性回归、多项式回归、非线性回归等。线性回归是最常见的一种回归分析方法，基于线性关系的假设，将自变量和因变量之间的关系用一条直线进行拟合。

在回归分析中，我们可以使用各种统计指标来评估模型的拟合程度和预测能力，如 R^2、标准误差、F 检验等。通过这些指标，我们可以确定模型是否具有统计显著性和实用性，并确定哪些自变量对因变量的影响显著。回归分析可以应用于各种领域，如经济学、社会科学、医学、环境科学等，可以帮助我们理解不同变量之间的关系，并进行预测和决策。

“回归”这个术语是由英国著名统计学家 Francis Galton 于 19 世纪末期研究孩子及其父母的身高时提出来的。Francis Galton 发现身材高大的父母，他们的孩子身材也高大。但这些孩子平均身高并不像他们的父母那样高。对于比较矮的父母情形类似：他们的孩子比较矮，但这些孩子的平均身高要比父母的平均身高高。Francis Galton 把这种孩子的身高向平均值靠近的趋势称为“一种回归效应”，而他使用的研究两个数值变量的方法称为“回归分析”。

在相关分析中，变量 x 和变量 y 处于平等的地位。在回归分析中，变量 y 称为“因变量”，处在被解释的地位；变量 x 称为“自变量”，用于预测因变量的变化。在相关分析中，变量 x 和变量 y 都是随机变量；在回归分析中，因变量 y 是随机变量，自变量 x 是非随机的确定变量。相关分析主要描述两个变量之间线性关系的密切程度；回归分析不仅可以揭示变量 x 对变量 y 的影响大小，还可以由回归方程进行预测和控制。

6.4.2.2　一元线性回归

1. 概念

一元线性回归(simple linear regression)是一种回归分析方法，用于研究两个变量之间的线性关系。在一元线性回归中，我们通过样本数据估计回归系数，使用最小二乘法求解。最小二乘法的目标是最小化误差项的平方和，从而找到最优的回归系数估计值。一元线性回归模型可用于预测因变量 y 的取值，或者探究自变量 x 对因变量 y 的影响。例如，我们可以使用一元线性回归模型预测某个产品的销售额与广告费用之间的关系，或者探究学生的考试成绩与学习时间之间的关系。

2. 一元线性模型

(1)涉及一个自变量的回归。

(2)因变量 y 与自变量 x 之间为线性关系，被预测或被解释的变量称为“因变量”(dependent variable)，用 y 表示。

(3)用来预测或用来解释因变量的一个或多个变量称为“自变量”(independent variable)，用 x 表示。因变量与自变量之间的关系用一个线性方程来表示。

在一元线性回归中，只有一个自变量用来预测一个因变量。一元线性回归的模型可以表示为：

$$y=ax+b+\varepsilon$$

其中，y 表示因变量，x 表示自变量，a 和 b 是回归系数，ε 是误差项。回归系数表示因变量 y 对自变量 x 的影响程度，b 表示在自变量 $x=0$ 时，因变

量 y 的取值；a 表示当自变量 x 增加一个单位时，因变量 y 的平均变化量；误差项 ε 表示因变量 y 不能被自变量 x 完全解释的部分。

3. 建立回归方程

描述 y 的平均值或期望值如何依赖于 x 的方程称为“回归方程”。一元线性回归方程的形式如下：

$$E(y)=ax+b$$

· 因方程的图示是一条直线，也称为“直线回归方程”。

· b 是回归直线在 y 轴上的截距，是 $x=0$ 时 y 的期望值。

· a 是直线的斜率，称为“回归系数”，表示当 x 每变动一个单位时，y 的平均变动值。

总体回归参数 a 和 b 是未知的，必须利用样本数据去估计，用样本统计量 $\hat{a}$ 和 $\hat{b}$ 代替回归方程中的未知参数 a 与 b，可得到估计的回归方程。一元线性回归中估计的回归方程为：$\hat{y}=\hat{a}x+\hat{b}$。其中，$\hat{b}$ 是估计的回归直线在 y 轴上的截距；$\hat{a}$ 是估计的回归直线斜率，表示对于一个给定的 x 的值，$\hat{y}$ 是 y 的估计值，也表示 x 每变动一个单位时，y 的平均变动值。

4. 最小二乘估计

德国科学家 Karl Gauss（1777—1855 年）提出用最小化图中垂直方向的误差平方和来估计参数。最小二乘估计（least squares estimation）是一种回归分析中常用的方法，用于估计回归系数。在最小二乘估计中，通过最小化误差的平方和求解回归系数的估计值。假设有 n 个样本数据，其中，第 i 个样本数据的自变量为 x_i，因变量为 y_i，则回归模型可以表示为：

$$\hat{y}_i=\hat{a}x_i+\hat{b}+\varepsilon_i$$

其中，$\hat{a}$ 和 $\hat{b}$ 是回归系数，ε_i 是误差项。最小二乘估计的目标是找到一组回归系数的估计值，使得所有样本数据的误差的平方和最小。具体来说，我们可以将误差的平方和表示为：

$$E(y)=(y_i-\hat{y}_i)^2=(y_i-\hat{a}x_i-\hat{b})^2$$

对 $\hat{a}$ 和 $\hat{b}$ 分别求偏导数，并令其等于 0，可以得到最小二乘估计的公式：

$$\begin{cases}\left.\dfrac{\partial Q}{\partial b}\right|_{b=\hat{b}}=-2\sum\limits_{i=1}^{n}(y_i-\hat{b}-\hat{a}x_i)=0\\ \left.\dfrac{\partial Q}{\partial a}\right|_{a=\hat{a}}=-2\sum\limits_{i=1}^{n}x_i(y_i-\hat{b}-\hat{a}x)=0\end{cases}$$

$$\bar{a}=\frac{n\sum_{i=1}^{n}x_iy_i-\left(\sum_{i=1}^{n}x_i\right)\left(\sum_{i=1}^{n}y_i\right)}{n\sum_{i=1}^{n}x_i^2-\left(\sum_{i=1}^{n}x_i\right)^2}\quad \hat{b}=\bar{y}-\hat{a}\bar{x}$$

其中，$\bar{x}$ 和 $\bar{y}$ 分别表示样本数据的自变量与因变量的均值。

最小二乘估计可以用于求解一元线性回归模型和多元线性回归模型的回归系数估计值。它是一种经典的统计方法，具有较好的数学性质和统计推断基础，被广泛应用于各种领域的数据分析和建模中。模型公式也可以表示为：

$$\hat{a}=L_{xy}/L_{xx},\ \hat{b}=\bar{y}-\hat{a}\ \bar{x}$$

$$\hat{b}=\bar{y}-\hat{a}\ \bar{x}\Rightarrow\bar{y}=\hat{b}+\hat{a}\ \bar{x}$$

例题 6.7　在钢铁碳含量对于电阻的效应研究中，得到数据如表 6.11 所示。

表 6.11　钢铁碳含量与电阻关系

碳含量(%)	0.20	0.30	0.40	0.55	0.70	0.70	0.95
电阻(微欧)	15	18	19	21	21	25.4	26

假设对于给定的 x，y 为正态变量，且方差与 x 无关，如果 x、y 满足经验公式 $y=ax+b$，求线性回归方程。

解： 设 $\hat{y}_i=\hat{a}x_i+\hat{b}+\varepsilon_i$

$n=7$，$\sum x_i=3.8$，$\sum y_i=145.4$，$\sum {x_i}^2=2.595$，$\sum x_iy_i=85.61$

$$\Rightarrow L_{xx}=\sum x_i^2-\frac{1}{n}\left(\sum x_i\right)^2=2.595-\frac{1}{7}\times3.8^2=0.5321$$

$$L_{xy}=\sum x_iy_i-\frac{1}{n}\left(\sum x_i\right)\left(\sum y_i\right)=85.61-\frac{1}{7}\times3.8\times145.4=6.6786$$

$$\Rightarrow\hat{a}=\frac{L_{xy}}{L_{xx}}=\frac{6.6786}{0.5321}=12.5514$$

$$\hat{b}=\bar{y}-\hat{a}\ \bar{x}=\frac{1}{7}\times145.4-12.5514\times\frac{1}{7}\times3.8=13.9578$$

回归方程为：

$y=13.9578+12.5514x$

6.5 过程能力

6.5.1 过程质量控制

过程质量控制指在项目实施过程中对项目过程进行监督、审查和记录，以确保项目按计划进行，达到预期的质量标准。过程质量控制通常需要确定要控制的过程指标，如生产率、错误率、缺陷率等，以便在过程监督中进行衡量和评估。对生产过程进行实时监控，收集过程数据，并进行分析比较，以发现任何不符合质量标准的问题。如果发现问题，则需要及时纠正，做好预防措施，以确保生产进度和质量。对过程进行确认，验证是否符合质量标准。通过质量检查、测试、审查等方式，根据实际情况进行必要的调整以改进过程，并在后续项目中应用这些改进，提高过程的效率和质量。过程质量控制是项目质量管理的重要组成部分，通过对项目过程的监督和管理，可以提高项目的质量和效率，避免项目过程中的错误和缺陷，确保项目的成功实施。

6.5.1.1 产品质量波动

为了解决产品质量波动问题，企业可以采取一些措施，如建立完善的质量管理体系、优化生产工艺和生产流程、加强员工培训和管理、严格控制原材料采购和质量检验、加强环境控制等。同时，企业可以通过数据分析和统计技术，识别质量波动的原因和趋势，以便及时采取措施，提高产品的质量和稳定性。在生产实践中，即使操作者、机器、原材料、加工方法、测试手段、生产环境等条件都相同，一批产品的质量特性值也不完全相同，总存在一定的差异。这就是产品质量的波动性，或称为“产品质量的变异性”。一般来说，即使生产过程处于统计控制状态，产品质量出现波动也是不可避免。但产品的质量特性统计数据往往服从于一定的分布规律，即产品质量的统计规律性。这种规律性为判别生产过程是否处于控制状态提供了分析依据。

要正确判断生产过程是否处于稳定状态，或称“生产过程处于统计控制状态”，需要看产生产品质量波动的原因。一般来说，可以把产品质量波动的原因分成两类：正常波动和异常波动。

(1)正常波动。正常波动是由随机因素(不可控制的原因)引起的产品质量波动。随机因素在生产过程中大量存在，经常对产品质量产生影响，但它造成的质量特性值波动往往比较小。例如，原材料的成分和性能上的微小差异，机器设备的轻微振动，温度、湿度的微小变化，操作方面、测量方法、检测仪器的微小差异，等等。要消除这些波动的随机因素，不仅在技术上难以达到，经济上的代价也很大。因此，一般情况下，这些质量波动在生产过程中是允许的，所以称为“正常波动”，公差就是承认这种波动的产物。通常把仅有正常波动的生产过程称为“处于统计控制状态”，简称为“控制状态”或“稳定状态”。

(2)异常波动。异常波动是由系统原因引起的产品质量波动。系统因素在生产过程中并不大量存在，不会经常对产品质量产生影响，但一旦发生，对产品质量的影响则比较显著。例如，原材料的质量不符合规定要求、机器设备“带病”运转、操作者违反操作规程、测量工具系统性误差，等等。由这些原因引起的质量波动一般具有一定的周期性或倾向性，较容易查明、预防和消除。由于异常波动对质量特性的影响较大，一般来说，是不允许的。通常把有异常波动的生产称为“处于非统计控制状态”，简称“失控状态”或“不稳定状态”。

找出产品质量波动规律是质量控制的一项重要工作，把质量波动控制在合理范围内，消除系统原因引起的异常波动。

6.5.1.2 影响因素

导致产品质量波动的原因非常复杂，原材料的来源和质量可能会影响产品的最终质量。例如，同一种材料可能有不同的供应商和批次，不同的材料来源和批次可导致产品质量的差异。生产工艺的不同也可能导致产品质量的差异。例如，同一种产品可能由不同的生产线生产，不同的生产线可能采用不同的工艺参数和设备，会影响产品的质量表现。生产人员的技术水平、工作状态和经验等因素也可能导致产品质量的差异。例如，同一种产品由不同的操作人员生产，不同的人员在操作方式、作业习惯、耐心和细心等方面存在差异，会影响产品质量的稳定性。环境因素，如温度、湿度、气压等，也可能影响产品的质量。例如，在高温、高湿度环境下，某些产品会出现质量问题。通常把上述因素称为“引起产品质量波动的六大因素”，简称为“5M1E因素”。

6.5.1.3 质量数据的类型和统计特性

总的来说，数据类型分为两大类：定性数据和定量数据。顾名思义，定性数据只用来描述质量的定性特征，如依据一定的标准判断产品质量为“合格”或者是“不合格”。定量数据则较为复杂，本书从质量管理的角度去分析定量质量数据的分类。

1. 质量数据的类型

生产过程中，人们可通过测量、分析质量特性值，找出影响质量特性的各种因素，并采取针对性措施实现对过程的有效控制。因此，质量数据是进行质量控制的基础。一般来说，质量数据可以分为计量值数据和计数值数据两大类。

(1)计量值数据。计量值数据是指在某个区间上的可能取值具有连续性，即在该区间内可以取无穷多个实数值。常见的计量值数据有质量、面积、长度、体积等。

(2)计数值数据。计数值数据是指在有限的区间内只能取有限个整数值，其取值只能是大于或等于零的整数，否则将失去实际意义，如铸件内的气孔个数、一批产品中不合格产品的件数等。

除了以上两种常用的数据外，还有序贯型数据，包括顺序数据和优劣数据。例如，将 10 种产品按评审标准顺序排为 1，2，…，10；零件的表面质量，可采取评级的方式评判为一级、二级、三级等。

2. 质量特性数据常用统计量

一组数据一般拥有两个基本统计特性：集中趋势和离散趋势。

(1)集中趋势。集中趋势代表了事物的一般水平和总体趋势。衡量集中趋势的常用指标有 3 个：算术平均数、中位数和众数。最常用的集中趋势统计量是均值。

算术平均数，即算术平均值。设一组数据为 X_1，X_2，…，X_N，则其算术平均数为：

$$\overline{X} = \frac{\sum X_i}{N}$$

(2)离散趋势。离散趋势反映的是各变量值之间的差距和分散程度。衡量离散趋势的常用指标有 3 个：极差、标准差和变异系数。

标准差(standard deviation)，是离均差平方的算术平均数(方差)的算术平方根，母体标准差用 σ 表示，样本标准差用 S 表示。标准差也称为“标准偏差”或者“实验标准差”，在概率统计中，标准差经常作为统计分布程度的测量依据。标准差的计算公式为：

$$\sigma = \sqrt{\frac{\sum_{i=1}^{N} (X_i - \overline{X})^2}{N}}$$

$$S = \sqrt{\frac{\sum_{i=1}^{n} (X_i - \overline{X})^2}{n}}$$

6.5.2　过程能力

6.5.2.1　概念

过程能力，是指在一定条件下，工序或生产过程可以稳定地生产符合规定要求的产品或服务的能力。过程能力通常包括过程稳定性和过程的生产能力两个方面。过程稳定性，是指工序或生产过程的稳定程度。在过程稳定前提下，能够保证产品或服务的稳定性，不会出现质量问题或变化。通过对过程稳定性的评估，可以确定工序或生产过程是否具有生产符合要求的产品或服务的能力。过程的生产能力是指在一定的规格和要求下，工序或生产过程生产符合规定要求的产品或服务的能力。生产能力通常通过评估过程的平均水平和偏离程度来衡量，如使用过程能力指数（C_p 或 C_{pk}）和过程能力比率等指标进行评估。

过程能力 B 可以用质量特性值波动的大小定量表示，即

$$B=6\sigma$$

其中，σ 为质量特性值的标准差。B 值小，相当于 σ 小，说明过程的产品质量特性值的波动小、加工精度高，即过程能力强；反之，过程能力弱。

为什么采用 6σ 表示工序能力呢？因为，当生产处于稳定状态时，产品质量特性分布图往往是单峰对称形的，即数据的波动分布是对称的，这种分布称为"正态分布"。波动中心即正自离散分布的分布中心值，称为"均值"，记为 μ。数据的分散程度以 σ 表示，σ 为"标准差"。这些数据落入区间（$\mu-3\sigma$，$\mu+3\sigma$）内的概率为 99.73%，也就是说，抽取 1000 个产品测得数据，大约有 997 个数据在（$\mu-3\sigma$，$\mu+3\sigma$）这个长度为 6σ 的区间内，这个结论通常称"3σ 原则"，如图 6.8 所示。

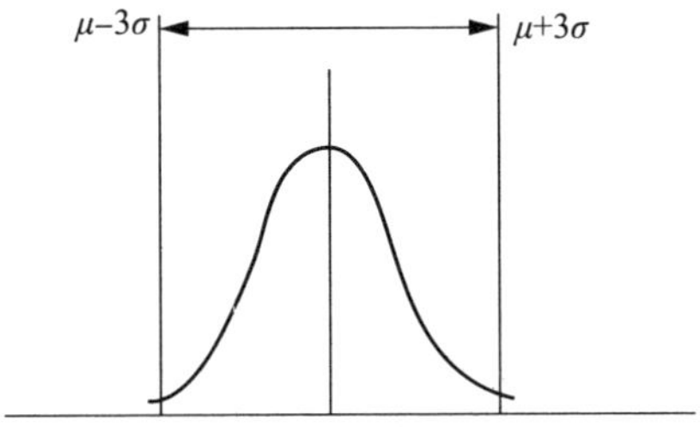

图 6.8　3σ 原则

在实际中，μ 与 σ 都是未知的，往往需要依收集的数据做近似的估算。

常以样本均值 $\overline{X}$ 估计波动中心值 μ，即正态分布均值 μ；以样本标准差 S 估计正态分布的标准差 σ。具体为：设一组数据为 X_1，X_2，…，X_n，则 $B=6\sigma\approx 6S=\sqrt{\dfrac{\sum_{i=1}^{n}(X_i-\overline{X})^2}{n-1}}$。

6.5.2.2 过程能力指数

过程能力指数(以下简称"C_p 或 C_{pk}")是用来评估工序或生产过程的生产能力的一种指标。过程能力指数 C_p 可以用来判断工序或生产过程是否稳定，能否生产符合要求的产品或服务，且可以用来比较不同工序或生产过程的生产能力。过程能力指数用产品的技术规格公差与过程能力的比值表示。即

$$C_p=\frac{T}{6\sigma}=\frac{T_u-T_l}{6\sigma}$$

其中，T 表示公差，T_u、T_l 分别表示公差上、下限，σ 表示质量特性值的标准差。

下面介绍过程能力指数在实际应用时的几种计算方法。

1. 标准中心值与过程分布中心一致的情况

(1)过程能力指数。在双侧公差限情况下，当标准中心值[$M=(T_u-T_l)/2$]与过程分布中心(μ)相一致时，数据分布无偏，如图 6.9 所示。此时，过程能力指数记为 C_p，计算公式为：

$$C_p=\frac{T}{6\sigma}=\frac{T_u-T_l}{6\sigma}\approx\frac{T}{6S}$$

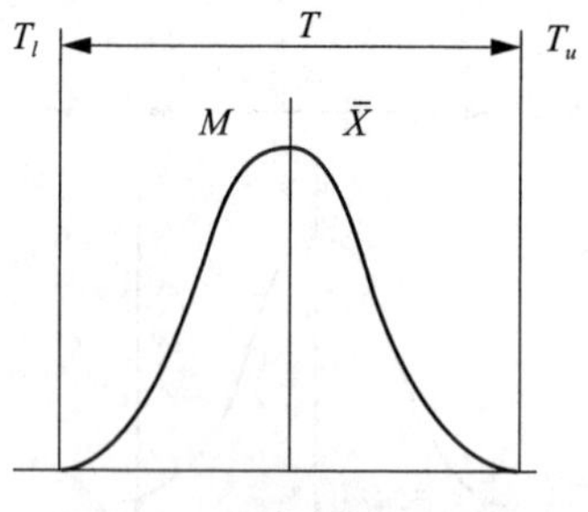

图 6.9 中心值重合的情况

σ 反映了经过该工序后产品质量的分布状况。σ 是对该工序过程而言

的，这个过程既包括已完成该工序的产品，也包括尚未完成该工序的产品。只要工序处于稳定状态，这个工序过程就存在一个标准偏差 σ，即有一个确定的分布。σ 可以用抽取样本的实测值计算出的样本标准偏差估计。

(2)过程能力指数与不合格品率的关系。当质量特性值超出公差范围，便表示产品属于不合格品。记不合格品率为 p，超出公差上、下限的不合格品率分别为 p_u、p_l，则

$$p=p_u+p_l=2p_u=$$
$$2P(X>T_u)=2P\left(\frac{X-\mu}{\sigma}>\frac{T_u-\mu}{\sigma}\right)=2P\left(Z>\frac{T_u-\mu}{\sigma}\right)=2P(Z>3C_p)=$$
$$2[1-P(Z<3C_p)]=2[1-\Phi(3C_p)]$$

其中，$\Phi(\cdot)$可以通过标准正态分布表进行查询，如果没有提供该表，则可以直接作为最终计算数值。

例题 6.8　某零件质量要求为(20±0.15)毫米，抽样 100 件，测得：$\overline{X}=20.00$ 毫米，$\sigma=0.005$ 毫米，求过程能力指数与不合格率。

解：由题意可知，标准中心值为：

$$M=(T_u-T_l)/2=(22.15-19.85)/2=1.15$$

因此，标准中心值等于样本均值，即标准中心值与过程分布中心一致。由于工序过程处于稳定状态，而样本 $n=100$ 足够大，故可以用 S 估计 σ。

$$C_p=\frac{T}{6\sigma}=\frac{T_u-T_l}{6\sigma}\approx\frac{T}{6S}=\frac{20.15-19.85}{6\times0.05}=\frac{0.3}{0.3}=1$$

则不合格率为：

$$p=2[1-\Phi(3C_p)]=2[1-\Phi(3)]=2-2\Phi(3)$$

2. 标准中心值与过程分布中心不一致的情况

(1)过程能力指数。在双侧公差限的情况下，当标准中心值与过程分布中心不一致时，数据分布有偏，如图 6.10 所示。此时，过程能力指数 C_p 不能确切地反映真实的工序能力，需要进行修正。修正的工序能力指数用 C_{pk} 表示，计算公式为：

$$C_{pk}=(1-k)C_p=(1-k)\frac{T}{6\sigma}\approx\frac{T-2\varepsilon}{6S}$$

其中，k 为偏移系数；ε 为偏移量，且 $\varepsilon=|M-\mu|\approx|M-\overline{X}|$；$k=$

$\frac{|M-\overline{X}|}{T/2}=\frac{2|M-\overline{X}|}{T}=\frac{2\varepsilon}{T}$。

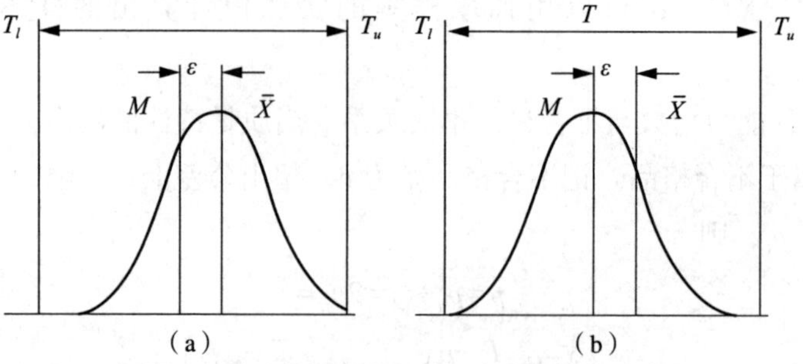

图 6.10 中心值不重合的情况

(2)过程能力指数与不合格品率的关系。由图 6.10 可知，当数据分布有偏时，过程分布中心可能向公差上限偏移，也可能向公差下限偏移。因此，在计算不合格品率时需分为两种情况。

当过程分布中心向公差上限偏移时：

$$p_u=P(X>T_u)=P\left(\frac{X-\mu}{\sigma}>\frac{T_u-\mu}{\sigma}\right)=P\left(Z>\frac{\frac{T}{2}-\varepsilon}{\sigma}\right)=P\left(Z>\frac{\frac{T}{2}(1-k)}{\sigma}\right)$$

$$=P[Z>3C_p(1-k)]=1-P[Z<3C_p(1-k)]=1-\Phi[3C_p(1-k)]$$

同理可得：

$$p_l=P(X<T_l)=P\left(\frac{X-\mu}{\sigma}<\frac{T_l-\mu}{\sigma}\right)=P\left(Z<-\frac{\frac{T}{2}+\varepsilon}{\sigma}\right)=P\left(Z<-\frac{\frac{T}{2}(1+k)}{\sigma}\right)$$

$$=P[Z<-3C_p(1+k)]=1-P[Z<3C_p(1+k)]=1-\Phi[3C_p(1+k)]$$

因此，不合格品率为：

$$p=p_u+p_l=2-\Phi[3C_p(1-k)]-\Phi[3C_p(1+k)]$$

过程分布中心向公差下限偏移时，同理可得：

$$p_l=1-\Phi[3C_p(1+k)],\ p_u=1-\Phi[3C_p(1-k)]$$

$$p=p_u+p_l=2-\Phi[3C_p(1-k)]-\Phi[3C_p(1+k)]$$

例题 6.9 某零件质量要求为(20±0.15)毫米，抽样 100 件，测得：$\overline{X}=$ 20.05 毫米，$\sigma=0.005$ 毫米，求过程能力指数与不合格率。

解：由题意可知，标准中心值为 $M=(T_u-T_l)/2=(22.15-19.85)/2=$ 1.15，而 $\overline{X}=20.05$ 毫米，因此，$\varepsilon=0.05$ 毫米。

$$k=\frac{|M-\overline{X}|}{T/2}=\frac{2|M-\overline{X}|}{T}=\frac{2\varepsilon}{T}=\frac{2\times0.05}{0.3}=\frac{1}{3}$$

$$C_{pk}=(1-k)C_p=\left(1-\frac{1}{3}\right)\times1=\frac{2}{3}\approx0.67$$

又由于过程分布中心向公差上限偏移，因此不合格率为：

$$\begin{aligned}p&=p_u+p_l=2-\Phi[3C_p(1-k)]-\Phi[3C_p(1+k)]\\&=2-\Phi(3\times0.67)-\Phi(3\times1.33)=2-\Phi(2.01)-\Phi(3.99)\end{aligned}$$

3. 单侧公差

（1）过程能力指数。以上是双侧公差限的情况，也就是技术标准的公差有双侧公差限。如果只给定一侧公差（见图6.11），则可以按以下两种情况计算过程能力指数。

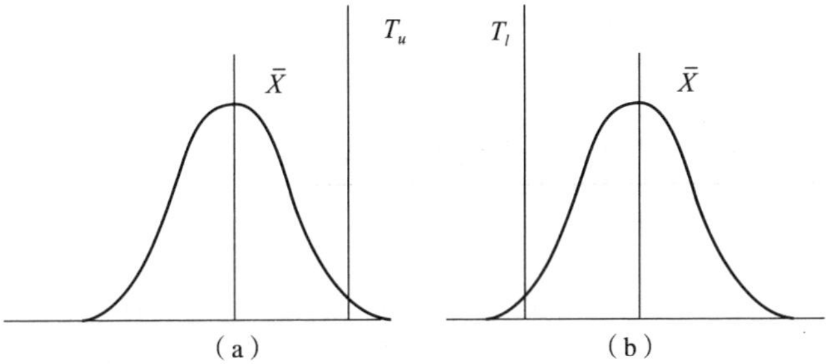

图6.11　单侧公差

当只有公差上限时，过程能力指数为：

$$C_p=C_{pU}=\frac{T_u-\mu_l}{3\sigma}\approx\frac{T-\overline{X}}{3S}$$

只有公差下限时，过程能力指数为：

$$C_p=C_{pL}=\frac{\mu-T_l}{3\sigma}\approx\frac{\overline{X}-T}{3S}$$

（2）过程能力指数与不合格品率的关系。具体分为以下两种情况。

当只有公差下限时，不合格品率为：

$$p_u=P(X>T_u)=P\left(\frac{X-\mu}{\sigma}>\frac{T_u-\mu}{\sigma}\right)=P(Z>3C_p)=1-\Phi(3C_p)$$

当只有公差上限时，不合格品率为：

$$p_l=P(X<T_l)=P\left(\frac{X-\mu}{\sigma}<\frac{T_l-\mu}{\sigma}\right)=P(Z<-3C_p)=1-P(Z<3C_p)=1-\Phi(3C_p)$$

例题 6. 10 某部件清洁度的要求是不大于 95 毫克，抽样结果得：$\overline{X}=48$ 毫克，$\sigma=12$ 毫克，求过程能力指数及其不合格率。

解：由于只有公差上限，因此过程能力指数为：

$$C_p=C_{pU}=\frac{T_u-\mu_l}{3\sigma}\approx\frac{T-\overline{X}}{3S}=\frac{95-48}{3\times12}=1.31$$

不合格品率为：

$$p_l=1-\Phi(3C_p)=1-\Phi(3\times1.31)=1-\Phi(3.93)$$

6. 5. 2. 3 过程能力指数分析

求出过程能力指数，即可对过程能力进行分析和判定。

值得注意的是，表 6. 12 的分类及对策并不适于所有类型的企业和过程，不同企业应结合实际选择确定适宜的过程能力水平。当前风靡全球的六西格玛管理法要求过程能力指数 C_p 达到 2. 0，便是对此种分类法的一种挑战。

表 6. 12 过程能力等级评定表

范围	等级	判断	措施
$C_p\geqslant1.67$	特级	过程能力过剩	为提高产品质量，对关键或主要项目再次缩小公差范围；或为提高效率、降低成本而放宽波动幅度，降低设备精度等级等
$1.33\leqslant C_p<1.67$	1 级	过程能力充分	当不是关键或主要项目时，放宽波动幅度；降低对原材料的要求；简化质量检验，采用抽样检验方法或减少检验频次
$1\leqslant C_p<1.33$	2 级	过程能力尚可	必须用控制图或其他方法对工序进行控制和监督，以便及时发现异常波动；对产品按正常规定进行检验
$0.67\leqslant C_p<1$	3 级	过程能力不足	分析分散程度大的原因，采取措施加以改进，在不影响产品质量的情况下，放宽公差范围，加强质量检验，全数检验或增加检验频次
$C_p<0.67$	4 级	过程能力严重不足	一般应停止继续加工，找出原因，改进工艺，提高 C_p 值；否则全数检验，挑出不合格品

6.6 控制图

6.6.1 概念

工序过程质量控制是一种监测生产过程中的变异性，并采取措施使其保持在可控范围内的方法。它可以确保生产过程在可接受的质量标准内运行，减少不良品数量，提高生产效率和产品质量。

本章所讲的控制图(control chart)又称为“休哈特控制图”，是一种SPC工具，用于监测过程中的变异性，并判断该过程是否处于控制状态。它由美国质量统计学家Walter A. Shewhart和他的同事J. Stuart Hunter发明，因此也称为“Shewhart控制图”。SPC是一种质量管理方法，旨在通过控制过程变异性来保持过程的稳定性和可靠性，以生产高质量的产品。SPC可以应用于制造业、服务业和医疗保健等领域，控制图是SPC最重要的一种工具。

6.6.1.1 基本概念

控制图是一种统计工具，用于监测过程中的变化，并判断过程是否处于控制状态。它通过收集数据分析过程的性能，以便及时发现并纠正异常情况，从而提高生产过程的稳定性和可靠性。

控制图通常是由一组连续的数据点和一条中心线及上下限线构成。中心线代表过程的平均值，而上下限线则代表过程的可接受范围。如果数据点超出上下限线，则表示过程已经失控，需要进行调整。中心线CL是所观察数据的分布中心μ，一般上、下控制界限使用所观察数据平均值3倍的标准差σ来表示。即

中心线：$CL=\mu$

上控制界限：$UCL=\mu+3\sigma$

下控制界限：$UCL=\mu-3\sigma$

当工序过程处于稳定状态时，所观察的质量特性数据有99.73%的可能性不会超出控制界限，这就是所谓的“3σ原则”。3σ原则是所有控制图的控制界限的理论基础。在实际应用中，常用样本均值$\overline{X}$近似估计μ，以样本的极差R或标准偏差S近似估计σ。在使用3σ原则的情况下，数据具有以下特点：

(1)数据变化范围：$\mu\pm3\sigma$。

(2)合格品率：99.73%(过程基本受控)。

(3)不合格品率：0.27%(小概率事件)。

控制图的种类很多，一般按数据的性质分成计量值控制图和计数值控制图两大类(见表6.13)，而最常用的是计量值控制图中的平均值—极差控制图。

表6.13 控制图的种类及适用场合

种类	名称	控制图符号	特点	适用场合
计量值控制图	平均值—极差控制图(或标准差控制图)	$\overline{X}-R$ 或 $\overline{X}-S$	最常用，判断工序是否正常，效果好，但计算工作量大	适用于产品批量较大的工序
	中位数—极差控制图	$Me-R$	计算简便，但效果较差	适用于产品批量较大的工序
	单值—移动极差控制图	$X-R_s$	简便省事，并能及时判断工序是否处于稳定状态。缺点是不易发现工序分布中心的变化	因各种原因(时间、费用等)每次只能得到一个数据或希望尽快发现并消除异常因素
计数值控制图	不合格品数控制图	np	较常用，计算简便，操作工人易于理解	样本容量相等
	不合格品率控制图	p	计算量较大，控制线凹凸不平	样本容量不等
	不合格数控制图	c	较常用，计算简单，操作工人易于理解	样本容量相等
	单位产品不合格数控制图	u	计算量较大，控制线凹凸不平	样本容量不等

6.6.1.2 两类错误

控制图的两类错误是“第一类错误”和“第二类错误”，如图6.12所示。

第一类错误也称为“虚发警报”，是指在控制图中假设过程失控，但实际上是过程在控制状态下的错误。具体到控制图上为点偶然超出控制界限，误将生产过程判定为异常，一般将第一类错误发生的概率记为 α。这种错误可能导致不必要的生产停机和调整，从而浪费时间和资源。

第二类错误也称为“漏发警报”，是指在控制图中假设过程在控制状态下，但实际上是过程已经失控的错误。这种错误可能导致不良品数量增加、成本上升，从而影响产品质量和生产效率。

为了降低两类错误的发生率，需要正确选择控制图类型和参数，并设置合适的控制限。此外，需要根据数据变异性的情况对控制图进行持续的监测和调整，以确保过程处于控制状态。

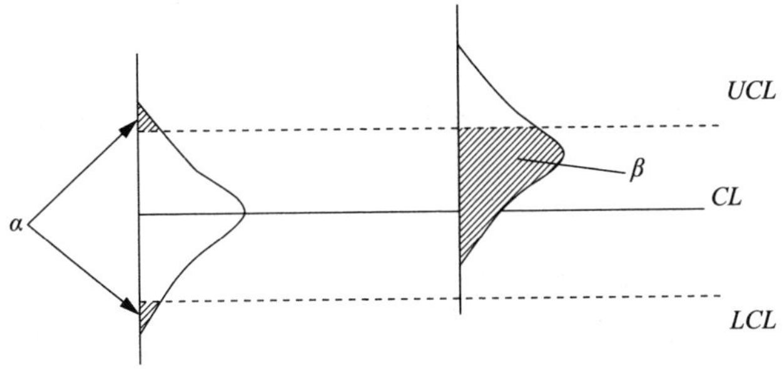

图 6.12　控制图的两类错误

6.6.1.3　应用步骤

1. 控制图种类的选择原则

一般来说，可以根据质量特性数据的性质选择控制图的种类。

(1)如果质量特性数据是计量值数据，要及时发现预料不到的原因并加以消除，则可用单值—移动极差控制图($\overline{X}-R_s$ 或 $\overline{X}-S$)。另外，对于加工时间长、测量费用高、需要半天或一天，甚至几天才能取得一个数据的零件的质量控制，也可用单值—移动极差控制图。

(2)如果质量特性数据是计量值数据，且较容易采集样本数据，则可根据样本平均值计算的难易程度选用控制图。如果不易计算，则选用中位数—极差控制图($Me-R$)；如果易于计算，则选用单值—移动极差控制图或平均值—标准差控制图。

(3)如果质量特性数据是计件式计数值数据，且样本容量是常数，则可以选用不合格品率控制图(p)或不合格品数控制图(np)；如果质量特性数据是计件式计数值数据，且各样本的容量(每个样本中所含数据的个数)不相等，则只能用不合格品率控制图。

(4)如果质量特性数据是计点式计数值数据，且样本容量是常数，则可以选用不合格数控制图(c)或单位产品不合格数控制图(u)；如果质量特性数据是计点式计数值数据，但样本容量不相等，则只能用单位产品不合格数控制图。

2. 控制图的应用步骤

(1)确定需要控制的质量特性值，如重量、长度、不合格品数、不合格品率等。

(2)选用合适的控制图种类。

(3)确定样本子组、样本容量大小和抽样间隔时间。

(4)收集并记录20~25个样本子组，每组取4~5个数据，或使用以前记录的数据，数据总数100个左右。

(5)计算各组样本的统计量，如样本平均值$\overline{X}$、样本极差R和样本标准差S等。

(6)计算控制图的控制界限。

(7)制作控制图并标出各组的统计量。

(8)分析判断控制图。如发现异常，查明原因并及时进行调整，再重新收集数据，做出正常的控制图。

(9)判断过程能力是否充分(计算C_p和C_{pk})。

(10)如果做出的控制图正常，则延长控制界限，进行日常控制。

(11)控制图使用一段时间后，若生产条件或质量状况改变，则必须重新取样计算控制界限。

6.6.1.4 判定准则

划分控制图控制的区域中线两侧各一个σ范围的区域，将其称为“C区”；C区两侧一个σ范围的区域，称为“B区”；B+C区两侧一个σ范围的区域，称为“A区”。由3σ原则可知，点落在中线两侧C区的概率为$P(\mu-\sigma \leqslant X \leqslant \mu)=P(\mu \leqslant X \leqslant \mu+\sigma)=0.34134$；点落在$B$区的概率为$P(\mu+\sigma \leqslant X \leqslant \mu+2\sigma)=P(\mu-2\sigma \leqslant X \leqslant \mu-\sigma)=0.13456$；点落在$C$区的概率为$P(\mu+2\sigma \leqslant X \leqslant \mu+3\sigma)=P(\mu-3\sigma \leqslant X \leqslant \mu-2\sigma)=0.0214$。由$3\sigma$原则可知，在控制图上出现小概率事件即事件概率小于0.0027的事件为异常事件。

1. 判异准则(见图6.13)

准则1：1个点落在控制图界限以外(A区以外)。

当工序过程处于稳定状态时，所观察的质量特性数据有99.73%的可能性不会超出控制界限，即3σ原则。也就是说，在生产正常情况下，点偶然超出控制界限，误将生产过程判为异常，即犯第一类错误的概率为0.27%。因此，将“1个点落在控制图界限以外(A区以外)”作为一条判异准则。

准则2：连续9个点落在中心线同一侧。

点落在中心线上侧或下侧的概率为：

$$P(\mu \leqslant X \leqslant \mu+3\sigma)=P(\mu-3\sigma \leqslant X \leqslant \mu)=\frac{0.9973}{2}=0.49865$$

如此连续9点落在中心线同一侧的概率为

$$P=2\times(0.49865)^5=0.00381$$

因此，根据选取与准则 10.27%相近概率的方式，将“连续 9 个点落在中心线同一侧”作为一条判异准则。

准则 3：连续 6 个点递增或递减。

显然，连续 6 个点按大小排列的方式共有 6！种，而递增和递减是其中的两种特殊情况。因此，连续 6 个点递增或递减的概率为：

$$P=\frac{2}{6!}(0.9973)^{6}=0.00273$$

准则 4：连续 14 个点相邻点上下交替。

根据蒙特卡洛（Monte Carlo）实验可知，在连续 14 个点中，相邻点上下交替概率与 0.27%相近。由于蒙特卡洛实验是一种实验法和经验法，这里不再展示。

准则 5：连续 3 个点有 2 个点落在中心线同一侧的 B 区以外。

点落在 B 区以外的概率为：

$$P(\mu+2\sigma\leqslant X\leqslant\mu+3\sigma)=P(\mu-3\sigma\leqslant X\leqslant\mu-2\sigma)=0.0214$$

因此，连续 3 个点有 2 个点落在中心线同一侧的 B 区以外的概率为：

$$P=2\times C_3^2\times 0.0214^2\times(0.9973-0.0214)=0.00268$$

准则 6：连续 5 个点有 4 个点落在同一侧的 C 区以外。

点落在 C 区以外的概率为：

$$P(\mu+\sigma\leqslant X\leqslant\mu+3\sigma)=P(\mu-\sigma\leqslant X\leqslant\mu-3\sigma)=0.015731$$

因此，连续 5 个点有 4 个点落在同一侧的 C 区以外的概率为：

$$P=2\times C_5^4\times 0.015731^4\times(0.5-0.015731-0.00135)=0.00209$$

准则 7：连续 15 个点落在中心线两侧的 C 区内。

点落在 C 区的概率为：

$$P(\mu-\sigma\leqslant X\leqslant\mu+\sigma)=0.68268$$

因此，连续 15 个点落在中心线两侧 C 区内的概率为：

$$P=(0.68268)^{15}=0.00326$$

准则 8：连续 8 个点在中心线两侧且无一在 C 区内。

由准则 6 分析可知，点落在 C 区以外的概率为 0.015731。因此，连续点在中心线两侧且无一在 C 区内的概率为：

$$P=2\times(C_8^1+C_8^2+C_8^3+C_8^4+C_8^5+C_8^6+C_8^7+C_8^8)\times 0.015731^8=0.00019$$

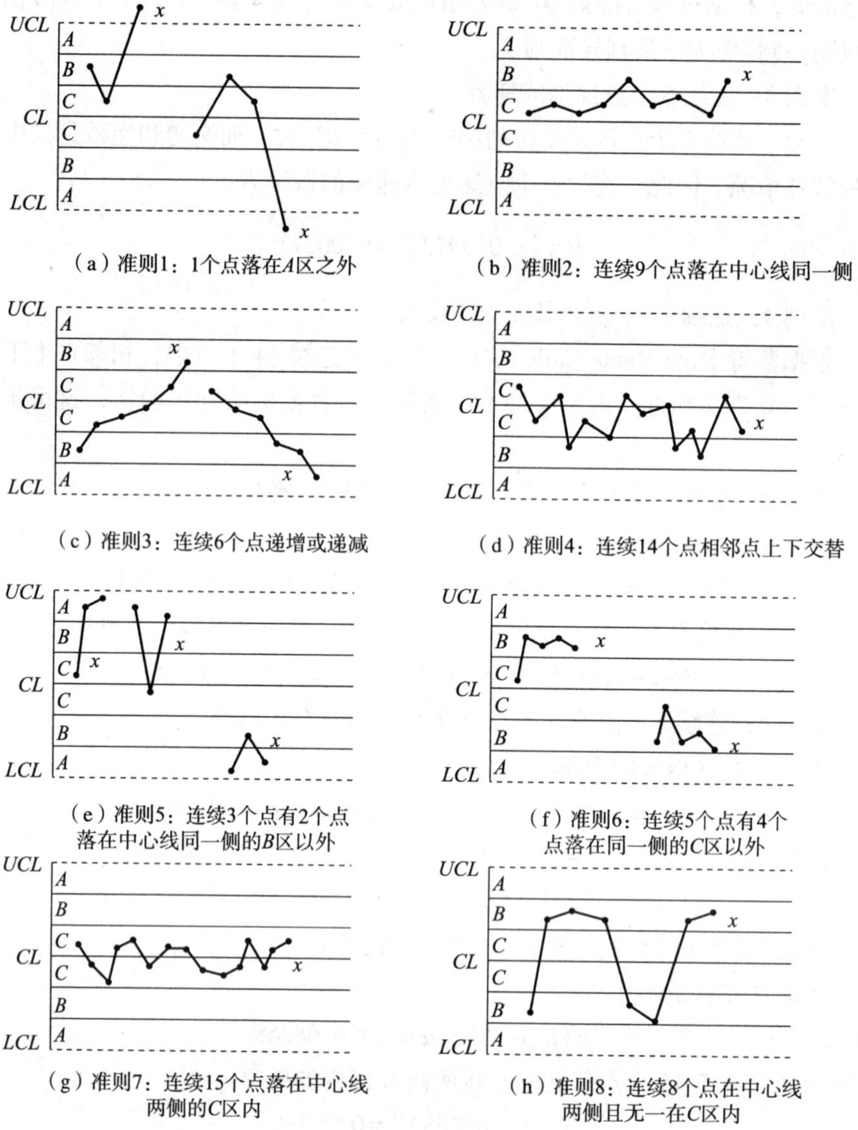

（a）准则1：1个点落在A区之外

（b）准则2：连续9个点落在中心线同一侧

（c）准则3：连续6个点递增或递减

（d）准则4：连续14个点相邻点上下交替

（e）准则5：连续3个点有2个点落在中心线同一侧的B区以外

（f）准则6：连续5个点有4个点落在同一侧的C区以外

（g）准则7：连续15个点落在中心线两侧的C区内

（h）准则8：连续8个点在中心线两侧且无一在C区内

图 6.13　判异准则

2. 判稳准则

准则 1：连续 25 个点，界外点个数 $d=0$，且点随机排列。

连续 25 个点都在控制界限内的概率为：

$$P=(0.9973)^{25}=0.93464$$

因此，连续 25 个点有 1 个点或 1 个以上点在控制界限外的概率为：

$$P=1-(0.9973)^{25}=0.06536$$

准则 2：连续 35 个点，界外点个数 $d\leqslant 1$，且点随机排列。

连续 35 个点至多有 1 个点在控制界限外的概率为：

$$P=C_{35}^{34}\times 0.9973^{34}\times 0.0027+C_{35}^{35}\times 0.9973^{35}=0.99591$$

准则 3：连续 100 个点，界外点个数 $d\leqslant 2$，且点随机排列。

连续 100 个点至多有 2 个点在控制界限外的概率为：

$$P=C_{100}^{98}\times 0.9973^{98}\times 0.0027^{2}+C_{100}^{99}\times 0.9973^{99}\times 0.0027+C_{100}^{100}\times 0.9973^{100}=0.99738$$

因此，连续 100 个点有 2 个点或 2 个以上点在控制界限外的概率为：

$$P=1-C_{100}^{98}\times 0.9973^{98}\times 0.0027^{2}+C_{100}^{99}\times 0.9973^{99}\times 0.0027+C_{100}^{100}\times 0.9973^{100}=0.00262$$

6.6.2 计量值控制图

计量值控制图由两部分组成：一是反映组间差异的控制图，如平均值控制图、中位数控制图；二是反映组内差异的控制图，如极差控制图、标准差控制图。两者共同反映过程是否处于受控状态。

6.6.2.1 平均值—极差控制图

平均值—极差控制图是一种基本的控制图类型，用于监测过程平均值和变异性的变化情况，以便及时发现和纠正过程中的问题。平均值—极差控制图通常包括两个图形：均值图和极差图。均值图反映过程平均值的变化情况，极差图反映过程变异性的变化情况。在平均值—极差控制图中，通过收集一系列样本数据，计算每个样本的平均值和极差值，并将这些数据绘制到控制图上。使用统计方法计算出控制限，并将其绘制在均值图和极差图中，以便识别任何超出这些限制的异常值。平均值—极差控制图适用于各种生产过程，特别是针对质量特性与工艺参数高度相关的制造和生产环境。它可以帮助制造商或生产商掌握过程的稳定性，及时发现和纠正生产线的问题，减少生产成本和不良品数量，提高产品质量和客户满意度。

平均值—极差控制图是计量值控制图中最常用、最基本的一种控制图，常用于控制对象为长度、重量、强度、纯度、时间和生产量等计量值的场合。由于计量值 X 常服从正态分布且 $\overline{X}-R$ 敏度高，因此 $\overline{X}-R$ 适用范围广，检出异常能力强。

平均值—极差控制图控制界限公式见表 6.14

表6.14 平均值—极差控制图控制界限公式

控制图名称	统计量	控制界限	统计量及系数说明
平均值-极差控制图 ($\overline{X}$-R)	$\overline{X}$	$CL=\overline{\overline{x}}(\mu)$ $UCL=\overline{\overline{x}}+A_2\overline{R}$ $LCL=\overline{\overline{x}}-A_2\overline{R}$	$\mu\approx\overline{\overline{x}}$ $\sigma\approx\frac{\overline{R}}{d_2}$ $\overline{R}=\frac{R_1+R_2+\cdots+R_m}{m}$ A_2、d_2、d_3 是与 n 有关的参数
	R	$CL=\overline{R}$ $UCL=D_4\overline{R}$ $LCL=D_3\overline{R}$	

公式解释：

对于一组样本 $x\sim N(\mu,\ \sigma^2)$ 服从正态分布，n 个样本 x_1，x_2，…，x_n 的均值为 $\overline{X}$，极差为 R。$\overline{X}$ 的期望值 $E(\overline{X})=\mu$，R 的期望值 $E(R)=d_2\sigma$，$\overline{X}$ 的标准差 $\sqrt{D(\overline{x})}=\frac{\sigma}{\sqrt{n}}$，$R$ 的标准差 $\sqrt{D(R)}=d_3\sigma$。其中，d_2、d_3 是由 n 确定的系数，可以查表求得。

n 个样本，分成 k 组，每一组的组均值和极差分别表示为 $\overline{X}_i$、R_i，可知 $\overline{\overline{X}}=\frac{1}{k}(\overline{X}_1+\cdots+\overline{X}_k)$，$\overline{R}=\frac{R_1+R_2+\cdots+R_m}{k}$。

样本极差 R 与总体标准差 σ 的关系可以假设为 $W=R/\sigma$，可以求得常数关系 $E(W)=d_2$，其中，d_2 是与 n 有关的参数。σ 的估计量为 $\hat{\sigma}$，即 $\hat{\sigma}=\overline{R}/d_2$。又 $E(W)=d_2$ 存在常数关系，则 $D(W)$ 也必然存在常数关系，可以证明 $\sqrt{D(W)}=d_3$，即 $\sqrt{D(R/\sigma)}=d_3$，则 $\sigma_R=\sigma_W\sigma=d_3\sigma$，$\hat{\sigma}_R=d_3\hat{\sigma}=\frac{d_3\overline{R}}{d_2}$。

1. $\overline{X}$ 的控制限

(1)若 μ、σ 已知，则：

$$UCL_{\overline{X}}=\mu_{\overline{X}}+3\sigma/\sqrt{n}$$
$$CL_{\overline{X}}=\mu_{\overline{X}}=\mu$$
$$LCL_{\overline{X}}=\mu_{\overline{X}}-3\sigma/\sqrt{n}$$

此种情况较为简单，可以直接求出结果。

(2)若μ、σ未知，则：

$$UCL_{\overline{X}}=\mu_{\overline{X}}+3\sigma_{\overline{X}}=\mu+3\sigma/\sqrt{n}\approx\hat{\mu}+3\hat{\sigma}/\sqrt{n}=\overline{\overline{x}}+\frac{3\overline{R}}{d_2\sqrt{n}}=\overline{\overline{x}}+A_2\overline{R}$$

$$CL_{\overline{X}}=\mu_{\overline{X}}\approx\hat{\mu}=\overline{\overline{x}}$$

$$LCL_{\overline{X}}=\mu_{\overline{X}}-3\sigma_{\overline{X}}=\mu-3\sigma/\sqrt{n}\approx\hat{\mu}-3\hat{\sigma}/\sqrt{n}=\overline{\overline{x}}-\frac{3\overline{R}}{d_2\sqrt{n}}=\overline{\overline{x}}-A_2\overline{R}$$

其中，令$A_2=\dfrac{3}{d_2\sqrt{n}}$。

2. R的控制限

(1)若μ_R、σ_R已知，则：

$$UCL_R=\mu_R+3\sigma_R$$

$$CL_R=\mu_R$$

$$LCL_R=\mu_R-3\sigma_R$$

(2)若μ_R、σ_R未知，则：

$$UCL_R=\mu_R+3\sigma_R\approx\hat{\mu}_R+3\hat{\sigma}_R=\overline{R}+3d_3\overline{R}/d_2=(1+3d_3/d_2)\overline{R}=D_4\overline{R}$$

$$CL_R=\mu_R\approx\hat{\mu}_R=\overline{R}$$

$$LCL_R=\mu_R-3\sigma_R\approx\hat{\mu}_R-3\hat{\sigma}_R=\overline{R}-3d_3\overline{R}/d_2=(1-3d_3/d_2)\overline{R}=D_3\overline{R}$$

其中，$D_4=1+3d_3/d_2$，$D_3=1-3d_3/d_2$。

计量控制图计算控制限系数见表6.15。

表6.15　计量控制图计算控制限系数

子组大小n	均值控制图			标准差控制图						极差控制图						
	控制限系数			中心线系数		控制限系数				控制限系数					中心线系数	
	A	A_2	A_3	C_4	$1/C_4$	B_3	B_4	B_5	B_6	D_1	D_2	D_3	D_4	d_3	d_2	$1/d_2$
2	2.121	1.880	2.659	0.7979	1.2533	0.000	3.267	0.000	2.606	0.000	3.686	0.000	3.267	0.853	1.128	0.8865
3	1.732	1.023	1.954	0.8862	1.1284	0.000	2.568	0.000	2.276	0.000	4.358	0.000	2.574	0.888	1.693	0.5907
4	1.500	0.729	1.628	0.9213	1.0854	0.000	2.266	0.000	2.088	0.000	4.698	0.000	2.282	0.880	2.059	0.4857
5	1.342	0.577	1.427	0.9400	1.0638	0.000	2.089	0.000	1.964	0.000	4.918	0.000	2.114	0.864	2.326	0.4299
6	1.225	0.483	1.287	0.9515	1.0510	0.030	1.970	0.029	1.874	0.000	5.078	0.000	2.004	0.848	2.534	0.3946
7	1.134	0.419	1.182	0.9594	1.0423	0.118	1.882	0.113	1.806	0.204	5.204	0.076	1.924	0.833	2.704	0.3698
8	1.061	0.373	1.099	0.9650	1.0363	0.185	1.815	0.179	1.751	0.388	5.306	0.136	1.864	0.820	2.847	0.3512
9	1.000	0.337	1.032	0.9693	1.0317	0.239	1.161	0.232	1.707	0.547	5.393	0.184	1.816	0.808	2.970	0.3367

续表

子组大小 n	均值控制图			标准差控制图						极差控制图						
	控制限系数			中心线系数		控制限系数				控制限系数					中心线系数	
	A	A_2	A_3	C_4	$1/C_4$	B_3	B_4	B_5	B_6	D_1	D_2	D_3	D_4	d_3	d_2	$1/d_2$
10	0.949	0.308	0.975	0.9727	1.0281	0.284	1.716	0.276	1.669	0.687	5.469	0.223	1.777	0.797	3.078	0.3249
11	0.905	0.285	0.927	0.9754	1.0252	0.321	1.679	0.313	1.637	0.811	5.535	0.256	1.744	0.787	3.173	03152
12	0.866	0.266	0.886	0.9776	1.0229	0.354	1.646	0.346	1.610	0.922	5.594	0.283	1.717	0.778	3.258	0.3069
13	0.832	0.249	0.850	0.9794	1.0210	0.382	1.618	0.374	1.585	1.025	5.647	0.307	1.693	0.770	3.336	0.2998
14	0.802	0.235	0.817	0.9823	1.0194	0.406	1.594	0.399	1.563	1.118	5.696	0.328	1.672	0.767	3.407	0.2935
15	0.775	0.223	0.789	0.9835	1.0180	0.428	1.572	0.421	1.544	1.203	5.741	0.347	1.653	0.756	3.472	0.2880
16	0.750	0.212	0.63	0.9835	1.0168	0.448	1.552	0.440	1.526	1.282	5.782	0.363	1.637	0.750	3.532	0.2831
17	0.728	0.203	0.739	0.9845	1.0157	0.466	1.534	0.458	1.511	1.356	5.820	0.378	1.622	0.744	3.588	0.2787
18	0.707	0.194	0.718	0.9854	1.0148	0.482	1.518	0.475	1.496	1.424	5.856	0.391	1.608	0.739	3.640	0.2747
19	0.688	0.187	0.698	0.9862	1.0140	0.497	1.503	0.490	1.483	1.487	5.891	0.403	1.597	0.734	3.689	0.2711
20	0.671	0.180	0.680	0.9869	1.0133	0.510	1.490	0.504	1.470	1.549	5.921	0.415	1.585	0.729	3.735	0.2677
21	0.655	0.173	0.663	0.9876	1.0126	0.523	1.477	0.516	1.459	1.605	5.951	0.425	1.575	0.724	3.778	0.2647
22	0.640	0.167	0.647	0.9882	1.0119	0.534	1.466	0.528	1.448	1.659	5.979	0.434	1.566	0.720	3.819	0.2618
23	0.626	0.162	0.633	0.9887	1.0114	0.545	1.455	0.539	1.438	1.710	6.006	0.443	1.557	0.716	3.858	0.2592
24	0.612	0.157	0.619	0.9892	1.0109	0.555	1.445	0.549	1.429	1.759	6.031	0.451	1.548	0.712	3.895	0.2567
25	0.600	0.153	0.606	0.9896	1.0105	0.565	1.435	0.559	1.420	1.806	6.056	0.459	1.541	0.708	3.931	0.2544

例题 6.11 某手表厂为提高手表质量，对“停摆”的质量问题进行分析，确认“螺栓扭矩”为主导因素。为此，厂方决定应用图对装配作业中的螺栓扭矩进行控制。

解：步骤 1　收集预备数据。

取 $n=5$ 的子组，以 1 小时为时间间隔，共取 25 组数据，手表螺栓扭矩数据如表 6.16 所示。

表 6.16　手表螺栓扭矩数据

序号	测定值					$\overline{X}$	R	S
	x_1	x_2	x_3	x_4	x_5			
1	154	174	164	166	162	164.0	20	7.211
2	166	170	162	166	164	165.6	8	2.966

续表

序号	测定值					$\overline{X}$	R	S
	x_1	x_2	x_3	x_4	x_5			
3	168	166	160	160	162	163.2	8	3.633
4	168	164	170	164	166	166.4	6	2.608
5	153	165	162	165	167	162.4	14	5.550
6	164	158	162	172	168	164.8	14	5.404
7	167	159	159	175	165	165.0	16	6.633
8	158	160	162	164	166	162.0	8	3.162
9	156	162	164	164	152	159.6	12	5.367
10	174	162	162	156	174	165.6	18	8.050
11	168	174	166	160	166	166.8	14	5.020
12	148	160	162	164	170	160.8	22	8.075
13	165	159	147	153	151	155.0	18	7.071
14	164	166	164	170	164	165.6	6	2.608
15	162	158	154	168	172	162.8	18	7.294
16	158	162	156	164	152	158.4	12	4.775
17	153	158	154	181	168	166.8	27	11.393
18	166	166	172	164	162	166.0	10	3.742
19	170	170	166	160	160	165.2	10	5.020
20	168	160	162	154	160	160.8	14	5.020
21	162	164	165	169	153	162.6	16	5.941
22	166	160	170	172	158	165.2	14	6.099
23	172	164	159	165	160	164.0	13	5.148
24	174	164	166	157	162	164.6	17	6.229
25	151	160	164	158	170	160.6	19	7.057

步骤2 计算统计量。

计算子组平均值 $\overline{X}$、子组极差 R、子组极差平均值 $\overline{R}$，计算结果列于表6.16中。

步骤3 计算控制限。

首先计算极差控制图的控制限并作极差控制图。

由于总体的σ、μ未知，按表 6. 14 中的公式算得：

$$CL_R = \overline{R} = 13.94$$

$$UCL_R = D_4\overline{R} = 2.114 \times 13.94 \approx 29.47$$

$$LCL_R = D_3\overline{R}(\text{不考虑})$$

由图 6. 14 可见极差控制图判稳，故可继续作图。

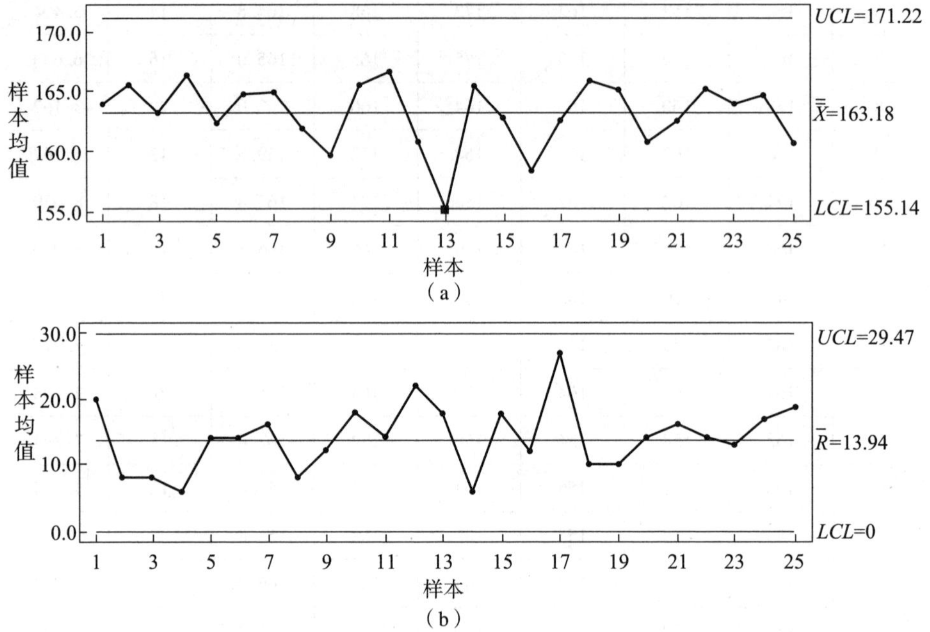

图 6. 14　手表螺栓扭矩控制图

按表 6. 14 中的公式，可计算极差控制图的控制限，得：

$$CL_{\overline{X}} = \overline{\overline{X}} = 163.18$$

$$UCL_{\overline{X}} = \overline{\overline{X}} + A_2\overline{R} = 163.18 + 0.577 \times 13.94 \approx 171.22$$

$$LCL_{\overline{X}} = \overline{\overline{X}} - A_2\overline{R} = 163.18 - 0.577 \times 13.94 \approx 155.14$$

从图 6. 14(a)中可以看到，第 13 组数据的$\overline{X} = 155$，超出了图 6. 14(a)的下控制线，属于异常数据。经调查，数据异常是由夹具故障造成，改进夹具后，去掉第 13 组异常数据，重新计算控制图的控制限，绘制控制图，得到图 6. 15。

步骤 4　判断过程是否处于统计稳态。

由于图 6. 15 中的点均处于控制限内，且点的排列随机，可以判断过程处于统计稳态。

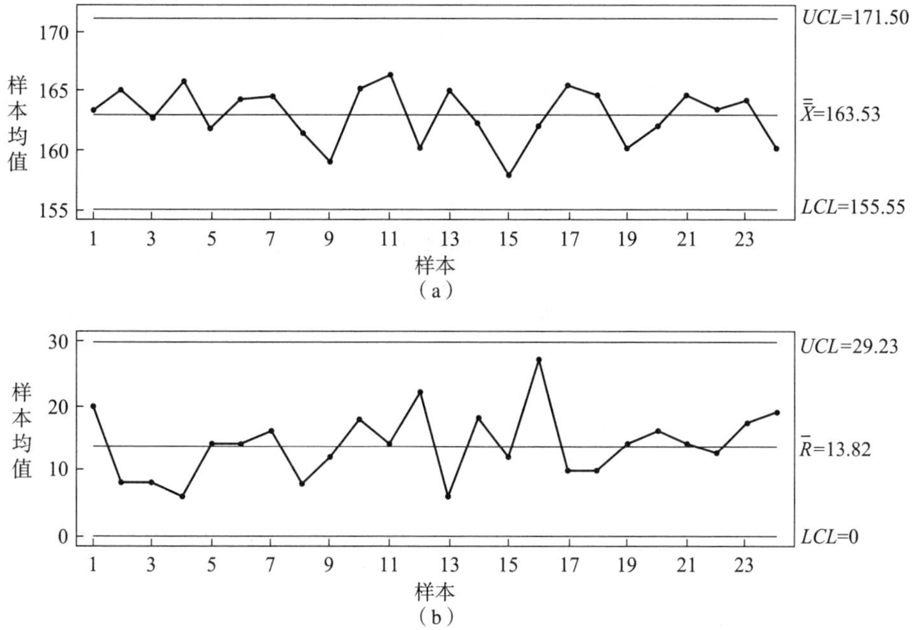

图 6.15 修正的手表螺栓扭矩控制图

6.6.2.2 平均值—标准差控制图

平均值—标准差控制图是一种基本的控制图类型，用于监测过程平均值和标准差的变化情况，以便及时发现和纠正过程中的问题。平均值—标准差控制图通常包括两个图形：均值图和标准差图。均值图反映过程平均值的变化情况，标准差图反映过程标准差的变化情况。

在 $\overline{X}$-S 图中，通过收集一系列样本数据，计算每个样本的平均值和标准差，并将这些数据绘制到控制图中。使用统计方法计算出控制限，并将其绘制在均值图和标准差图中，以便识别任何超出这些限制的异常值。均值标准差控制图适用于许多生产过程，特别是质量特性与工艺参数高度相关的制造和生产环境。它可以帮助制造商或生产商掌握过程的稳定性，及时发现和纠正生产线的问题，减少生产成本和不良品数量，提高产品质量和客户满意度。

平均值—标准差控制图控制界限公式见表 6.17。

表 6.17　平均值—标准差控制图控制界限公式

控制图名称	统计量	控制界限	统计量及系数说明
平均值—标准差控制图($\overline{X}$-S)	$\overline{X}$	$CL=\overline{\overline{x}}(\mu)$ $UCL=\overline{\overline{x}}+A_3\overline{S}$ $LCL=\overline{\overline{x}}-A_3\overline{S}$	$\mu\approx\overline{\overline{x}}$ $\overline{S}=\frac{1}{k}\sum_{i=1}^{k}s_i$ $S=\frac{\overline{S}}{C_4}$ A_3、B_3、B_4、C_4 是与 n 有关的参数
	S	$CL=\overline{S}$ $UCL=B_4\overline{S}$ $LCL=B_3\overline{S}$	

公式解释：

对于一组样本 $x \sim N(\mu,\ \sigma^2)$ 服从正态分布，n 个样本 x_1，x_2，…，x_n 的均值为 $\overline{X}$，标准差为 S。$\overline{X}$ 的期望值 $E(\overline{X})=\mu$，S 的期望值 $E(S)=C_4\sigma$，令 σ_s 表示各样本标准差组成的分组数据标准差，则存在常数关系 $\sigma_s=\sigma\sqrt{1-C_4^2}$，$C_4$ 是与 n 有关的参数。

1. $\overline{X}$ 的控制限

(1) 若 μ、σ 已知，则：

$$UCL_{\overline{X}}=\mu_{\overline{X}}+A\sigma$$

$$CL_{\overline{X}}=\mu_{\overline{X}}=\mu$$

$$LCL_{\overline{X}}=\mu_{\overline{X}}-A\sigma$$

(2) 若 μ、σ 未知，则：

$$UCL=\overline{\overline{x}}+\frac{3\overline{S}}{C_4\sqrt{n}}=\overline{\overline{x}}+A_3\overline{S}$$

$$CL=\overline{\overline{x}}$$

$$LCL=\overline{\overline{x}}-\frac{3\overline{S}}{C_4\sqrt{n}}=\overline{\overline{x}}-A_3\overline{S}$$

其中，$A_3=\frac{3}{C_4\sqrt{n}}$。

2. S 的控制限

(1) 若 μ、σ 已知，则：

令 $B_5=C_4-3\sqrt{1-C_4^2}$，$B_6=C_4+3\sqrt{1-C_4^2}$

$$UCL = C_4\sigma + 3\sigma\sqrt{1-C_4^2} = B_6\sigma$$

$$CL = c_4\sigma$$

$$LCL = C_4\sigma - 3\sigma\sqrt{1-C_4^2} = B_5\sigma$$

(2)若μ、σ未知，则

令 $B_3 = 1-\frac{3}{C_4}\sqrt{1-C_4^2}$，$B_4 = 1+\frac{3}{C_4}\sqrt{1-C_4^2}$

$$UCL = \overline{S} + 3\frac{\overline{S}}{C_4}\sqrt{1-C_4^2} = B_4\overline{S}$$

$$CL = \overline{S}$$

$$LCL = \overline{S} - 3\frac{\overline{S}}{C_4}\sqrt{1-C_4^2} = B_3\overline{S}$$

例题 6.12　某车间生产一种电阻，每隔一小时随机抽取 4 个电阻测定其电阻值，得到一个样本，共取 25 个样本，试作平均值—标准差控制图。电阻值数据统计如表 6.18 所示。

表 6.18　电阻值数据统计

x_1	x_2	x_3	x_4	S	$\overline{X}$
81.86	81.61	82.98	81.33	0.723164343	81.9450
82.09	81.06	80.48	80.07	0.876451178	80.9250
81.21	82.77	79.95	80.72	1.190556593	81.1625
81.23	80.61	81.68	82.13	0.649018490	81.4125
83.20	82.50	82.37	80.54	1.135117468	82.1525
82.68	82.48	82.96	82.12	0.353270435	82.5600
80.17	81.83	81.12	81.41	0.704763554	81.1325
80.40	81.60	85.00	83.80	2.081665999	82.7000
80.69	80.49	82.16	84.29	1.754202098	81.9075
81.72	81.12	80.77	80.60	0.494865302	81.0525
80.98	81.33	81.60	80.70	0.394239775	81.1525
80.42	82.20	80.13	80.24	0.975683521	80.7475
81.11	81.13	82.22	81.17	0.542240721	81.4075

续表

x_1	x_2	x_3	x_4	S	$\overline{X}$
82.40	81.41	82.93	83.13	0.769344959	82.4675
81.55	80.91	81.31	82.43	0.643324698	81.5500
81.32	80.12	81.23	80.38	0.602349566	80.7625
81.39	80.85	80.60	80.93	0.329785284	80.9425
81.37	83.12	80.39	81.81	1.132912912	81.6725
82.62	82.06	81.49	80.92	0.732000683	81.7725
79.76	81.17	81.24	79.54	0.902713502	80.4275
81.06	82.06	82.76	82.46	0.741057803	82.0850
82.55	83.53	82.94	81.89	0.688494735	82.7275
83.33	80.33	80.36	80.67	1.446521690	81.1725
81.17	81.33	82.57	80.87	0.748041888	81.4850
81.60	79.88	81.69	81.79	0.909981685	81.2400
				$\sum S = 0.860870755$	$\sum \overline{X} = 81.5425$

解：步骤 1　计算出样本总均值和标准差的平均值

$$\overline{S} = \frac{\sum_{i=1}^{25} S_i}{25} = 0.8609, \quad \sum \overline{x} = 81.5425$$

步骤 2　查表 6.15 可得 $A_3 = 1.628$，$B_3 = 0$，$B_4 = 2.266$。

步骤 3　均值控制图的控制限为：

$$UCL_{\overline{X}} = \overline{\overline{X}} + A_3\overline{S} = 81.54 + 1.628 \times 0.8609 \approx 82.94$$

$$CL_{\overline{X}} = \overline{\overline{X}} = 81.54$$

$$LCL_{\overline{X}} = \overline{\overline{X}} - A_3\overline{S} = 81.54 - 1.628 \times 0.8609 \approx 80.14$$

步骤 4　标准差控制图的控制限为：

$$UCL_S = B_4\overline{S} = 2.266 \times 0.8609 \approx 1.951$$

$$CL_S = \overline{S} = 0.8609$$

$$LCL_S = B_3\overline{S} = 0 \times 0.8609 = 0$$

步骤 5　绘制控制图（见图 6.16）。

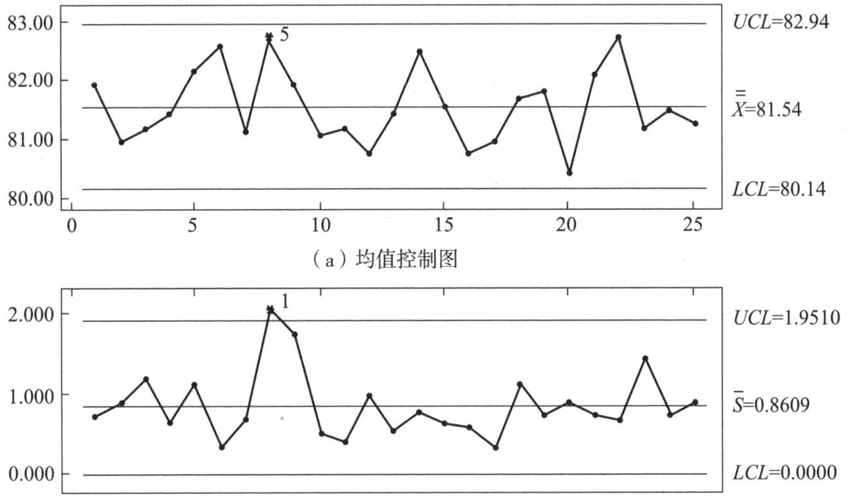

（a）均值控制图

（b）标准差控制图

图 6.16 电阻值平均值—标准差控制图

6.6.3 计数值控制图

6.6.3.1 计数值控制图的基本概念

计数值控制图是一种基本的控制图，用于监测不良品数量、缺陷数量或错误数量等离散数据的变化情况，以便及时发现和纠正过程中的问题。计数值控制图通常包括一个图形：不合格品率控制图或不合格数控制图。不合格品率控制图用于监测不良品率的变化情况，不合格数控制图用于监测缺陷或错误的数量变化情况。

通过收集一系列样本数据，计算每个样本的不良品率、缺陷数量或错误数量，并将这些数据绘制到控制图中；使用统计方法计算出控制限，并将其绘制在控制图中，以便识别任何超出这些限制的异常值。计数值控制图适用于许多生产过程，特别是那些需要严格控制质量的制造和生产环境。它可以帮助制造商或生产商掌握过程的稳定性，及时发现和纠正生产线上的问题，减少生产成本和不良品数量，提高产品质量和客户满意度。

6.6.3.2 计数值控制图应用程序

计数值控制图的应用程序与计量值控制图的应用程序基本相同，包括收集数据、计算统计量、计算控制限、绘制控制图、分析控制图、实施质量控制等环节。

对离散型随机变量所做的控制图称为“计数值控制图”。计数值控制图是建立在二项分布以及泊松分布的理论基础上的，由于二项分布和泊松分布各自的特征值(均值和方差)彼此相关，控制计数值的波动只需要一张控制图。计数值控制图公式见表6.19。

表6.19 常规计数值控制图的控制限公式

统计量	标准值未给定		标准值给定	
	中心线	*UCL* 与 *LCL*	中心线	*UCL* 与 *LCL*
P	$\bar{p}$	$\bar{p}\pm3\sqrt{\bar{p}(1-\bar{p})/n}$	p_0	$p_0\pm3\sqrt{p_0(1-p_0)/n}$
np	$\overline{np}$	$\overline{np}\pm3\sqrt{\overline{np}(1-\bar{p})}$	np_0	$np_0\pm3\sqrt{np_0(1-p_0)}$
C	$\bar{c}$	$\bar{c}\pm3\sqrt{\bar{c}}$	c_0	$c_0\pm3\sqrt{c_0}$
u	$\bar{u}$	$\bar{u}\pm3\sqrt{\bar{u}/n}$	u_0	$u_0\pm3\sqrt{u_0/n}$

注：p_0、np_0、c_0、μ_0为给定的标准值。

但当子组大小发生变化时，情况将有所不同。当子组大小为常数时，同一组控制限可用于每一个子组；当子组大小发生变化时，则每一个子组都需要计算各自的控制限，绘出的控制限 *UCL* 和 *LCL* 呈凹凸状。通常情况下，不合格品数控制图和不合格数控制图常用于子组大小为常数的情形，而不合格品率控制图和单位产品不合格数控制图可用于上述两种情形。

6.6.3.3 不合格品数控制图

不合格品数控制图是计数值控制图的一种，用于监测单位样本中不合格品数量的变化情况，以便及时发现和纠正过程中的问题。将一定时期内单位样本中的不合格品数量记录下来，以便计算平均值和控制限；将平均值和控制限绘制在不合格品数控制图中，以便对任何超出这些限制的异常值进行标识和分析。不合格品数控制图适用于任何需要严格控制质量的制造和生产环境，特别是针对与不良品或缺陷数量高度关联的制造和生产过程。它可以帮助制造商或生产商掌握过程的稳定性，及时发现和纠正生产线上的问题，减少生产成本和不良品数量，提高产品质量和客户满意度。

例题6.13 在某电子元器件生产线上，于每班结束后抽取一定数量的元器件进行检验。表6.20是某年6月共计30日不合格元器件数量的记录，试绘制不合格品数控制图，分析产品的不合格品率是否稳定。

表 6.20　元器件抽样结果

日期	样品数量（件）	不合格品数量（件）	不合格品率	日期	样品数量（件）	不合格品数量（件）	不合格品率
6 月 1 日	150	3	0.0200	6 月 16 日	150	10	0.0667
6 月 2 日	150	4	0.0267	6 月 17 日	150	6	0.0400
6 月 3 日	150	6	0.0400	6 月 18 日	150	3	0.0200
6 月 4 日	150	8	0.0533	6 月 19 日	150	7	0.0467
6 月 5 日	150	6	0.0400	6 月 20 日	150	4	0.0267
6 月 6 日	150	6	0.0400	6 月 21 日	150	5	0.0333
6 月 7 日	150	3	0.0200	6 月 22 日	150	4	0.0267
6 月 8 日	150	4	0.0267	6 月 23 日	150	8	0.0533
6 月 9 日	150	8	0.0533	6 月 24 日	150	11	0.0733
6 月 10 日	150	7	0.0467	6 月 25 日	150	7	0.0467
6 月 11 日	150	9	0.0600	6 月 26 日	150	8	0.0533
6 月 12 日	150	6	0.0400	6 月 27 日	150	8	0.0533
6 月 13 日	150	12	0.0800	6 月 28 日	150	7	0.0467
6 月 14 日	150	3	0.0200	6 月 29 日	150	7	0.0467
6 月 15 日	150	7	0.0467	6 月 30 日	150	5	0.0333

解： 月平均不合格品率为：

$$\bar{p}=\frac{\text{不合格品总数}}{\text{被检产品总数}}=\frac{192}{4500}=0.0427$$

控制图的控制限为：

$$CL=\bar{p}=0.0427$$

$$UCL=\bar{p}+3\sqrt{\frac{\bar{p}(1-\bar{p})}{n}}=0.0427+3\sqrt{\frac{0.0427\times(1-0.0427)}{150}}=0.0922$$

$$LCL=\bar{p}-3\sqrt{\frac{\bar{p}(1-\bar{p})}{n}}=0.0427-3\sqrt{\frac{0.0427\times(1-0.0427)}{150}}=-0.068$$

根据计算结果及表 6.20 中的数据，可绘制电子元器件不合格品数控制图（见图 6.17）。由图 6.17 可以看出，生产过程非常稳定，电子元器件的生产处于统计控制状态。

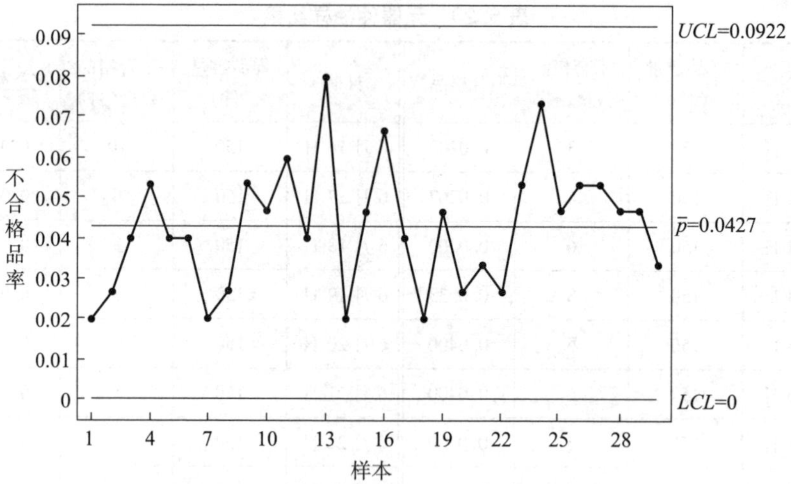

图 6.17 某电子元器件不合格品数控制图

6.6.3.4 不合格品率控制图

不合格品率控制图是计数值控制图的一种，用于监测单位样本中不合格品率的变化情况，以便及时发现和纠正过程中的问题。将一定时期内单位样本中的不合格品数量记录下来，计算不良品率和控制限；将不良品率和控制限绘制在不合格品率控制图中，以便对任何超出这些限制的异常值进行标识和分析。

不合格品率控制图适用于任何需要严格控制质量的制造和生产环境，特别是针对与不良品或缺陷数量高度关联的制造和生产过程。它可以帮助制造商或生产商掌握过程的稳定性，及时发现和纠正生产线上的问题，减少生产成本和不良品数量，提高产品质量和客户满意度。

例题 6.14 在某电子元器件生产线上，于每班结束后抽取一定数量的元器件进行检验。表 6.21 是某年 6 月共计 30 个工作日不合格元器件数量的记录，试绘制不合格品率控制图，分析产品的不合格品率是否稳定。

表 6.21 元器件抽样结果

日期	样品数量（件）	不合格品数量（件）	不合格品率	*UCL*	*LCL*
6 月 1 日	120	3	0.0250	0.101132	0
6 月 2 日	155	4	0.0258	0.094341	0
6 月 3 日	148	6	0.0405	0.095504	0
6 月 4 日	150	8	0.0533	0.095163	0
6 月 5 日	165	6	0.0364	0.092810	0

续表

日期	样品数量（件）	不合格品数量（件）	不合格品率	*UCL*	*LCL*
6月6日	145	6	0.0414	0.096028	0
6月7日	158	3	0.0190	0.093867	0
6月8日	199	4	0.0201	0.088499	0
6月9日	164	8	0.0488	0.092957	0
6月10日	133	7	0.0526	0.098298	0
6月11日	110	9	0.0818	0.103645	0
6月12日	165	6	0.0364	0.092810	0
6月13日	173	12	0.0694	0.091682	0
6月14日	196	3	0.0153	0.088834	0
6月15日	126	7	0.0556	0.099769	0
6月16日	156	10	0.0641	0.094181	0
6月17日	162	6	0.0370	0.093255	0
6月18日	154	3	0.0195	0.094502	0
6月19日	102	7	0.0686	0.105917	0
6月20日	136	4	0.0294	0.097702	0
6月21日	159	5	0.0314	0.093711	0
6月22日	125	4	0.0320	0.099989	0
6月23日	173	12	0.0694	0.091682	0
6月24日	113	11	0.0973	0.102856	0
6月25日	176	7	0.0398	0.091279	0
6月26日	199	8	0.0402	0.088499	0
6月27日	146	8	0.0548	0.095851	0
6月28日	131	7	0.0534	0.098706	0
6月29日	158	7	0.0443	0.093867	0
6月30日	142	5	0.0352	0.096568	0

解：由于样本量不等，需分别计算控制图的控制限，计算结果见表6.21。计算公式为：

$$CL=\bar{p}=0.0432,\quad UCL=\bar{p}+3\sqrt{\frac{\bar{p}(1-\bar{p})}{n_i}}=0.0944,\quad LCL=\bar{p}-3\sqrt{\frac{\bar{p}(1-\bar{p})}{n_i}}=0$$

某电子元器件不合格品率控制图如图6.18所示。

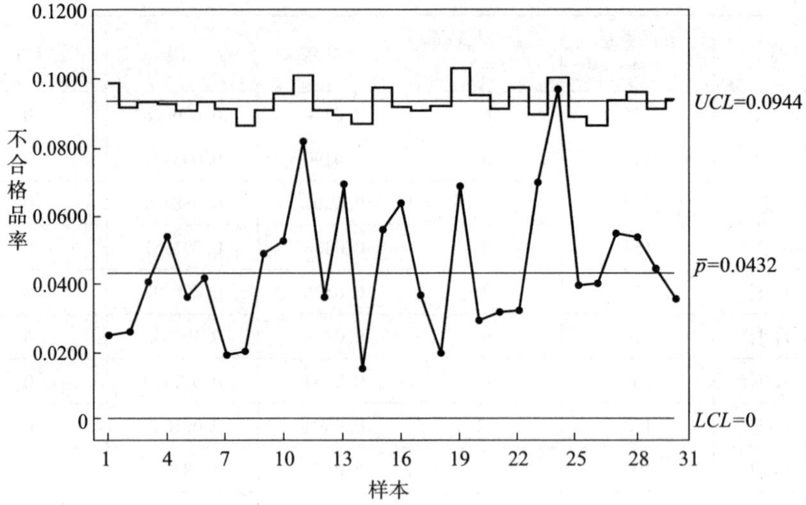

图 6.18 某电子元器件不合格品率控制图

6.6.3.5 不合格数控制图与单位产品不合格数控制图

不合格数控制图是一种用于监测单位样本中不合格数量变化情况的控制图，通常用 c 表示。将一定时期内单位样本中的不合格数量记录下来，计算平均值和控制限；将平均值和控制限绘制在不合格数控制图中，以便对任何超出这些限制的异常值进行标识和分析。不合格数控制图可以帮助制造商或生产商掌握过程的稳定性，及时发现和纠正生产线上的问题，减少生产成本和不合格数量，提高产品质量和客户满意度。不合格数控制图通常适用于制造和生产过程中对不合格数量有严格要求的场合，如生产电子元器件、医药产品、食品等高度关注质量的领域。

单位产品不合格数控制图是一种 *SPC* 图，用于监控生产过程中单位产品中产品不合格数的数量或比例。在单位产品不合格数控制图中，每个数据点代表一个单位产品的产品不合格数量或比例，这些数据点被绘制在控制线的上方或下方。控制线通常由上下两条水平线组成，分别代表该生产过程的上限和下限，即可接受的产品不合格数量或比例的范围。通过监控单位产品不合格数控制图，生产人员可以了解生产过程中产品不合格数量或比例的变化情况，并及时采取措施调整生产过程，以保持产品不合格数量或比例在可接受的范围内。如果数据点超出了控制线，那么意味着生产过程可能出现了问题，需要对生产过程进行调整或修复。单位产品不合格数控制图是一种常用工具，适用于任何生产流程中需要控制产品不合格数量或比例的情况，如制造业、服务业等。它可以帮助企业减少不良品率，提高产品质量，降低生产成本，提高客户满意度，提高企业竞争力。

不合格数控制图与单位产品不合格数控制图都是用于控制批产品中存在的不合格数的控制工具。如平板玻璃上的疤痕、气泡，纺织品表面的疵点，电路板上的不良焊点，冷轧薄板表面的划伤等计点值质量特性。由于不合格数控制图以产品的件数为计量单位，当样本量大小不相等时不能应用。单位产品不合格数控制图是以确定的单位计量，如单位面积上的划伤、单位长度上的疵点等，所以无论样本量大小是否相等，单位产品不合格数控制图都可以应用。

例题 6.15　某电子仪器组装车间焊点不良的月检查记录如表 6.22 所示，试绘制单位产品不合格数控制图，分析产品的焊点不良率是否稳定。

表 6.22　某电子仪器组装车间焊点不良的月检查记录　　单位：台

日期	样品数量	不合格数	日期	样品数量	不合格数
1 日	10	26	14 日	10	35
2 日	10	28	15 日	10	30
3 日	10	23	16 日	10	24
4 日	10	18	17 日	10	22
5 日	10	32	18 日	10	18
6 日	10	22	19 日	10	19
7 日	10	35	20 日	10	23
8 日	10	24	21 日	10	13
9 日	10	18	22 日	10	21
10 日	10	28	23 日	10	19
11 日	10	16	24 日	10	16
12 日	10	14	25 日	10	22
13 日	10	24			

解：每台电子仪器焊点不良数的平均值为：

$$\bar{u}=\frac{\text{不良焊点数}}{\text{样品总数}}=\frac{570}{250}=2.28$$

控制图的控制限为：

$$CL=\bar{u}=2.28$$

$$UCL=\bar{u}+3\sqrt{\frac{\bar{u}}{n}}=2.28+3\sqrt{\frac{2.28}{10}}=3.712$$

$$LCL=\bar{u}-3\sqrt{\frac{\bar{u}}{n}}=2.28-3\sqrt{\frac{2.28}{10}}=0.848$$

绘制图 6.19，由图 6.19 可知，单位产品不合格数控制图中所有数据点都未违背任何一条判异准则，整个过程的焊点不良率非常稳定，生产处于统计控制状态。

在例题 6.15 中，由于样本数量均为 10，可以换成监控不合格数控制图(见图 6.20)，其监控效果与单位产品不合格数控制图完全相同，只是控制图中的纵坐标由单位产品不合格数换成了不合格数。

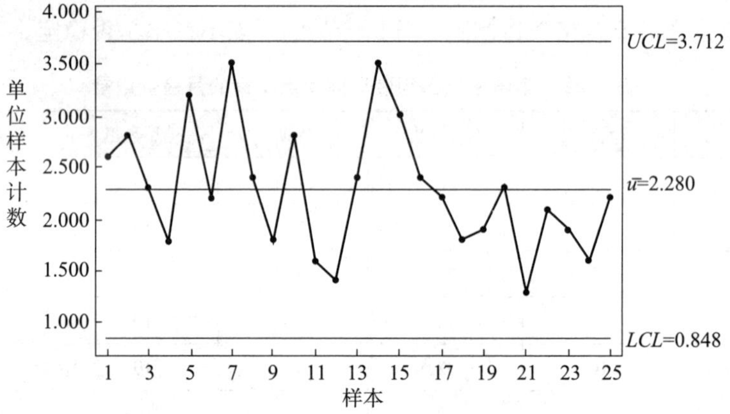

图 6.19 焊点单位产品不合格数控制图

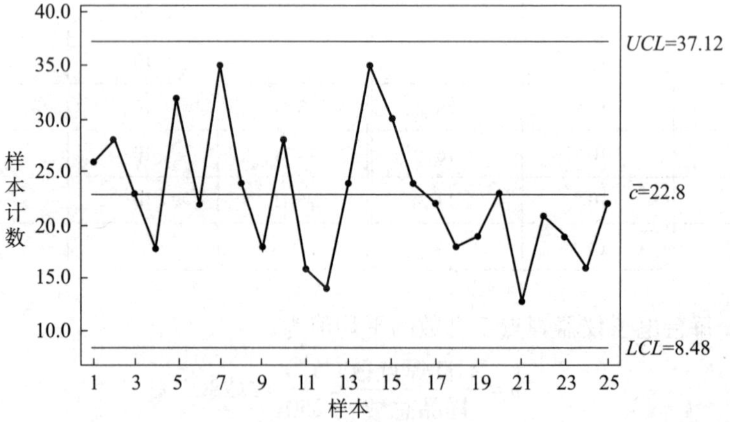

图 6.20 焊点不合格数控制图

6.7 直方图

直方图是频数直方图的简称，是用一系列宽度相等、高度不等的长方形表示数据的图。长方形的宽度表示数据范围间隔，长方形的高度表示在给定间隔内的数据数。直方图能够显示质量的波动状态，人们通过研究质量数据波动状况，就能掌握过程的状况，从而确定在什么地方集中力量进行质量改进工作。

6.7.1 分组数据的计算

6.7.1.1 分组数据的众数

众数是一组数据中出现次数最多的变量值。在统计学中，众数是指一组数据中出现次数最多的数值。在一个数据集中，可能会有一个或多个众数。如果一个数据集中没有重复的数字，那么该数据集的众数即为唯一的数值。众数是描述数据集集中趋势的一种度量。与均值和中位数相比，众数更能反映数据集中的典型值。但是，当数据集中存在多个众数时，众数可能无法准确地描述数据集的特征。在实际应用中，众数常用于描述分类数据(如衣服尺码、眼睛颜色等)的集中趋势。在数据连续的情况下，众数的应用相对较少，更常用的是中位数和均值。

组距数列众数的值与相邻两组频数的分布有关，当相邻两组的频数相等时，众数组的组中值即为众数；当相邻两组的频数不相等时，众数采用下列近似公式计算(下限公式与上限公式)。

下限公式：

$$M_0 \doteq L+\frac{(f-f_{-1})}{(f-f_{-1})+(f-f_{+1})}\times d \doteq L+\frac{\Delta_1}{\Delta_1+\Delta_2}\times d$$

上限公式：

$$M_0 \doteq U-\frac{(f-f_{+1})}{(f-f_{-1})+(f-f_{+1})}\times d \doteq U-\frac{\Delta_2}{\Delta_1+\Delta_2}\times d$$

该公式假定众数组的频数在众数组内均匀分布，其中，f 为本组数据的频数，f_{-1} 为前一组数据的频数，f_{+1} 为后一组数据的频数，L、U 分别为该组数据的下限、上限，d 为组距。

例题 6.16　根据表 6.23 中的数据，计算 50 名工人日加工零件数的众数。

表 6.23 某车间 50 名工人日加工零件数分组情况

按零件数分组(个)	频数(人)	累积频数(人)
105~110	3	3
110~115	5	8
115~120	8	16
120~125	14	30
125~130	10	40
130~135	6	46
135~140	4	50
合计	50	

解：根据下限公式可得：

$$M_0 \doteq 120+\frac{14-8}{(14-8)+(14-10)}\times 5=120+\frac{6}{6+4}\times 5=123(\text{个})$$

根据上限公式可得：

$$M_0 \doteq 125-\frac{4}{6+4}\times 5=123(\text{个})$$

6.7.1.2 分组数据的中位数

中位数是一组数据中排在中间位置的数值，即将一组数据从小到大排列，中间的那个数。如果数据个数为偶数，则中位数为中间两个数的平均值。中位数常常用来描述一组数据的集中趋势，与均值一样是常用的统计指标之一。相比于均值，中位数更具有鲁棒性，能更好地反映数据的整体情况。在数据存在极端值(如异常值)的情况下，均值会受到这些值的影响，而中位数相对稳定。中位数的计算方法比较简单，只需要将一组数据从小到大排序，然后取中间位置的数值即可。如果数据个数为偶数，则取中间两个数的平均值。如果数据中存在重复的数值，那么这些数值都要算作中位数的一部分。中位数广泛应用于各个领域，如统计学、金融、医学等。在统计学中，中位数常常与均值一起使用，可以全面地描述一组数据的分布情况。在金融领域，中位数常用于衡量收入、财富等指标的集中程度。在医学领域，中位数常用于描述疾病的发病率、存活率等指标。

根据位置公式确定中位数所在的组，采用下列近似公式计算中位数。

下限公式：$M_e \doteq L+\dfrac{\dfrac{N}{2}-S_{m-1}}{f_m}\times d$

上限公式：$M_e \doteq U - \dfrac{\dfrac{N}{2} - S_{m+1}}{f_m} \times d$

该公式假定中位数组的频数在该组内均匀分布，其中，f_m 为第 m 组的频数，S_{m-1} 为向下累积到第 $m-1$ 组的累积频数，S_{m+1} 为向上累积到第 $m+1$ 组的累积频数，L、U 分别为该组数据的下界、上界，d 为组距。

例题 6.17　根据表 6.23 中的数据，计算某车间 50 名工人日加工零件数的中位数。

解： $M_e \doteq 120 + \dfrac{\dfrac{50}{2} - 16}{14} \times 5 \doteq 125 - \dfrac{\dfrac{50}{2} - 20}{14} \times 5 = 123.21$（个）

6.7.1.3　分组数据的均值和方差

在数学和统计学中，均值是指一组数据的平均数。具体地说，均值是将一组数据中所有数值的总和除以该数据集中数值的个数。均值是常用的一种描述数据集中心位置的统计指标。均值的计算方法比较简单，只需要将一组数据中所有数值相加，除以该组数据的个数即可。均值广泛应用于各个领域，如统计学、金融、工程、物理学等。在统计学中，均值是衡量一组数据集中心位置的重要指标，通常与中位数和众数一起使用。在金融领域中，均值常用于计算证券的收益率、市场指数等指标。在工程领域中，均值常用于描述制造过程的平均性能。在物理学中，均值常用于描述一组测量值的平均值。分组数据的均值计算公式为：

$$\overline{X} = \frac{\sum_{i=1}^{n} X_i F_i}{\sum_{i=1}^{n} F_i} = \sum X_i \frac{F_i}{\sum F_i}$$

其中，F_i 为分组数据的频数。

方差是用来衡量一组数据的离散程度的统计量，是每个数据值与均值的差的平方的平均值。方差越大，代表数据的分散程度越大；方差越小，代表数据的分散程度越小。方差的计算公式中有一个平方项，这使得方差对于离群值（与均值差异很大的数据点）非常敏感。这也是方差通常与均值一起使用的原因，可以更好地描述数据的分布情况。方差广泛应用于各个领域，如统计学、金融、工程、物理学等。在统计学中，方差是描述一组数据分散程度的重要指标，通常与均值一起使用。在金融领域中，方差常用于计算证券的波动率等指标。在工程领域中，方差常用于描述制造过程的稳定性。在物理学中，方差常用于描述一组测量值的精度。分组数据的方差和标准差的计算公式为：

$$\sigma^2 \doteq \frac{\sum_{i=1}^{K}(X_i - \overline{X})^2 F_i}{\sum_{i=1}^{K} F_i},\quad \sigma \doteq \sqrt{\frac{\sum_{i=1}^{K}(X_i - \overline{X})^2 F_i}{\sum_{i=1}^{K} F_i}}$$

6.7.2　直方图的绘制

直方图是一种用于表示数据分布的图，通常用于显示数值数据的频率分布情况。在直方图中，x 轴代表数据的取值范围，y 轴代表数据在该范围出现的频率或数量。直方图将数据分成若干个区间(称为“箱子”或“柱子”)，每个区间内的数据被统计为该区间的频率或数量，并在对应的区间上画出一根垂直条形。条形的高度表示该区间内数据的频率或数量。因此，直方图的形状反映了数据的分布情况。直方图通常用于探索性数据分析和统计推断，可以帮助我们理解数据的分布情况、识别异常值、检验假设等。在数据可视化中，直方图是一种常用的工具，可以直观地展示数据的分布情况，让我们更容易理解数据的特征和规律。

6.7.2.1　直方图绘制步骤

绘制直方图的一般步骤如下。

(1)收集数据。首先需要收集一组数据，这些数据可以是定量数据，如身高、体重、销售额等。数据可以来自实验、调查或者其他来源。

(2)划分组距。为了制作直方图，需要将数据分成若干个组，每个组包含一定范围的数据。这时候需要确定组距(也称为“类宽”)，组距的大小要适当，通常可以根据数据的范围和个数来决定。

(3)绘制直方图。绘制一个坐标系，通常横轴表示数据的取值范围，纵轴表示数据的频数或频率。在纵轴上标出合适的刻度，表示频数、频率或相对频率。在每个组的中心绘制一个柱形，柱形的高度表示该组内数据的频数或频率，柱形的宽度等于组距。每个组的柱形通常是相邻的，而柱形之间的距离通常等于一个组距。

(4)添加标签。添加标签说明坐标轴和柱形图的含义，例如，横轴标签可以是数据的取值范围，纵轴标签可以是频数或频率，柱形图上方可以标注每个柱形的频数或频率。

(5)解释图形。最后需要对图形进行解释，分析数据的分布情况。通过观察直方图可以得到数据的中心趋势、分散程度、峰度等信息。

直方图是一种简单、有用的方法，可以帮助我们更好地理解数据的分布情况，探索数据的规律和异常值，进而做出更加准确的结论和决策。

例题 6.18　某厂产品的重量规范要求为$1000_{+0}^{+0.50}$(克)。

1. 收集数据

某产品重量调查情况如表 6.24 所示。

表 6.24　某产品重量调查情况　　单位：厘克

43	28	27	26	33	29	18	24	32	14
34	22	30	29	22	24	22	28	48	1
24	29	35	36	30	34	14	42	38	6
28	32	22	25	36	39	24	18	28	16
38	36	21	20	26	20	18	8	12	37
40	28	28	12	30	31	30	26	28	47
42	32	34	20	28	34	20	24	27	24
29	18	21	46	14	10	21	22	34	22
28	28	20	38	12	32	19	30	28	19
30	20	24	35	20	28	24	24	32	40

2. 划分组距

(1)确定数据的极差。

$$R=X_{max}-X_{min}=48-1=47(\text{厘克})$$

(2)确定组距(取组数 $k=10$)。

$$h=R\div k=47\div 10=4.7\approx 5(\text{厘克})$$

(3)确定各组的界限值(界限值单位应取最小测量单位的 1/2，即 1÷2=0.5)。

第一组下限值：最小值-0.5，即 1-0.5=0.5。

第一组上限值：第一组下限值+组距，即 0.5+5=5.5。

第二组下限值：等于第一组上限值，即 5.5。

第二组上限值：第二组下限值+组距，即 5.5+5=10.5。

第三组以后，依此类推得出各组的界限值：15.5、20.5、25.5、30.5、35.5、40.5、45.5、50.5。

(4)编制频数分布表(见表6.25)。

表6.25 频数分布表

组号	组界(由小到大)	组中值	频数统计
1	0.5~5.5	3	1
2	5.5~10.5	8	3
3	15.5~20.5	13	6
4	20.5~25.5	18	14
5	25.5~30.5	23	19
6	30.5~35.5	28	27
7	35.5~40.5	33	14
8	40.5~45.5	38	10
9	45.5~50.5	43	3
10	50.5~55.5	48	3
合计			100

(5)绘制直方图(见图6.21)。

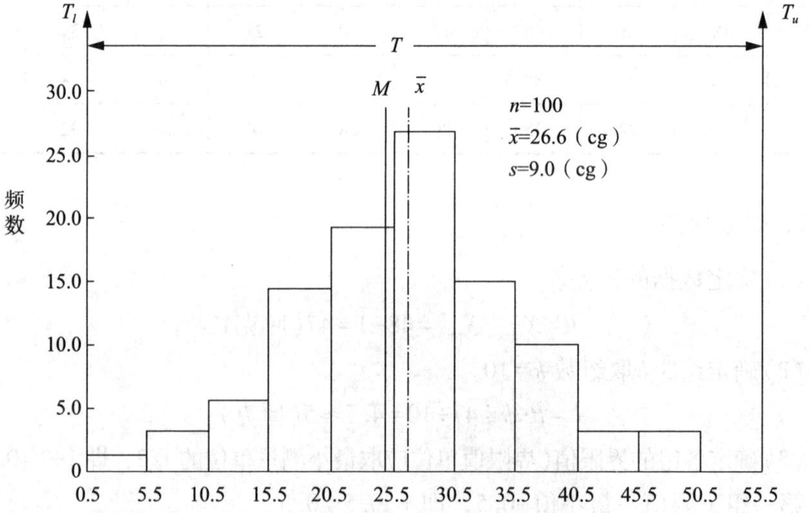

图6.21 某厂产品的重量直方图

6.7.2.2 直方图分析

直方图是一种常用的数据可视化工具，它可以帮助我们更好地理解数据的分布情况，进而进行观察分析。在观察直方图时需要注意以下几个方面。

(1)数据的中心趋势。直方图可以帮助我们观察数据的中心趋势，如数据的均值、中位数等。如果数据的分布呈现出单峰型，那么可以通过峰值来观察中心趋势；如果数据的分布呈现出双峰型或者多峰型，那么可能需要通过其他方法来观察中心趋势。

(2)数据的分散程度。直方图也可以帮助我们观察数据的分散程度，如数据的方差、标准差等。如果数据的分布比较集中，则直方图的柱状图形较高而窄；如果数据的分布比较分散，则直方图的柱状图形较矮而宽。

(3)异常值的识别。直方图还可以帮助我们识别异常值，即那些与数据的主体分布相差很远的数据点。在直方图上，异常值通常呈现出离群的柱状，可以通过调整组距等方法识别和排除异常值。

(4)分布的形态。直方图可以帮助我们观察数据的分布形态，如数据是否呈正态分布、偏态分布、双峰分布等。这有助于我们更好地理解数据的性质和特点。

(5)组距的选择。直方图中的组距(或类宽)对于观察分析非常重要。如果组距过大，则可能忽略数据的细节和特点；如果组距过小，则可能出现过多的小组，导致图形不易观察和解释。

通过观察和分析直方图，我们可以更深入地了解数据的性质和特点，为后续的数据分析和决策提供依据，直方图分析的依据如下。

1. 直方图的形状分析与判断

直方图的形状分析与判断图例如表 6.26 所示。

表 6.26　直方图的形状分析与判断图例

常见类型	判断图例	图例分析
平顶型	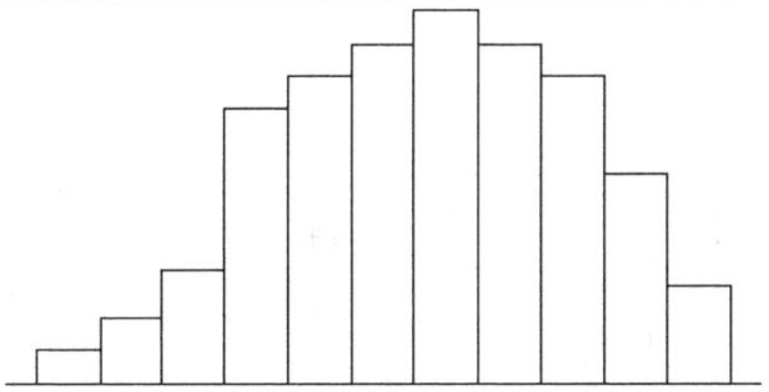	生产过程由缓慢因素作用引起，如刀具缓慢磨损、操作者疲劳等
偏向型	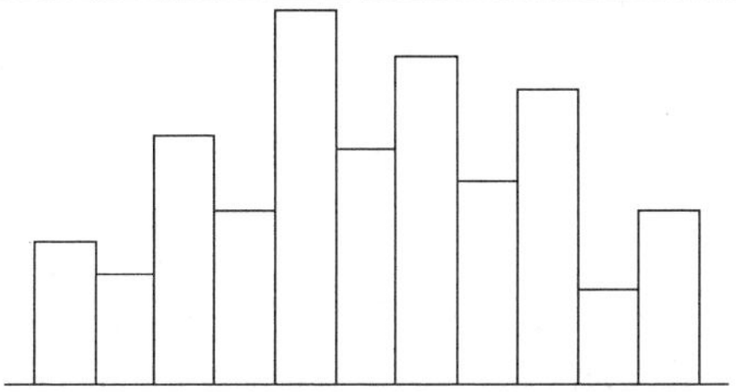	一些有形位公差要求的特性值分布往往呈偏向型，孔加工习惯造成的特性值分布常呈左偏型，轴加工习惯造成的特性值分布常呈右偏型

续表

常见类型	判断图例	图例分析
双峰型	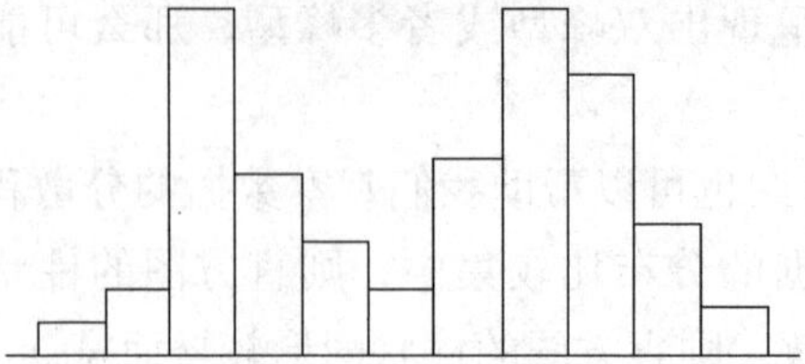	由数据来自不同的总体，如来自两个工人(或两批材料、两台设备)生产出来的产品混在一起造成的
孤岛型	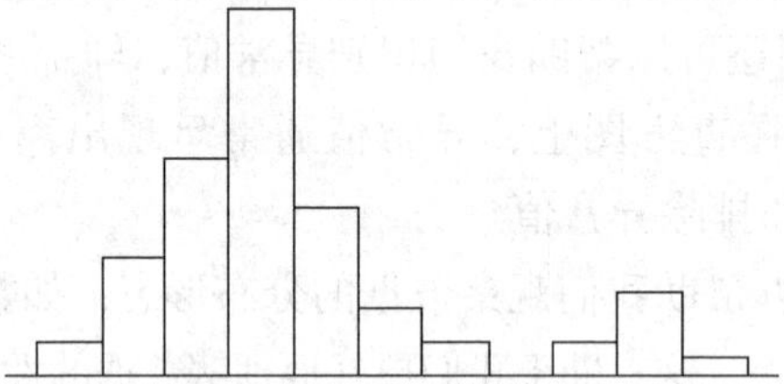	由测量工具有误差、原材料一时的变化、刀具严重磨损、短时间内有不熟练工人替岗、操作疏忽、混入规格不同的产品等造成的
锯齿型	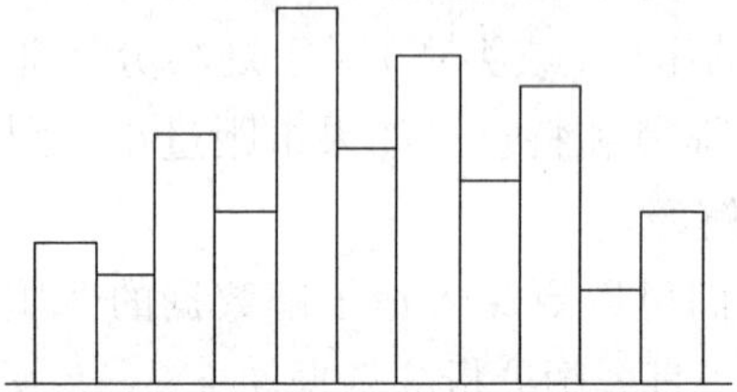	由直方图分组过多、测量数据不准等造成

2. 直方图与规范界限(公差)的比较分析

直方图与规范界限(公差)的比较分析图例如表 6.27 所示。

表 6.27　直方图与规范界限(公差)的比较分析图例

常见类型	图例	调整要点
理想型	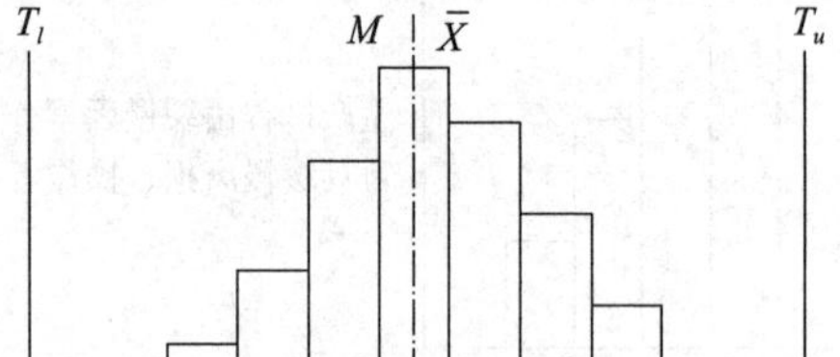	图形对称分布，且两边有一定余量，此时应进行控制和监督
偏心型	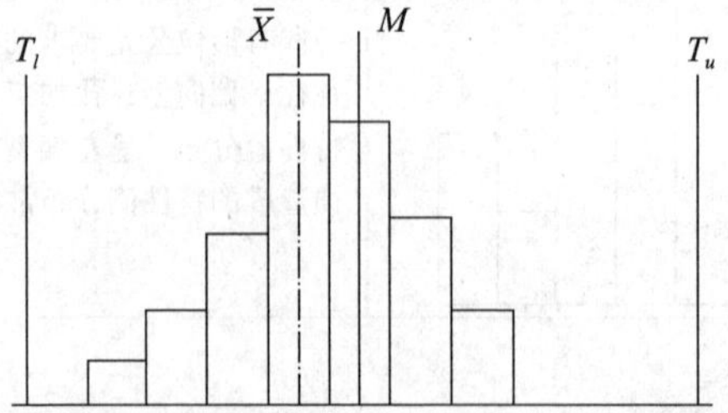	调整分布中心 $\bar{X}$，使分布中心 $\bar{X}$ 与公差中心 M 重合

续表

常见类型	图例	调整要点
无富余型	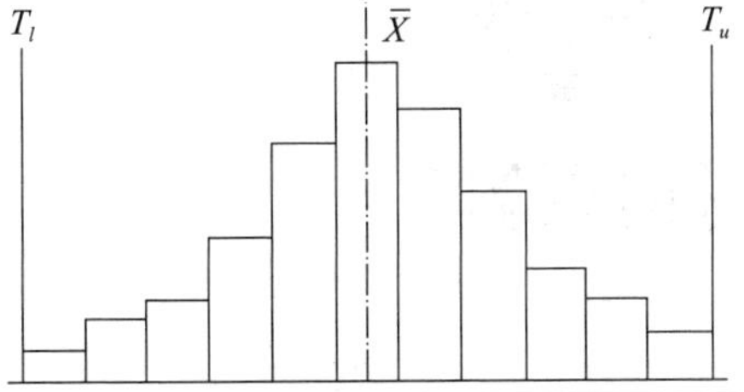	采取措施，减少标准偏差 S
能力富余型	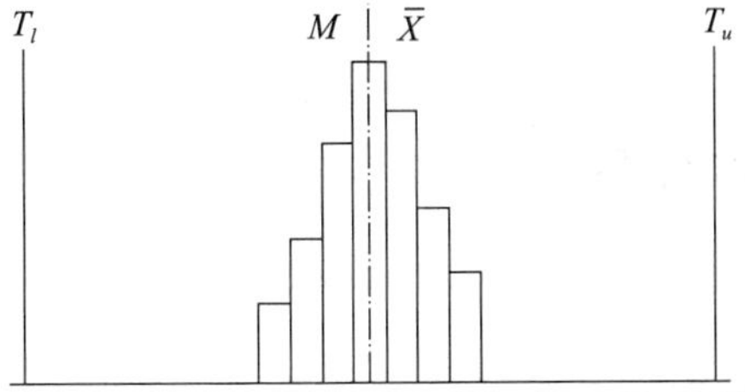	工序能力出现过剩，经济性差。可考虑改变工艺，放宽加工精度或减少检验频次，以降低成本
能力不足型	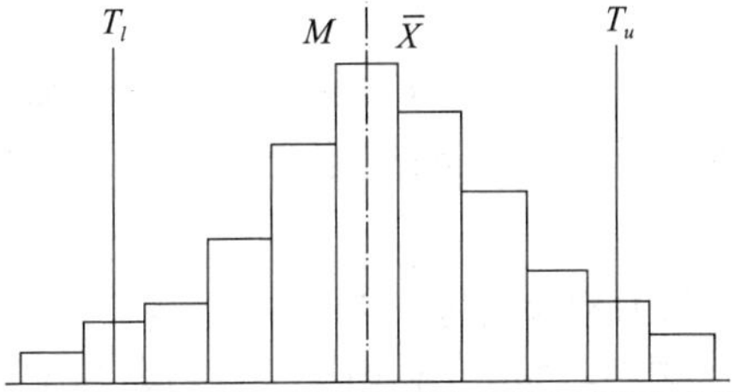	已出现不合格品，应多方面采取措施，减少标准偏差 S 或放宽过严的公差范围

第7章

抽样检验

7.1 抽样检验的基本原理

7.1.1 抽样检验的概念和特点

抽样检验又叫“抽样检查”，是从一批产品中或一个过程中随机抽取少量产品作为样本进行检验，从而判断这一批产品或这个过程的总体质量状况如何的一种统计方法。

抽样检验的特点：以一批产品为检验对象，单位数量少，节省检验费用；根据抽样结果应用统计学原理判断产品批是否接收；经经验判断的接收批中仍可能含有不合格品，被判为不接收批中也有可能含有合格品。

7.1.2 抽样检验的相关名词术语

1. 单位产品

单位产品，是指根据抽样检验需要，在实施抽样检验前划分的基本产品单位。有的单位产品可以按自然形态划分，一件产品就是一个单位产品，如一批电视机中的每台电视机、一批螺钉中的每颗螺钉等，但有的产品难以自然划分为单位产品，如布匹、铁水、电缆这种连续性产品。面对这种产品时，通常根据不同的抽样要求，人为设置一个单位量，如钢水既可以设置为一炉钢水，也可以设置为一勺钢水，还可将一千克小麦、一升自来水、一平方米玻璃等作为一个单位产品。

2. 检验批

检验批简称“批”，是提交检验的一批产品，是作为检验对象汇集起来的一批产品。作为检验批的一批产品，在本质上不应有太大的变化，一般是同质量等级、同规格型号和同一种类(成分、尺寸、特性等)，且生产时间和生产条件基本相同的产品，只能有随机波动。

检验批可分为孤立批和连续批。其中，孤立批是指脱离当前检验批系列的批，连续批是指待检验批可利用最近已检批所提供质量信息连续提交的检验批。

3. 批量

批量，是指检验批中单位产品数量，常用 N 表示。

4. 不合格品与合格品

具有一个或一个以上不合格的单位产品，称为“不合格品”。根据不合格的类别，可以把不合格品分为三类。

(1) A 类不合格品：有一个或一个以上 A 类不合格，同时可能包含 B 类和(或) C 类不合格的产品。

(2) B 类不合格品：有一个或一个以上 B 类不合格，也可能有 C 类不合格，但没有 A 类不合格的产品。

(3) C 类不合格品：有一个或一个以上 C 类不合格，但没有 A 类、B 类不合格产品。

没有任何不合格的单位产品为合格品。

5. 抽样方案

抽样方案是在实施抽样检验前，针对抽样数量和样本判断准则等问题而进行的一组策划。

6. 接收数 Ac 和拒收数 Re

(1) 接收数 Ac，也称为“合格判定数”，通常是由计数抽样方案给定的，指在判定该批产品合格时，样本中所含不合格或不合格品数的最大数目。

(2) 拒收数 Re，也称为“不合格判定数”，通常是由计数抽样方案给定的，指在判定该批产品不合格时，样本中所含不合格或不合格品数的最小数目。

7. 批质量的表示方法

批质量的表示方法就是对一批产品质量状况的描述。由于质量特性值的属性不同，表示批质量的方法也不同。计数抽样检验常用的批质量水平表示方法如下。

(1) 批不合格品率(p)。

$$p = \text{批中不合格品数}/\text{批量} = D/N$$

(2)批不合格品百分数($100p$)。

$$100p=(\text{批中不合格品数}/\text{批量})\times 100\%=D/N\times 100\%$$

(3)批每百单位产品不合格数。

$$\text{批每百单位产品不合格数}=(\text{批中不合格数}/\text{批量})\times 100=D/N\times 100$$

前两种表示方法适用于计件抽样检验，后一种表示方法适用于计点抽样检验。

8. 过程平均

过程平均，是指在规定的时段或生产量内平均的过程质量水平，即一系列初次交检批的平均质量，但不包括第一次交检被判为不合格，经过返修再次提交的检验批。常用不合格品率或每百单位产品不合格数表示。

假设有 k 批产品，其批量分别为 N_1，N_2，…，N_k，经检验，其不合格品数分别为 D_1，D_2，…，D_k，则过程平均不合格品率为：

$$\bar{p}=\frac{D_1+D_2+\cdots+D_k}{N_1+N_2+\cdots+N_k}\times 100\%$$

若每批产品不合格数为 D_1，D_2，…，D_k，则过程平均每百单位产品不合格数为：

$$\text{过程平均每百单位产品不合格数}=\frac{D_1+D_2+\cdots+D_k}{N_1+N_2+\cdots+N_k}\times 100$$

由于在抽样检验要求下，无法得到准确的 $\bar{p}$ 值，需从上述 k 批产品中按顺序抽取含量为 n_1，n_2，…，n_k 的 k 个样本，检验得到 k 个样本的不合格品数依次为 d_1，d_2，…，d_k，计算样本的平均不合格品率 $\bar{p}$，即

$$\bar{p}\approx\frac{d_1+d_2+\cdots+d_k}{n_1+n_2+\cdots+n_k}\times 100\%$$

$\bar{p}$ 是过程平均不合格品率 $\bar{p}$ 一个估计值。只要抽样合理，就能确保 $\bar{p}$ 是过程平均不合格品率 $\bar{p}$ 的一个良好的估计值。同理，过程平均每百单位产品不合格数也需要用 k 个样本中的不合格数 d_1，d_2，…，d_k 进行估计。

计算过程平均的目的：一是评价在正常情况下连续数批产品的平均质量水平；二是在生产条件稳定时，用来预测最近将要交检的产品批的质量水平。因此，用于计算的批数一般应不少于 20 批。

7.1.3 抽样检验的分类

根据单位产品的质量特性进行分类，抽样检验可以分为计数抽样检验和计量抽样检验。

1. 计数抽样检验

计数抽样检验，是指根据观测到的样本中的各单位产品是否具有一个或多个规定的质量特性，从统计上判定批或过程可接受性的抽样检验。一般用不合格品或不合格数判定批是否接收。

2. 计量抽样检验

计量抽样检验，是指根据来自批的样本中的各单位产品的规定质量特性测量值，从统计上判定批或过程可接收的抽样检验。常用样本均值或样本标准差判定批是否接收。

有时候可以将计数抽样检验和计量抽样检验混合在一起使用。如选择产品某一质量特性或较少的质量特性进行计量抽检，其余多数质量特性则实施计数抽检方法，既能减少计算工作量，又能获取所需质量信息。

7.1.4　批质量的抽样判断过程

如何判断提交检验的批产品的质量水平呢？这里介绍一下批质量的抽样判断过程。首先，引入批不合格品率 p 这个指标，它是判断批产品质量水平优劣的最重要指标之一，适应面广(既适用于计量抽样检验，又适用于计数抽样检验)。$p=0$ 是一个理想状态，往往很难达到。因此，在抽样检验时，要确定一个合格的批质量水平，即确定该批产品不合格品率的界限值 p_t。其次，观察抽样结果，若 $p \leqslant p_t$，则认为该批产品合格而接收；若 $p>p_t$，则认为该批产品不合格而拒收。但是，由于抽样方法相较于全数检验准确性低，在实际中需要制定并实施一个有科学依据的抽样检验方案完成对批质量的判断。

在制定计数型抽样方案时，一次抽样方案是最简单的。从批量 N 中随机抽取 n 件产品作为样本量进行检验，记下其中的不合格品数 d、接收数 Ac，拒收数 Re，就形成了抽样方案(n，Ac，Re)，然后据此做出批合格与否的判断。假设 n 件产品中有 d 件不合格品，若 $d \leqslant Ac$，则认为该批产品质量合格，予以接收；若 $d \geqslant Re$，则认为该批产品质量不合格，予以拒收。一次抽样检验的判断程序如图 7.1 所示。

计数二次抽样检验的程序如下。

从 N 中随机抽取样本量为 n_1 的第一个样本，并将其中的不合格品数记为 d_1，Ac_1 为第一接收数，Re_1 为第一拒收数。若 $d_1 \leqslant Ac_1$，则认为该批合格，予以接收；若 $d_1 \geqslant Re_1$，则认为该批不合格，予以拒收；若 $Ac_1<d_1<Re_1$，则进行第二次抽样。再继续抽取样本量为 n_2 的第二个样本，记其中不合格品数为 d_2，Ac_2 为第二接收数，Re_2 为第二拒收数。若 $d_1+d_2 \leqslant Ac_2$，则

批合格，接收；若 $d_1+d_2 \geqslant Re_2$，则批不合格，拒收。二次抽样检验的判断程序如图 7.2 所示。

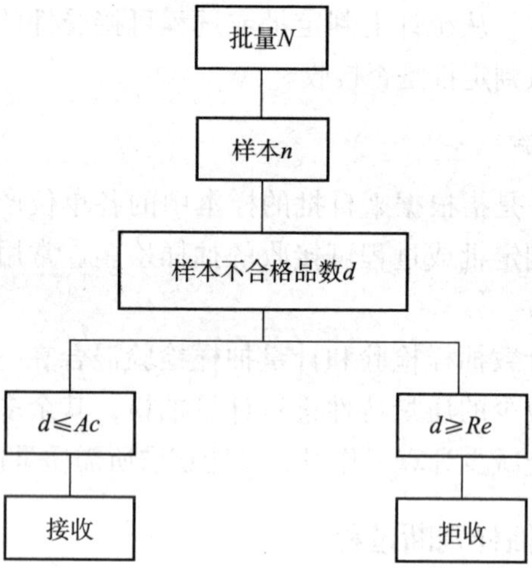

图 7.1　一次抽样检验的判断程序

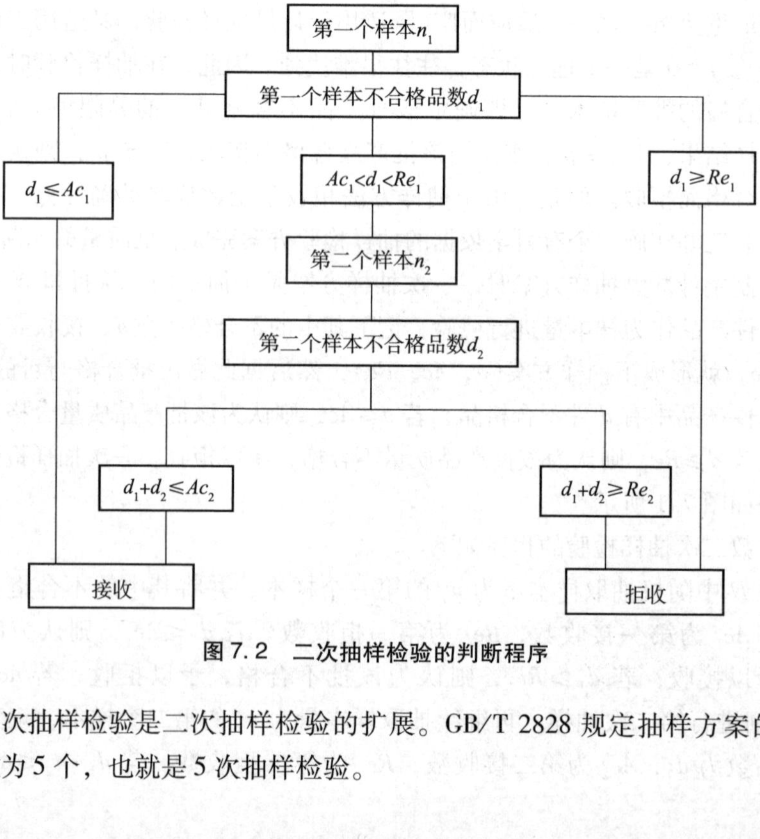

图 7.2　二次抽样检验的判断程序

多次抽样检验是二次抽样检验的扩展。GB/T 2828 规定抽样方案的最高样本数为 5 个，也就是 5 次抽样检验。

7.1.5 接收概率及操作特性曲线

1. 接收概率

接收概率，是指当使用一个规定的抽检方案时，具有特定质量水平的批或过程被接收的概率。在实际质量检验过程中，采取规定的抽检方案情况下，人们往往重点关注进行检验的这批产品被接收的概率有多大，有多大可能被判合格而予以接收。

如果批质量水平用批不合格品率 p 表示，那么批不合格品率 p 和接收概率有着密切关系。当产品质量水平高时，批不合格品率 p 小，接收概率高；反之，接收概率低。故接收概率是批质量水平 p 的函数，可表示为 $P_a = L(p)$。这个函数称为“抽样方案(n, Ac)的操作特性函数”，记为“OC 函数”。

具体的计算方法有三种。

(1)超几何分布计算法。超几何分布是统计学上一种离散概率分布，它描述了从有限 N 个物件(其中，包含 M 个指定种类的物件)中抽出 n 个物件，成功抽出该指定种类的物件的次数(不放回)，之所以称为“超几何分布”，是因为其形式与“超几何函数”的级数展式的系数有关。其中，超几何分布中的参数是 N、n、M，可记作 $X \sim H(N, n, M)$。一般地，假设一批产品共有 N 件，其中有 M 件次品，从 N 件产品中随机抽取 n 件(不放回)，用 x 表示抽取的 n 件产品中的次品数，则：

$$P_{x=k} = \frac{C_M^k C_{N-M}^{n-k}}{C_N^n}, \quad k = m, m+1, m+2, \cdots, r$$

其中，$n, N, M \in N*$，$M \leqslant N$，$m = \max\{0, n-N+M\}$，$r = \min\{n, M\}$。

用超几何分布计算法计算接收概率的公式为：

$$L(p) = \sum_{d=0}^{Ac} \frac{C_{Np}^{d} C_{N-Np}^{n-d}}{C_N^n}$$

上式适用于有限总体计件抽检，其中，C_N^n 为批量 N 个中随机抽取 n 个单位产品的组合数；C_{Np}^d 为从批含有的不合格品数 N_p 中抽取 d 个不合格品的全部组合数；C_{N-Np}^{n-d} 为从批含有的合格品数($N-N_P$)中抽取($n-d$)个合格品的全部组合数。

超几何分布如图 7.3 所示。

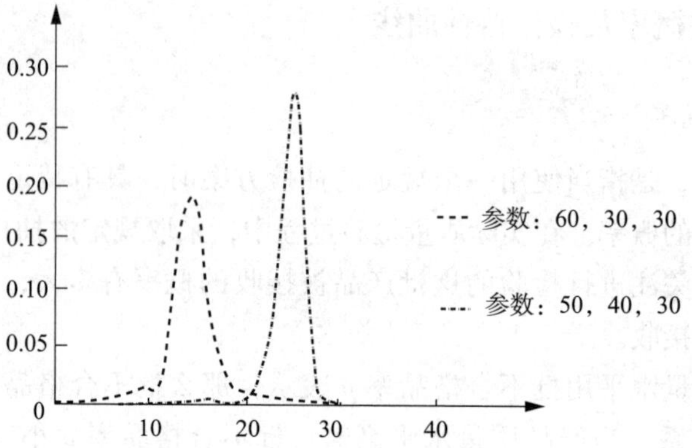

图 7.3　超几何分布

例题 7.1　计算 $N=1000$，抽样方案(30，3)，不合格品率 $p=5\%$的批的接收概率。

$$\text{解}: L(5\%) = \sum_{d=0}^{3} \frac{C_{50}^{d} C_{1000-50}^{30-d}}{C_{1000}^{30}} = \frac{C_{50}^{0} C_{1000-50}^{30}}{C_{1000}^{30}} + \frac{C_{50}^{1} C_{1000-50}^{29}}{C_{1000}^{30}} + \frac{C_{50}^{2} C_{1000-50}^{28}}{C_{1000}^{30}} + \frac{C_{50}^{3} C_{1000-50}^{27}}{C_{1000}^{30}}$$

$$=0.210+0.342+0.263+0.128=0.943$$

(2)二项分布计算法。在 n 次独立重复的伯努利试验中，设每次试验中事件 A 发生的概率为 p。用 X 表示 n 次重复伯努利试验事件 A 发生的次数，则 X 的可能取值为 0，1，…，n，且对每一个 $k(0\leqslant k\leqslant n)$，事件$\{X=k\}$即为"$n$ 次试验中事件 A 恰好发生 k 次"，随机变量 X 的离散概率分布即为二项分布。一般地，如果随机变量 X 服从参数为 n 和 p 的二项分布，则记为 $X\sim B(n, p)$或 $X\sim b(n, p)$。n 次试验正好得到 k 次成功的概率由概率质量函数给出：

$$P\{X=k\}=\left(\frac{n}{k}\right)p^{k}(1-p)^{n-k}$$

其中，$k=0, 1, 2, \cdots, n$，$\left(\frac{n}{k}\right)=\frac{n!}{k!\ (n-k)!}$是二项式系数，又记为 C_n^k 或者 $C(n, k)$。该公式可以按以下方法理解：我们希望有 k 次成功(p)和 $n-k$ 次失败($1-p$)，并且 k 次成功可以在 n 次试验的任何地方出现，而把 k 次成功分布在 n 次试验中共有 C_n^k 个不同的方法。

二项分布如图 7.4 所示。

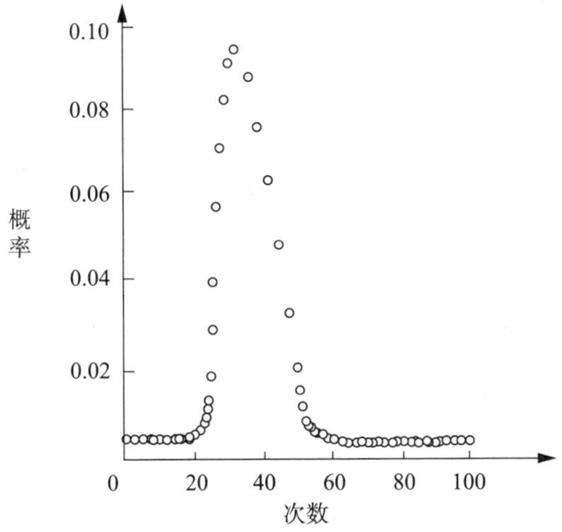

图 7.4　二项分布

用二项分布计算接收概率的公式为：

$$L(p)=\sum_{d=0}^{Ac}C_n^d p^d(1-p)^{n-d}$$

其中，p 为批不合格率(在有限总体中，$p=\frac{D}{n}$)。上式实际上是无限总体在计件抽检时计算接收概率的公式。在实际应用中，当$\frac{n}{N}\leqslant 0.1$(样本容量相对总体较小)时，可以用二项分布来近似超几何分布；当 N 较大时，二项分布的计算要比超几何分布的计算方便得多。

例题 7.2　已知 $N=1000$，抽样方案(50，1)，用二项分布法计算不合格品率 p 为 0.5%、2%的接收概率。

解：

$$\begin{aligned}L(0.5\%)&=\sum_{d=0}^{1}C_{50}^{d}\times(0.005)^{d}\times(1-0.005)^{50-d}\\&=C_{50}^{0}\times(0.005)^{0}\times(1-0.005)^{50}+C_{50}^{1}\times(0.005)^{1}\times(1-0.005)^{49}\\&=(0.995)^{50}+50\times0.005\times(0.995)^{49}=0.9739\approx0.974\end{aligned}$$

$$\begin{aligned}L(2\%)&=\sum_{d=0}^{1}C_{50}^{d}\times(0.02)^{d}\times(1-0.02)^{50-d}\\&=C_{50}^{0}\times(0.02)^{0}\times(1-0.02)^{50}+C_{50}^{1}\times(0.02)^{1}\times(1-0.02)^{49}\\&=(0.98)^{50}+50\times0.02\times(0.98)^{49}=0.7358\approx0.736\end{aligned}$$

可以看出，当不合格品率 p 为 0.5%时，接收概率为 0.974；当不合格品

率 p 为 2%时，接收概率为 0.736。即当不合格品率越大时，接收概率越低。

(3)泊松分布计算法。泊松分布是一种统计与概率学上常见的离散概率分布，是以 18—19 世纪法国数学家西莫恩·德尼·泊松命名的。泊松分布适合描述单位时间(或空间)内随机事件发生的次数。如某一服务设施在一定时间内到达的人数、电话交换机接到呼叫的次数、汽车站台的候客人数、机器出现的故障数、自然灾害发生的次数、一块产品上的缺陷数、显微镜下单位分区内的细菌分布数，等等。

泊松分布的概率函数为：

$$P(X=k)=\frac{\lambda^k}{k!}e^{-\lambda}\text{，}k=0\text{，}1\text{，}\cdots$$

其中，参数 λ 是单位时间(或单位面积)内随机事件的平均发生次数。泊松分布适合描述单位时间内随机事件发生的次数，其期望和方差均为 λ。

用泊松分布计算接收概率的公式为：

$$L(p)=\sum_{d=0}^{Ac}\frac{(np)^d}{d!}\mathrm{e}^{-np}$$

上式是计点抽检时计算接收概率的公式，其中 e = 2.71828……。当 $\frac{n}{N}\leqslant 0.1$ 且 $p\leqslant 0.1$ 时，可以用泊松分布来近似超几何分布；当 n 较大(如 $n\geqslant 100$)，p 较小(如 $p\leqslant 0.1$)，且 $np\leqslant 4$ 时，可以用泊松分布来近似二项分布。这种近似引起的误差并不影响实际使用，但是泊松分布的计算比另外两种分布的计算容易得多。

泊松分布如图 7.5 所示。

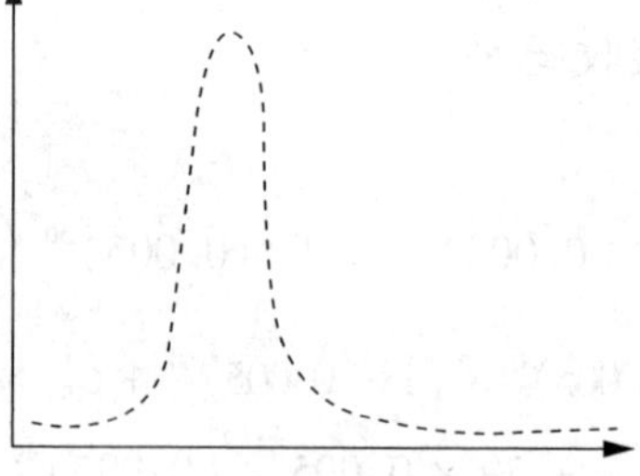

图 7.5　泊松分布

例题 7.3　假设某种流感疫苗产生副作用的概率为 0.004。假如 1000 人接种，找到至多 1 个人患病的近似概率。

解：由于 $n=1000$ 是一个很大的数，且 $np=0.004\times1000=4$。我们可以使用泊松近似二项分布解决这个问题。

$$P(\text{至多 1 个人患病}) = P(\text{没有 1 个人患病}) + P(\text{有 1 个人患病}) = \frac{e^{-4}\times 4^0}{0!} + \frac{e^{-4}\times 4^1}{1!}$$

$$= (2.71828)^{-4} + (2.71828)^{-4}\times 4 = 0.091578 \approx 0.092$$

2. 操作特性曲线——OC 曲线

操作特性曲线，又称“OC 曲线”，是在给定抽检方案情况下，反映产品的实际质量水平 p 和接收概率 $L(p)$ 之间变化关系的曲线。

抽检方案和 OC 曲线是一一对应的关系，OC 曲线都可以反映出抽检方案的特性。通过比较不同抽样方案的 OC 曲线，可以确定各个抽样方案对产品质量的辨别能力，以便从中选择合适的抽检方案。同时，它能帮助人们判断当采用某个抽样方案时，要使检验批以某种概率接收，应有的批不合格品率 p 是多少；或者具有不合格品率为 p 的某批产品被判为接收的可能性有多大。

例题 7.4 已知 $N=1000$，抽样方案(30，3)，用超几何分布计算不合格品率 $p=5\%$、10%、15%、20%时样本中出现不合格品数 d 的概率及 $L(p)$，计算结果如表 7-1 所示。

表 7.1 用抽样方案(30，3)检验 $N=1000$、p 取不同值时的结果

d	$p(\%)$				
	0	5	10	15	20
0	1	0.210	0.040	0.007	0.001
1	0	0.342	0.139	0.039	0.009
2	0	0.263	0.229	0.102	0.032
3	0	0.128	0.240	0.171	0.077
$L(p)$	1	0.943	0.648	0.319	0.119

以 p 为横坐标、$L(p)$ 为纵坐标，将表 7.1 中的数据描绘在平面上，得到如图 7.6 所示曲线。这条曲线称为“抽样方案(30，3)的 OC 曲线”。

3. OC 曲线分析

抽检方案和 OC 曲线是一一对应的，抽检方案中的参数变化会导致 OC 曲线的形状发生变化，不同抽检方案的效果不同，什么样的方案检查效果好，其 OC 曲线应具有什么形状？下面就来讨论这些问题。

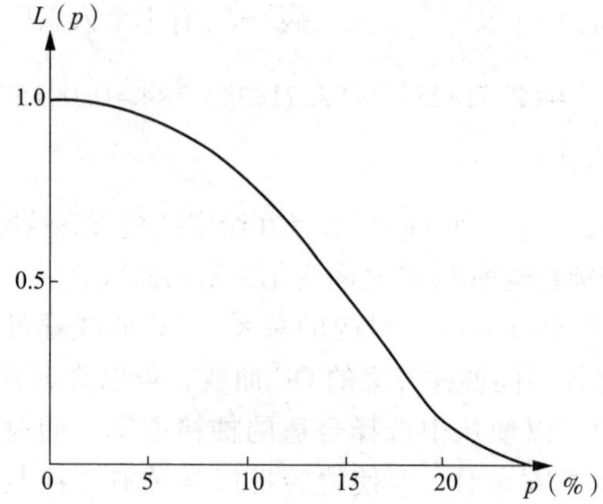

图 7.6　抽样方案(30，3)的 OC 曲线

OC 曲线一般具有 3 种形状，分别是理想的 OC 曲线、不理想的 OC 曲线、实际的 OC 曲线。

(1)理想的 OC 曲线。理想的 OC 曲线之所以称为“理想”，是因为这样的抽样方案在现实中是不存在的。如果规定，当批的不合格品率 p 不超过 p_t 时，这批产品可接收，那么理想的抽样方案应当满足：当 $p \leqslant p_t$ 时，接收概率 $L(p)=1$；当 $p>p_t$ 时，接收概率 $L(p)=0$。但即使是全检也会有错检和漏检的情况，因此很难得到这种方案，如图 7.7 所示。

(2)不理想的 OC 曲线。这种抽样方案得到的 OC 曲线通常为一条直线，如图 7.8 所示。情况通常是，当批的不合格品率达到了 50%时，接收概率仍有 0.5，对于不合格品率如此高、质量如此差的产品，抽检两批仍有一批被接收。可见，这个方案对批质量的判断能力很差。因此，这是一条很不理想的 OC 曲线。

(3)实际的 OC 曲线。实际的 OC 曲线评价的抽样方案更能反映实际情况，如图 7.9 所示。一般在 OC 曲线上设置 3 个区：接收区、不接收区、中性区。其中，接收区是指检验批“几乎能肯定”被判为接收的批质量水平范围；不接收区是指检验批“几乎能肯定”被判为不接收的批质量水平范围；中性区是指检验批被判为接收或不接收的批质量水平范围。通过不同区域划分，可以使人们更加清晰地看出检验批的质量水平和接收概率之间的关系。通常，我们希望缩小中性区的范围，一般增大样本含量可达到这一要求。

对 OC 曲线的评价，实质上是对与之相对应的抽样方案的评价。因此，一个好的抽样方案应达到的要求：当检验批质量较好，如 $p \leqslant p_0$ 时，能以高概率判定接收该批产品；当检验批质量水平变低时，接收概率迅速减小；当检验批质量水平超过某个规定界限，如 $p \geqslant p_1$ 时，能以高概率判定不接收该批产品。

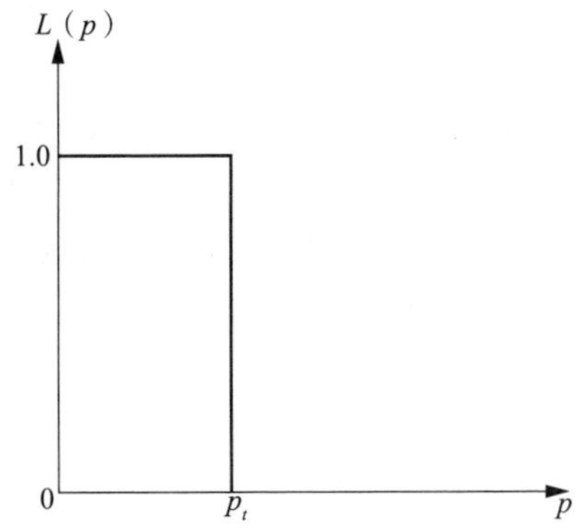

图 7.7　理想的 OC 曲线

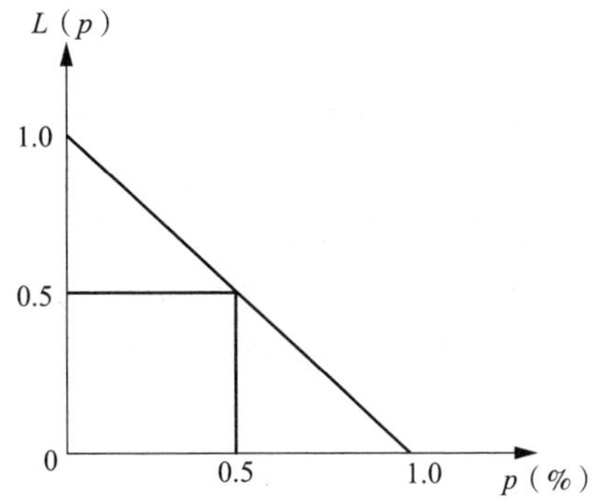

图 7.8　不理想的 OC 曲线

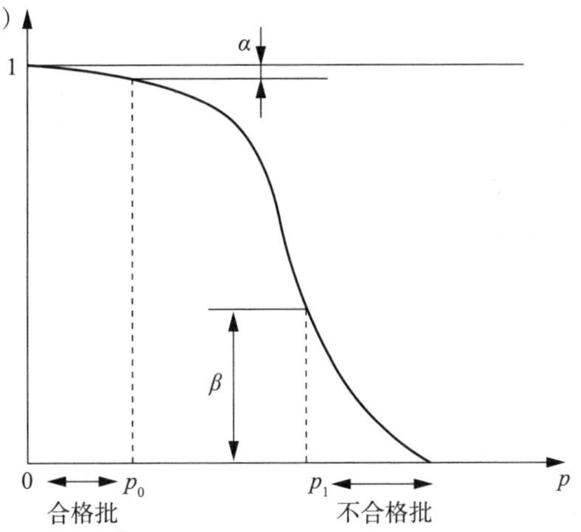

图 7.9　实际的 OC 曲线

4. 抽样检验中的两类错误和两类风险

抽样检验是根据部分产品的检验结果去推断整批的质量状况，难免会产生两种错误：第一种错误是将合格批判断为不合格批，对生产方不利，造成生产者的风险；第二种错误是将不合格批判断为合格批，对使用方不利，造成用户的风险。

如图 7.9 所示，规定 p_0 是合格质量水平，当检验批的实际质量水平 $p \leqslant p_0$ 时，说明批质量是合格的，应 100%接收该批产品。但由于抽样误差，在 $p = p_0$ 时，检验批的接收效率是 $1-\alpha$，不接收的概率为 α。α 是出现第一类错误的概率，因为这种错判对生产方不利，所以 α 称为“生产方风险”。所谓生产方风险，是指对于给定的抽样方案，当批质量水平刚好为合格质量水平时，判定批不接收的概率。它反映了把接收批错判为不接收批的可能性大小。与生产方风险 α 相对应的质量水平 p_0 称为“生产方风险质量水平”。

当批实际质量水平 $p \geqslant p_1$ 时，说明批质量不合格，应 100%不接收该批产品。但实际上，在 $p=p_1$ 时，检验批可能会以 β 的概率被接收。β 是第二类错误的概率，因为这种错误对使用方不利，所以称为“使用方风险”。所谓使用方风险，是指对于给定的抽样方案，当批质量水平刚好为某一指定的不合格品百分数时，判定批接收的概率。它反映了把不接收批错判为接收批的可能性大小。与规定的使用方风险 β 相对应的质量水平 p_1 称为“使用方风险质量”。

α 和 β 的计算公式分别为：

$$\alpha = 1 - L(p_0)$$

$$\beta = L(p_1)$$

显然，对生产方而言，α 越小越好；对使用方而言，β 越小越好。在选择抽样方案时，应由生产方和使用方共同协商，把两种风险都控制在合理范围内，以保护双方的利益。

5. 百分比抽样检验的不合理性

百分比抽样检验是一种不科学的抽样检验方法，是指不管产品的批量 N 是多少，均按固定的百分比抽取样本，但样本中允许的不合格品数都是一样的。百分比抽样方案在批质量水平完全相同时，由于批量 N 不同，抽样方案的严格程度也不同，批量越大，样本量越大，方案越严格。因此，百分比抽样方案在批质量相同时存在“大批严，小批宽”严重缺陷。下面用实例来证明百分比抽样检验的不合理性。

例题 7.5 假定有 3 批产品，批量分别为 $N=100$、200、1000，分别抽取各自数量的 10%作为样本，抽样方案($n/N=0.10$，0)，试求百分比抽样检验方案的 $L(p)$ 值和 OC 曲线。

解：三批产品都按 10%抽取样本，可得到以下 3 种抽样方案。

方案 1：$N=100$，$n=10$，$Ac=0$。方案 2：$N=200$，$n=20$，$Ac=0$。方案 3：$N=1000$，$n=100$，$Ac=0$。

百分比抽样三个方案 p 取不同值时，$L(p)$ 值的计算如表 7.2 所示。

表 7.2　p 取不同值时 $L(p)$ 值的计算

方案	$p=0.01$	$p=0.02$	$p=0.04$	$p=0.06$	$p=0.08$	$p=0.10$
1	0.904	0.817	0.665	0.539	0.434	0.349
2	0.818	0.668	0.442	0.290	0.189	0.122
3	0.366	0.113	0.017	0.002	0.00024	0.00002

百分比抽样检验的 OC 曲线如图 7.10 所示。

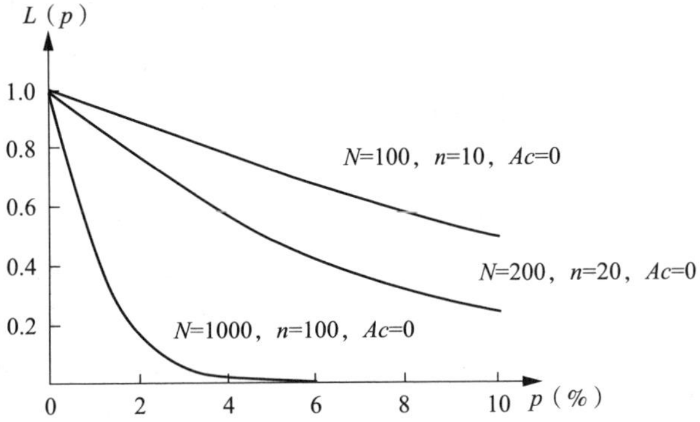

图 7.10　百分比抽样检验方案的 OC 曲线

从图 7.10 中可以看出，在不合格品率相同的情况下，方案 3 最严格，方案 1 最宽松，即按同一个百分比抽样检验，批量越大，抽样检验方案越严；批量越小，抽样检验方案越宽松。如检验批的不合格品率 $p=0.01$ 时，每批 100 件提交检验时，接收概率为 0.904；每批 200 件提交检验时，接收概率为 0.818；每批 1000 件提交时，接收概率仅为 0.366。可以看出，批量的不同，可导致接收概率悬殊，这足以说明百分比抽样检验的不合理性。

为了克服上述百分比抽样检验的不合理性，有人提出了双百分比抽样检验方式，即除了 n 随 N 变化外，接收数也随 n 呈固定比例变化。虽然比单百分比抽样检验合理，但未能从根本上克服百分比抽样检验的不合理性，仍然存在着对批量过大者严格、对批量过小者宽松的弊端。

7.2 计数抽样检验

7.2.1 计数标准型抽样检验

7.1.1.1 计数标准型抽样检验的概念和特点

计数标准型抽样检验是同时严格控制生产方与使用方的风险，按供需双方的 OC 曲线进行的抽样检验。此时，不合格品百分率为 p_0 的优质批被判为不合格的概率为 α，不合格品百分率为 p_1 的劣质批被判为合格的概率为 β。通过选取适当的 α、β 值（一般 $\alpha=0.05$，$\beta=0.10$），既可对使用者提供质量保证，又为生产者提供了经济利益保证。

计数标准型抽样检验具有以下 5 个特点：①选取相应于 p_0、p_1 的 α、β 值，同时满足供需双方的要求，为双方提供保护。②适用于孤立批的检验，不需要提供检验批的事前信息，如过程平均不合格品百分率等。③由于同时对双方实施保护，在同等质量要求的条件下，所需抽取的样本量较大。④同时适用于破坏性检验和非破坏性检验。⑤对拒收的检验批未提出处理要求。

计数标准型抽样检验方案是指同时适用于生产方风险质量、使用方风险质量、生产方风险和使用方风险的抽样检验方案。

7.1.1.2 计数标准型抽样标准

我国国家标准《不合格品百分数的计数标准型一次抽样检验程序及抽样表》（GB/T 13262—2008）属于计数标准型抽样检验标准。该标准适用于使用方对产品质量的要求比较严格，或者供应方对所提供产品的历史质量一无所知的情况。该标准广泛应用于产品、在制品、零部件、维修操作、管理程序等，并且明确规定了抽检时两种错判的概率，分别是生产方风险 $\alpha=0.05$，使用方风险 $\beta=0.10$。

7.1.1.3 计数标准型抽样方案的实施

1. 确定单位产品的质量标准

一个单位产品往往具有多个检测项目，在合同和技术标准中，应明确规定对单位产品需抽样检验的质量特性以及区分合格与否的判定准则。

2. 规定质量特性不合格的分类与不合品的分类

按照单位产品质量特性的重要程度或质量特性不符合的严重程度将不合

格划分为A类、B类及C类三种，如螺钉的直径不合格为A类不合格、长度不合格为B类不合格、螺纹不合格为C类不合格。

3. 确定生产方风险质量 p_0 与使用方风险质量 p_1

确定 p_0 与 p_1 值（$p_0<p_1$），由生产方和使用方协商决定。作为选取 p_0、p_1 的依据，通常取 $\alpha=0.05$，$\beta=0.10$。同时，要综合考虑质量要求、生产能力、检验费用等因素，并且根据产品技术标准对批质量的要求，生产方风险质量应等于合格质量水平。

4. 检验批的组成

检验批的组成对质量保证有很大的影响。检验批的组成原则是：同一检验批的产品应当是在同一制造条件下、同一生产时间内的同一种类、同一规格型号、同一质量等级的单位产品，而批量大小、识别批的方式应由生产方与使用方协商确定。

5. 抽样方案的检索

首先，在《不合格品百分数的计数标准型一次抽样检验程序及抽样表》（GB/T 13262—2008）中找出 p_0 与 p_1 所在的行和列。其次，p_0 行与 p_1 列的相交栏即为抽样方案，查出样本量 n 和接收数 Ac。此时要注意，当样本量大于批量时，应当进行全数检验。

6. 样本的抽取

可在批的构成过程中或者批组成之后，从整体中抽取样本，常用的抽样方法是随机抽样法。随机抽样法包括简单随机抽样、分层随机抽样、整群随机抽样以及系统随机抽样等。

7. 样本的检验

根据事先规定的质量标准，检验抽取的样本中每个单位产品合格与否，并统计出不合格品数 d。

8. 判定准则

根据样本检验结果，结合样本中发现的不合格品数 d 与接收数 Ac 进行判定。若 $d\leqslant Ac$，则接收该批；若 $d>Ac$，则判定该批不合格，予以拒收。

9. 检验批的处置

根据样本检验的判定结果，采取不同的处置措施。判为合格批的，即可接收。判为不合格批的，全部退货，或者有条件地接收，由合同确定。同时，使用方若对抽样检验的结果存有异议，可以采取全检的方式进行复检。

7.2.2 计数调整型抽样检验

7.2.2.1 计数调整型抽样检验概述

相较于计数标准型抽样检验，计数调整型抽样检验最大的特点在于“灵活”，它是由一组严格程度不同的抽样方案和一套转移规则组成的抽样体系构成，可根据交验产品质量的实际情况，按规则随时调整检验的严格程度的抽样检验过程。当产品质量正常时，采用正常检验；当产品质量下降或生产不稳定时，转移到加严检验；如果质量一直比较好，则可转移到放宽检验。

计数调整型抽样检验方案的选择完全依赖于产品的实际质量，检验的宽严程度反映了产品质量的优劣。当生产方提供产品批的质量一贯理想时，放宽检验可以减少检验费用，提高检验经济性，对生产方有利，但具体是否放宽应根据转移规则而定；一旦产品批的质量变差，即将正常检验调整转移到加严检验，增加生产方的心理压力和经济压力，促使其过程平均质量水平值保持在规定的接收质量限以下，同时给使用方接收劣质批的概率设定一个上限，以降低使用方风险。

较早使用的调整型抽样标准源于美国军用标准 MIL-STD-105D，后经多次修改，由 ISO 在 1974 年发布为国际标准 ISO 2859。我国参照该标准，于 1981 年首次发布了《逐批检查计数调整型抽样程序及抽样表》，并于 1987 年发布修订版。ISO 于 1999 年对 ISO 2859 进行了重大修订，随后我国于 2003 年发布了《计数抽样检验程序　第 1 部分：按接收质量限(AQL)检索的逐批检验抽样计划》(GB/T 2828.1—2003)；2012 年又对其做了修订，代号为 GB/T 2828.1—2012。

计数调整型抽样检验适用于最终产品、原材料和零部件、在制品、维修操作、数据或记录、管理程序等。其主要用于连续批检验，但当满足一定要求时，也可用于孤立批的检验。

7.2.2.2 接收质量限及其作用

接收质量限(*AQL*)是指当一个连续批被提交验收抽样时，可允许的最低过程平均质量水平。它反映的是使用方对生产过程质量稳定性的要求，即要求在生产连续稳定的基础上的过程不合格品率的最大值。抽样表是按 *AQL* 设计的，*AQL* 是制定抽样方案的重要参数。在 GB 2828.1 中，*AQL* 可用于检索抽样方案，常用不合格品百分数或每百单位产品不合格数表示。

抽样系统的设计原则是：*AQL* 是整个抽样系统的基础，在考虑过程平均的基础上，确定 *AQL* 值。当生产方提交的产品批质量水平等于或优于 *AQL* 时，应当几乎全部接收交检的产品批，保护生产方利益；当生产方提交的产品批质量水平低于 *AQL* 时，在抽样系统中规定了从正常检验转换为加严检验的内容和规则。此时，生产方会面临改进产品质量的压力，以保护使用方的利益，这是基于 *AQL* 整体抽样系统的核心。

7.2.2.3 计数调整型抽样检验程序

根据 GB/T 2828.1 的规定，计数调整型抽样检验程序如下。

1. 确定质量标准

明确规定单位产品是否合格的质量标准以及不合格分类，结合实际需要和产品特点，对产品类别进行划分。

2. 确定 *AQL*

由于 *AQL* 是制定抽样方案的重要参数，它的确定需要综合考虑以下几个方面因素。

(1) 根据过程平均确定。结合近期生产方提交的初检批的检验结果，对过程平均上限进行估计，若使用方能够接受大于或者与此值相等的值，则可作为 *AQL* 值。这种方法多用于单一品种大批量生产且质量信息充分的场合。

(2) 按不合格类别确定。检验项目的重要性与验收后由不合格造成的损失程度密切相关。因此，要针对不同的不合格类别产品，分别确定不同的 *AQL* 值。一般而言，对 A 类规定的 *AQL* 值要小于对 B 类规定的 *AQL* 值，进而小于对 C 类规定的 *AQL* 值。此种方法多用于多品种、小批量生产及产品质量信息不多的场合。

(3) 考虑检验项目确定。同一类的检验项目越多，*AQL* 的取值越要适当大一些。

(4) 双方共同确定。*AQL* 本质上是使用方能够买得起的质量和其期望得到的质量的一种折中。因此，为使生产方的生产能力与使用方的质量要求相协调，双方应协调确定一个合理的 *AQL* 值，以免引发后续矛盾。

此外，目前并没有适用于所有场合的 *AQL* 值，但是该值不能任意选取，在计数调整型抽样方案中，*AQL*(%) 只能采用 0.01，0.015，…，1000，共 26 档。当规定 $AQL=1.0(\%)$ 时，即要求加工过程在稳定基础上最大不合格品率不超过 1.0%。

3. 检验水平

检验水平规定了批量 N 与样本量 n 之间的关系，是抽样方案事先选定的特性。在批量 N 确定的情况下，只要明确了检验水平，就可以检索样本量字码和样本量 n。GB/T 2828.1 中给出了三个一般检验水平，分别为水平Ⅰ、水平Ⅱ、水平Ⅲ，以及 4 个特殊检验水平，分别为水平 S-1、水平 S-2、水平 S-3、水平 S-4。

在相同的批量下，分别采用水平Ⅰ、水平Ⅱ、水平Ⅲ，与样本含量 n 的大致比例关系为 0.4∶1∶1.6。无特殊要求时，均选择一般检验水平Ⅱ，但就辨别能力而言，Ⅰ<Ⅱ<Ⅲ。特殊检验水平又称"小样本检验水平"，可用于必须使用相对较小的样本量且允许有较大抽样风险的情形。

考虑到抽样风险和检验费用，在同一检验水平时，样本量不会随着批量的增大而成比例地增大，通常是批量越大，样本含量占比越小，这样可以在大批量时得到较大的样本。这需要根据实际确定，一方面要确保获得一个有代表性的随机样本，降低错判的风险；另一方面要有利于抽样的经济性。

选择检验水平时，应考虑以下几个因素：产品的复杂程度和价格、是否为破坏性检验、保护使用方的利益、生产的稳定性、各批之间质量的差异程度、批内产品质量波动的大小。

4. 检索样本量字码表

GB/T 2828.1 给出了样本量字码表。当已知批量 N 且确定检验水平时，便可从字码表中查出相应的字码：A，B，C…这些字码与各种检验方案表中的样本量 n 呈对应关系。采用样本量字码表是为了简化抽样表的设计、方便抽样方案的检索，这是调整型抽样方案表的构成特点。

5. 规定检验的严格程度

GB/T 2828.1 规定了三种严格程度不同的检验：正常检验、加严检验和放宽检验。其中，正常检验能够较好地保护生产方的利益，它是在过程平均优于 AQL 时，采取的一种能保证批以高概率被接收的抽样方案的检验；而加严检验是带有强制性的，在过程平均可能劣于 AQL 时，使用比正常检验抽样方案接收准则更严厉的接收准则的一种抽样方案的检验；放宽检验是非强制性的，在过程平均明显优于 AQL 时，使用的样本量一般为正常检验样本量的 40%，接受准则和正常检验抽样方案的接受准则相差不大，可以节省检验成本。

检验流程通常以正常检验开始，在检验过程中根据已有的检验信息和转移规则选择使用加严检验和放宽检验。转移规则是指由一种检验状态转变为另一种检验状态，GB/T 2828.1 的转移规则与转移条件如图 7.11 所示。

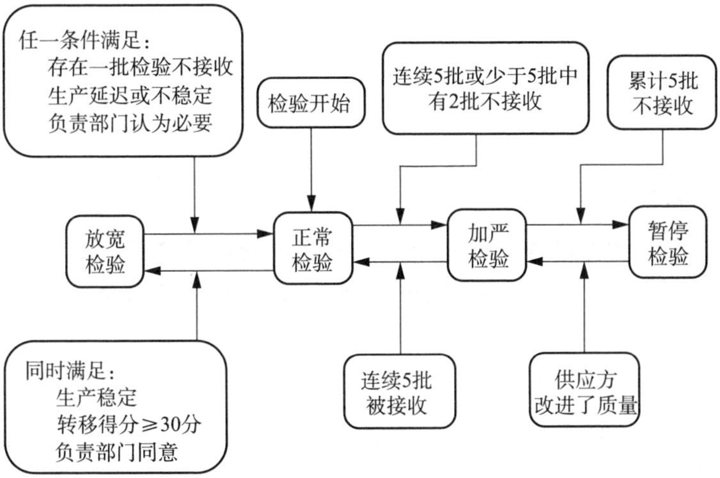

图 7. 11　GB/T 2828. 1 的转移规则与转移条件

其中，转移得分的计算一般是在正常检验开始时进行的。在正常检验开始时，转移得分设定为零，而在检验完每个批以后应更新转移得分。一次抽样方案的转移得分计算方法如下：

(1) 当接收数等于或大于 2 时，如果 *AQL* 加严一级后该批被接收，则给转移得分加 3 分；否则将转移得分重新设定为零。

(2) 当接收数为零或 1 时，如果该批接收，则给转移得分加 2 分；否则，将转移得分重新设定为零。

6. 选取抽样方案类型

GB/T 2828. 1 给出了一次、二次和五次 3 种类型的抽样方案。具体采用哪种抽样方案类型，可以根据实际情况由供需双方协商确定。

7. 组成检验批

每个检验批应该由同等级、同类型、同型号、同成分、同尺寸，且生产条件和生产时间基本相同的产品组成。

8. 检索抽检方案

首先，根据批量 N 和检验水平从样本字码表中检索相应的样本量字码；其次，根据样本量字码和 *AQL*，从抽样方案表中检索抽样方案。对于一个给定的批量和一个规定的 *AQL*，应使用样本量字码和 *AQL* 的同一组合从正常、加严和放宽检验表查取抽样方案。

9. 抽取样本

一般应按简单随机抽样从批中抽取样本。当检验批由若干层组成时，就以分层抽样方法抽取样本。抽取样本，可以在批的形成过程中，也可以在批组成以后。

10. 检验样本

根据产品技术标准或合同对单位产品规定的检验项目，逐个对样本中的单位产品进行检验，并累计不合格品数或不合格数(当不合格分类时，应分别累计)。

11. 判断批的接收性

GB/T 2828.1 给出了一次、二次及五次抽样方案。其中，一次抽样方案主要依据不合格品数记为 d 和接收数 Ac 进行判断，当不合格品数小于等于接收数时，接收该批产品；当不合格品数大于接收数时，不接收该批产品。二次抽样方案包括第一、第二次不合格品数 d_1、d_2，第一、第二接收数 Ac_1、Ac_2，第一、第二拒收数 Re_1、Re_2。若第一个样本中 $d_1 \leqslant Ac_1$，则接收；若 $d_1 \geqslant Re_1$，则拒收。若 $Ac_1 \leqslant d \leqslant Re_1$，则需要抽取第二个样本，累计 d_1 和 d_2，当 $d_1+d_2 \leqslant Ac_2$ 时，接收；当 $d_1+d_2 \geqslant Re_2$，拒收。五次抽样方案的过程类似于二次抽样方案，最多在检验第五个样本后做出是否接收的判断。

对于产品具有多个质量特性且分别需要检验的情形，只有当该批产品的所有抽样方案检验结果均为接收时，才能判断最终接收该批产品。

12. 检验批的处理

对判为接收的批，使用方应整批接收。但使用方有权不接收样本中发现的任何不合格品，生产方必须对这批不合格品加以修理或用合格品替换。

对不接收的产品批可以降级、报废处理；也可以在对不合格批进行 100% 检验的基础上，将发现的不合格品剔除或修理好以后，再次提交检验。

对于再次提交检验的批，是使用正常检验还是加严检验，是检验所有类型的不合格还是仅仅检验成批不合格的个别类型的不合格，均由使用方决定。

7.3 计量抽样检验

7.3.1 计量型抽样检验及适用场合

计量型抽样检验是从批中随机抽取的样本，利用样本质量特性数据计算相应统计量，并与判定标准进行比较，以判断产品批是否可接收的一种抽样检验。

主要适用场合：产品质量特征性服从正态分布或近似服从正态分布，生产过程应处于统计稳定状态。

7.3.2 术语、定义与符号

1. 标准型抽样检验

标准型抽样检验是为了保护生产、使用双方的利益，把生产方风险和使用方风险固定为某特定数值的抽样检验，标准：$\alpha=0.05$，$\beta=0.10$。

2. 接收常数

接收常数(K)是在计量验收抽样的接收准则中，由合格质量水平和样本量确定的用于决定批是否可接受的一个常数。

3. 抽样方案

抽样方案是规定样本量和有关接收准则的一个具体方案。标准抽样方案的形式为：(n，k)。

4. 检验方式

检验方式由检验所要求质量规格界限的情况确定，标准有上规格限 U、下规格限 L 和双侧规格限 3 种方式。

5. 质量统计量

质量统计量(Q_U、Q_L)是由规格限、样本均值和批标准差(或样本标准差)构成的函数，用来判断批能否被接收，分为上规格限 U 和下规格限 L。

7.3.3 计量抽样检验方案的分类

计量抽样检验方案的分类有以下三种。

首先，以产品质量水平的衡量方式分类，可以将计量抽样检验方案分为以质量特性总体分布的平均值为衡量质量水平的抽样检验方案和以总体不合格率为衡量质量水平的抽样检验方案。两种抽样检验方案相互关联，可以通过分布参数推算出总体不合格率。

其次，以总体分布的标准差是否已知分类，可以将计量抽样检验方案分为标准差法和均值法。其中，标准差法是指总体分布的标准差已知，利用样本均值与批标准差判断交验批是否可以接收的方法；而均值法是指当批标准差未知时，利用样品均值与样本标准差判断批能否接收的方法。

最后，以产品规格界限分类，可以将计量抽样检验方案分为 3 种：针对望小值质量特性的单侧上规格界限 U 的计量抽检方案；针对望大值质量特性的单侧下规格界限 L 的计量抽检方案；针对望大值质量特性的双侧规格界限的计量抽检方案。

7.3.4 计量型抽样检验与计数型抽样检验的比较

计量型抽样检验与计数型抽样检验作为抽样检验的两大重要手段，是两种截然不同的抽样方式，二者的不同之处主要如下：

(1)质量表示方法。计数型抽样检验的不合格品率以每百单位产品不合格数来表示，而计量型抽样检验的不合格品率是以特性的均值、特性的标准差来表示。

(2)优缺点。计数型抽样检验使用方便、时间短、设备简单、计算简单、直观性好、易理解，而计量型抽样检验要求高、时间长、设备复杂、计算复杂、直观性差、不易理解。

(3)使用限制。计数型抽样检验保证抽样的随机性，而计量型抽样检验特性值服从正态分布或其他连续分布。

(4)判别能力。当样本量相同时，计数型抽样检验判别力低于计量型抽样检验；当判别力相同时，计数型抽样检验所需样本量大。

(5)样本信息的使用。计数型抽样检验样本信息的利用率低，而计量型抽样检验样本信息的利用率高。

(6)适用场合。计数型抽样检验费用低，不太需要时间、人力、设备；而计量型抽样检验费用高，需要时间、人力、物力。

(7)样本量。计数型抽样检验样本量多，计量型抽样检验样本量少。

从所检产品质量特性考虑，对大部分达标产品属大批量的工业产品，质量相对比较稳定，检验项目多、费用低，除少量几个内在质量指标外，宜采用计数型抽样检验抽样；对少数检验项目涉及安全、卫生和环保项目，宜采用计量型抽样检验抽样；对已知服从正态分布的一类质量特性有把握宜选用计量型抽样检验抽样，未知分布的质量特性选用计数型抽样检验抽样比较妥当。

7.3.5 抽样检验的程序

我国已制定了一系列计量抽样检查方法标准，其中常用的三个标准规定的抽样检查程序如表 7.3 所示。

表 7.3 计量抽样程序

标准号	GB/T 6378	GB/T 8053	GB/T 8054
序号	不合格率的计算 抽样检验程序	不合格品率的计量 标准型一次抽检程序	平均值的计量 标准型一次抽检程序
1	选择检查方式	选择抽样检查类型	
2	规定检查水平	确定抽样检查方式	
3	规定可接收质量水平	规定合格质量水平与极限质量水平	
4	规定抽样方案的严格度	检索抽样方案	
5	提交产品	构成检查批与抽取样本	
6	检索抽样方案	检查样本与计算结果	
7	抽取样本	判断批是否接收	
8	检查样本	处理检查批	
9	判断批接收与否		
10	处理检查批		

第8章

质量改进

8.1 质量改进概述

作为质量管理的一部分，质量改进致力于增强满足质量要求的能力。企业提供产品和服务的质量水平决定了顾客的满意程度。因此，为了提高顾客的满意程度，企业有必要不断地进行质量改进。通过企业各活动环节的改进，有利于出现问题后立即采取措施，避免问题的重复出现。同时，作为质量管理工程的基本特点，持续的质量改进也是 ISO 9000 族标准确定的质量管理基本原则之一。

在质量管理中容易出现偶发性故障和经常性故障。其中，偶发性故障是指由系统性原因造成的质量突然恶化，需要采取措施恢复原状。这种质量故障的特点是原因明显，对产品质量影响大，要求有关部门立即采取强有力的措施消除这种故障，使生产过程恢复正常，保证达到规定的符合性质量水平。经常性故障是指质量现状长期处于不利状态，需要采取措施改变现状使之达到新的水平。如果对相关故障不及时采取措施，长期下去就会严重影响企业的经济效益。因此，对于质量管理的职能而言，及时解决偶发性故障非常重要。但是，解决经常性故障的难度比较大，需要认真计划并采取措施。

8.1.1 质量改进的内涵

8.1.1.1 概念

质量改进(quality improvement)通过改进过程实现，美国质量管理学家朱兰在欧洲质量管理组织第三十届年会上发表的论文《总体质量规划》指出，质量改进使效果达到了前所未有的水平。ISO 9000:2015 标准将质量改进定义为：“质量管理的一部分，致力于增强满足质量要求的能力。”

可见，质量改进的含义应包括以下内容：①质量改进的对象是广义质量，包括产品或服务质量以及与其有关的工作质量，即产品质量和工作质量两个方面。前者如电视机厂生产的电视机实物质量、饭店的服务质量等，后者如企业供应部门的工作质量、车间计划调度部门的工作质量等。因此，质量改进的对象是全面质量管理所指的“广义质量”。②质量改进的效果在于“突破”。朱兰认为，质量改进的最终效果是按照比原计划目标高得多的质量水平进行工作，这样才能使产品质量高于原有水平。虽然质量改进与质量控制效果不同，但两者紧密相关，质量控制是质量改进的前提，质量改进是质量控制的发展方向，控制意味着维持其质量水平，改进的效果则是突破或提高。可见，质量控制是面对“今天”的要求，质量改进则是为了“明天”的需要。③质量改进是一个变革的过程，必然遵循 PDCA 循环的规律。发展是永无止境的，为了立足于时代，质量改进必然是“永无止境”的。质量专家需要对质量进行持续改进，否则无法久存。

同时，要深刻理解“变革”的含义，变革就是要改变现状。通常改变现状会遇到来自技术和文化两个方面的强大阻力。因此，了解并消除这些阻力，是质量改进的先决条件。对于企业而言，管理者应积极主动地寻求改进的机会，调动全体成员并鼓励他们参与改进活动。在开展质量改进活动时，要形成激励机制，突破传统观念的束缚、克服思想阻力，增强质量改进意识。

8.1.1.2 质量改进的必要性和重要性

1. 质量改进的必要性

(1)企业使用的技术，有许多方面需要改进。

(2)工程技术人员需要不断学习新知识，了解过程中一系列因果关系。

(3)即使技术非常先进，若方法和程序不当，也无法实现预期目标。

2. 质量改进的重要性

(1)质量改进具有很高的投资收益率。

(2)质量改进可以促进企业开发新产品，改进产品性能，延长产品寿命周期。

(3)通过改进产品设计和生产工艺，企业能够合理有效地使用资金和技术力量，充分挖掘企业的潜力。

(4)质量改进能够提高产品的质量水平，降低不合格品率，实现增产增效的目标。

(5)质量改进能够提高企业产品的适用性，增强产品的市场竞争力。

(6)质量改进有利于发挥企业各部门的职能，提高工作质量，为产品质量提供强有力的保障。

8.1.1.3 质量改进原则

企业在研究与实施质量改进时，需要考虑和遵循以下原则。

1. 顾客满意原则

企业的产品或服务质量决定了顾客的满意程度。顾客既包括组织外部的最终消费者、使用者、受益者或采购方，也包括组织内部的股东、经营者和员工。因此，企业在进行质量改进时需要同时满足内外部顾客的需求，提高其满意程度，以追求更高的效益和效率。

2. 系统改善原则

影响产品质量水平或符合性质量水平等系统性问题的因素有很多，因此，质量突破难度较大，在此过程中会涉及如何认识质量改进的必要性和迫切性、如何识别和确认关键因素、如何使用和发挥相关知识与技能等。所以，在进行质量改进时，只有采取系统性改善措施，才能取得成功。

3. 突出重点原则

质量改进是一种持续活动，以更高的过程效果和效率为目标，突破产品固有质量水平或符合性质量水平，发现存在的问题。企业要能够从众多影响因素中找出重点因素，并对其进行彻底改善，从而提高总体改进效果。

4. 水平适宜原则

质量改进必须从客观实际需要出发，确定适宜的质量水平，防止产生质量过剩。对固有产品质量水平的突破，一定要从用户对产品质量的实际需要及质量标准、法律规定的约束条件出发，不能片面追求高水平增加不必要的功能。

5. 持续改进原则

质量改进主要解决生产过程中出现的深层次问题，其改进对象是正在执行的质量标准。持续的质量改进能够不断地提高产品和服务的质量，并减少质量损失和质量成本，增强组织的竞争能力，提升顾客的满意度，并提高过程效益和效率，在为组织和顾客提供更高收益的同时为组织的发展创造机遇。

6. 预防性改进原则

质量改进的重点不仅是事后的检查和补救，更在于预防问题的再次发生。事后检查和补救只能降低已经产生的质量损失，并不能完全消除质量损失，更不能杜绝类似事件的发生。如返修、返工或调整等具有补救性质的改进，既不能稳定原有质量水平，也不能提高质量水平。质量改进的重点是要消除或减少导致问题发生的关键因素。

8.1.1.4 质量改进的类型

美国MIT Robert Hayes教授将质量改进归纳为递增型质量改进和跳跃型质量改进两种类型。两种类型质量改进的区别在于质量改进阶段的划分和质量改进目标效益值的确定两个方面。

1. 递增型质量改进——持续型质量改进

递增型质量改进也称为“持续型质量改进”，是指增强满足质量要求能力的循环活动，即循序渐进的质量改进。它是以产品、体系或过程为对象，以提高过程效率和有效性为目标的活动，包括对产品固有特性的改进，以连续满足顾客及其他相关方的质量要求。改进步骤包括：分析评价现状，并识别出改进范围；设定改进目标；寻找可能的解决方案，实现改进目标；评价解决方案，并做出选择；实施选定的解决方案；测量、验证、分析和评价实施解决方案的结果，并确定所设目标是否已经满足；将更改纳入文件。

递增型质量改进的特点是改进步伐小、改进次数多。这种类型要求，每天每月都要进行工作改进，即使每次改进很微小，也要确保不断改进。这种类型的优点是在日常工作计划中不间断地实施质量改进。递增型质量改进的目标不高，课题不受限制，具有广泛的群众基础。递增型质量改进的缺点是缺乏计划性，且力量分散。因此，这种类型不适用于重大的质量改进项目。

2. 跳跃型质量改进——突破型质量改进

跳跃型质量改进要求，当企业实际情况需要进行质量改进时，公司或企业的领导者要做出关于质量改进的重要决定，并集中人力、物力和时间来从事这一工作。跳跃型质量改进两次质量改进的时间间隔较长、改进目标值较高，且每次改进需要投入较大力量的特点。该类型的优点是改进步伐和成效较大，但不具有经常性特征，在日常工作中难以养成不断改进的观念。这种类型是对现有过程进行修改和改进，或实施新过程，适用于突破性的、对组织具有战略性长远意义的项目。跳跃型质量改进的6项活动包括：确定改进项目的目标和框架；对现有过程进行分析，并识别变更的机会；确定并策划过程改进；实施改进；对过程改进进行验证和确认；对已完成的改进做出评价，包括总结经验教训。

质量改进的项目非常广泛，不同项目的改进目标值要求相差很大，所以很难评价上述两种策略孰优孰劣。当企业需要在全体人员中树立不断改进的思想，使质量改进具有持久性时，可采取递增型质量改进；而对于某些具有竞争性的重大质量项目，可采取跳跃型质量改进。

8.1.2 质量改进项目的选择

质量改进活动涉及质量管理的全过程，改进对象既包括产品质量、服务质量，也包括各部门的工作质量。改进项目的选择重点应是长期性缺陷，本节仅对产品质量改进的对象及其选择方法加以讨论。

8.1.2.1 选择对象

产品质量改进，是指改进产品自身的缺陷，或是改进与之密切相关事项的工作缺陷的过程。一般来说，应把影响企业质量方针目标实现的主要问题，作为质量改进的对象，同时要优先考虑以下情况。

1. 市场上质量竞争最敏感的项目

在众多产品质量项目中，企业应了解用户最关心的项目是哪一项，因为用户最关心的项目往往决定产品在市场竞争中的成败。例如，当用户选择台灯时，其主要考虑因素是台灯色彩和造型等，并不过多关注台灯耗电量，所以企业在对台灯进行质量改进时就需要提高它的色彩和造型的艺术性。

2. 产品质量指标达不到规定标准的项目

规定标准，是指在产品销售过程中，合同或销售文件中要求的标准。在国内市场，一般采用国标或部颁标准；在国际市场，一般采用国际标准，或者选用某一个先进工业国的标准。如果产品质量指标达不到标准，产品就难以在市场上立足。

3. 产品质量低于行业先进水平的项目

产品质量要求的一般水平通常能够满足颁布的各项标准，但是有竞争力的企业都执行更高的内部控制标准。因此，企业在改进项目时可以将低于行业先进水平的产品质量项目列入计划，并制定改进措施。

4. 寿命处于成熟期至衰退期产品的关键项目

当产品处于成熟期时，市场已经处于饱和状态，需求量开始下降，用户开始不满意旧产品并提出新的需求项目。此时，必须改进产品质量，推迟衰退期的到来，此类质量改进活动常常与产品更新换代工作密切配合。

5. 其他项目

其他项目指那些质量成本高的项目、用户意见集中的项目、索赔与诉讼项目、影响产品信誉的项目等。

8.1.2.2 选择方法

企业在选定质量改进项目时，要综合考虑项目问题的严重程度、缺陷的严重程度、企业的技术能力和经济能力等信息，经过分析再做决定。常见的选择方法有以下几种。

1. 统计分析法

在运用统计分析法时，首先，使用数理统计方法统计产品缺陷，得出清晰的数量报表；其次，利用上述数量报表进行分析；最后，根据分析结果，选定改进项目。常用方法包括缺陷的关联图分析和缺陷的矩阵分析等。该方法的特点是：关注企业内部，积极搜寻改进目标。

2. 对比评分法

对比评分法是指运用调查、对比、评价等手段将本企业产品质量与市场上畅销的同类产品质量进行对比评分，从而找出本企业产品质量改进的重点。该方法的特点是：放眼四方，知己知彼，进而制定出最有利的改进项目。

3. 技术分析法

在运用技术分析法时，首先，收集科学技术情报，了解产品发展趋势，了解新技术在产品上应用的可能性，了解新工艺及其实用效果等；其次，对科技情报进行调查和分析；最后，寻求质量改进的项目和途径。该方法的特点是：运用硬技术提高产品高科技含量，从而抢先占领市场。

4. 质量改进经济分析法

质量改进经济分析法首先运用质量经济学的观点，选择改进项目并确定项目的改进顺序；其次运用用户评价值的概念，计算出成本效益率；最后以成本效益率值选择质量改进项目。其中，用户评价值是指当该项质量特性改进后用户愿意支付的追加款额。成本效益率=用户评价值/质量改进支出，该值较大者优先进行质量改进；该值小于1者，没有改进价值。该方法的特点是以企业收益值作为标准进行质量改进项目选择。

8.1.3 质量改进的步骤

质量改进的步骤就是一个PDCA循环，即明确问题、把握现状、分析问题原因、拟定对策并实施、确认效果、防止再发生和标准化、总结。

8.1.3.1 明确问题

组织需要改进的问题通常涉及质量、成本、交货期、安全、激励、环境6

个方面。因此，明确问题的活动内容有：①明确要解决的问题为什么比其他问题重要；②问题的背景，截至目前的情况；③将不满意的结果用具体的语言表示出来，有何种损失，并具体说明改进到何种程度；④选定题目和目标值，如有必要，确定子题目；⑤正式选定任务担当者，若是小组则确定组长和组员；⑥对改进活动的费用做预算；⑦拟定改进活动的时间表。

同时，由于人、财、物和时间等因素的限制，企业解决问题时要考虑优先顺序。首先，从众多问题中找出关键问题并说明理由；其次，向相关人员解释解决问题的必要性；最后，合理地设定目标值，确保经济上合理、技术上可行。如果需要解决的问题包括若干个子问题，应规定解决问题的时间期限。

8.1.3.2 把握现状

质量改进课题确定后，要了解问题的现状。活动内容有：①为抓住问题的特征，需要调查若干要点，可以从人、机、料、法、环等角度进行调查；②现场收集数据中没有包含的信息。

通常，解决问题的突破口在问题内部。问题不同，解决问题的最优方法也不同。但是不管什么问题，必须调查清楚时间、地点、问题的种类和问题的特征。同时，要把握结果波动的特征。调查者要深入现场，在现场可以获得许多数据中未包含的信息。

8.1.3.3 分析问题原因

分析问题原因的过程有两个阶段：设立假说、验证假说。①设立假说：选择可能的原因。为了搜集所有可能的原因，可以画出因果图，把握现阶段掌握的信息，去掉已明确无关联的原因，用剩下的因素重新绘制因果图，在因果图中标出可能性较大的原因。②验证假说：从已设定的因素中找出主要原因。搜集新的数据或证据，制订计划确认可能性较大原因对问题的影响程度，综合调查得到的情报，确定主要原因；如果条件允许，可以将问题再现一次。

验证假说就是核实原因与结果之间是否存在关系，关系是否密切。必须根据重新进行的实验和调查所获数据有计划地验证假说。通过讨论由多数意见决定的民主方法并不见得科学，调查表明全员一致统一的意见结果往往是错误的。未进行数据解析就拟定对策的情况并不少见，用结果推断原因必然导致大量的试行错误。有时即便问题解决了，但由于问题原因与纠正措施无法一一对应，也无法发现主要原因。

8.1.3.4 拟定对策并实施

拟定对策并实施的活动内容有：①必须将现象的排除与原因的排除区分

开；②确定对策，尽量不要引起其他质量问题，否则应考虑更换对策或消除其他质量问题；③准备好若干对策方案，调查各自利弊，选择参加者都能接受的方案。

该阶段的对策有两种，分别是解决问题和消除引起结果的原因，防止问题再发生。生产出不合格品后，返修再好也不能防止不合格品的再次出现，解决不合格品出现的根本方法是消除产生问题的根本原因。因此，一定要严格区分两种不同性质的对策。

8.1.3.5　确认效果

要正确确认质量改进的效果，错误的确认会让人误以为问题已经得到解决，从而导致问题再次发生。反之，也可能导致对质量改进的成果视而不见，从而挫伤持续改进的积极性。其活动内容有：①使用同一种图表比较采取对策前后的质量特性值、成本、交货期等指标；②如果改进的目的是降低不合格品率或降低成本，则要将特性值换算成金额，并与目标值进行比较；③如果有其他效果，不管大小都要列举出来。

当采取对策后没有出现预期结果时，应确认是否严格按照计划实施对策。如果是，意味着对策失败，重新回到把握现状阶段。当没有达到预期效果时，应该考虑以下两种情况：是否按照计划实施、计划是否有问题。其中，实施方面的问题主要有 5 种：对改进的必要性认识不足，对计划的传达或理解有误，没有经过必要的教育培训，实施过程中的领导、组织、协调不够，资源不足。计划的问题通常有 4 种：现状把握有误；计划阶段的信息有误或知识不够，导致对策有误；对实施效果的测算有误；没有实际能力。

8.1.3.6　防止再发生和标准化

对质量改进有效的措施，要进行标准化，纳入质量文件，以防止同样的问题再次发生。这一阶段主要任务有：①为改进工作，再次确认 5W1H 的内容，即 What（什么）、Why（为什么）、Who（谁）、Where（哪里）、When（何时）、How（如何），并将其标准化；②进行有关标准的准备和宣传；③开展教育培训；④建立质量责任制。

为了防止不合格品再次出现，纠正措施必须标准化。没有标准，质量水平会逐渐恢复到原有状况；没有明确的标准，新员工在作业中很容易出现以前的问题。因此，为了贯彻实施标准，对职工进行知识与技术教育和培训十分必要。

8.1.3.7　总结

对改进效果不显著的措施及改进过程中出现的问题，要加以总结，为开展新一轮质量改进活动提供依据。这一阶段主要任务有：①总结质量改进活动过程中，哪些问题得到了解决，哪些问题仍没有解决；②找出遗留问题，将本次 PDCA 循环没有解决的问题作为遗留问题转入下一次 PDCA 循环，同时为下一次循环的计划提供资料和依据；③考虑下一步如何解决这些问题。

8.1.4 质量改进组织

8.1.4.1 质量改进组织形式

根据项目的规模，质量改进组织形式分为正式和非正式两种。质量改进组织分为两个层次，具体如下。

一是可为质量改进项目调动资源的管理层，称为“质量管理委员会”。质量管理委员会的主要职责是推动、协调质量改进工作并使其制度化。质量管理委员会通常由高级管理人员组成，工作效率高。当组织规模庞大时，除总公司设立质量管理委员会外，其下属分公司也可以设立质量管理委员会。各委员会之间相互关联，上级委员会的成员担任下一级委员会的领导，上下协调一致。质量管理委员会的主要职责是：①制定质量改进的方针、策略和目标，明确指导思想，支持和协调组织内各单位、各部门的质量改进活动；②组织跨部门质量改进活动，确定其目标并配备资源以满足质量改进活动的需要；③识别过程中内外顾客的需要和期望，并转化为顾客的具体要求，寻找过程质量改进的机会；④组织质量管理小组活动，实现质量改进目标；⑤鼓励组织内每个成员开展与本职工作有关的质量改进活动，并协调这些活动的开展；⑥评审和评估质量改进活动的进展情况，并予以公开，将工资及奖励制度与改进成绩挂钩。

二是具体实施质量改进活动的实施层，称为“质量改进小组”或“质量改进团队”。质量改进的责任部门是组织的质量管理委员会。质量改进小组是临时性组织，它的主要职责有：识别并策划本单位的质量改进活动，并能持续开展；测量与跟踪质量损失减少的情况。

8.1.4.2 质量改进团队的职责

(1)组长职责：与其他成员一起完成质量改进任务，保证会议准时开始和结束，做好会议日程、备忘录、报告等准备工作，与质量管理委员会保持联系，编写质量改进成果报告。

(2)质量改进团队成员的职责：分析问题原因并提出纠正措施；对其他团队成员提出的原因和纠正措施提出建设性建议；防止质量问题发生，提出预防措施；将纠正措施和预防措施标准化；准时参加各种活动。

8.2 创造力

创造力是改进产品与过程的基础，任何组织都需要理解、发展和支持创新。从全面质量的视角来看，创新需要更好地响应顾客需求，特别是那些不明确的需求，使组织在战略上领先于竞争对手。同样持续改进也需要创新以解决问题，为此要提供促进创新的环境。

8.2.1 创新

创造力通常是个人或团队在使用有限资源的过程中，因急于找出解决办法的需求所激发。在任何组织中，一线工人都是创造力的最大来源，他们在工作中可收集到大量数据和信息。要深入挖掘工人的创新潜力，组织必须把创新作为自身文化的一个关键部分，关心每个工人工作的改进。这需要组织授权员工，允许其有自己的想法工作。创新是马尔科姆·鲍德里奇卓越绩效准则的重要观点，其关于鼓励创新的机制包括以下内容。

(1)准则的非指令性特征，鼓励基于创新的方法和思想，实现项目的具体目标，鼓励行为以结果为导向，而不是遵循过程。

(2)以顾客为导向，加强质量管理，提供新的服务以及更好的顾客关系管理。

(3)持续改进和定期学习，要把两者作为所有工作单元活动的重要组成部分，鼓励企业内部任何人都分析和解决问题。

(4)强调减少企业所有的运营活动时间，鼓励企业分析工作过程、组织方式和过程的价值贡献，培养变革性与创造性思维，组织和执行工作。

(5)关注顾客的未来需求，鼓励企业寻求创造性方式满足顾客需求。

8.2.2 组织系统

设计组织系统，创建一个有利于创造和创新的环境，具体要求如下。

(1)在组织中减少或消除阻碍创新的因素，如专制的领导、缺乏管理支持等。此外，管理者应该从日常事务和行政杂务中解放出来。

(2)匹配员工创造力的工作。有的人喜欢独自工作，有的人则喜欢在团队中工作。有的人喜欢按部就班地工作，有的人则喜欢弹性工作制。管理者应该对员工偏好等持宽容态度。

(3)容忍失败、确立方向。营造创新氛围，容忍失败。确立方向，设置现实目标。

(4)增强创造性解决问题、提高生产力的动机。企业要肯定认可员工的创新成果。这种承认有助于增强员工的自尊心和创新动机。

(5)提高组织成员的自信心。安全的工作、足够的报酬以及令人满意的工作可以增强员工的自信心和安全感。

(6)改善沟通，更好地分享想法。在组织中，有创造力的员工需要与组织外部的同行交流。

(7)将高创造力的人置于特殊的工作岗位并提供培训机会以发挥其创造力。企业要为员工建立职业规划、提供物质奖励，以免打击他们的创造力。

此外，管理者对员工的创造力有很大影响。研究人员指出，人格、认知风格和内在动机水平是员工创造力的核心特征。认知风格是人的自然倾向或解决问题的偏好。拥有创新型认知风格的个体，会自发地寻求创新和整合多元化信息，重新定义所提出的问题，并生成新颖的想法。拥有适应性认知风格的人，倾向于在成熟的领域使用数据，接受已经定义好的问题，产生与工人惯例相符的想法。当人们享受与创造力有关的工作时，他们的创新水平就会提高。研究人员还发现，当员工与同其认知风格相似的领导一起工作时，他们的创造力没有提高。特别是，那些具有创新型认知风格的人很少能从同样极富创造力的领导那里受益，这可能是因为他们都具备了关于创造的技能、信心和价值观。然而，当员工与其他具有类似内在动机的上级一起工作时，他的创新能力会增强。同样地，内在创新动机较低的员工被分配到一个高创新动机领导那里工作时，他们的创意输出会减少，这可能是因为领导会无意抑制这些员工的创造力。

上述研究发现对选择、分配和培训员工具有现实意义。管理者必须考虑个人的创造动机，根据员工对创造性工作不同的动机取向，识别和分配员工工作，提升组织的创造力。让一个真正欣赏创造性工作的主管同一群具有创新动机的员工一起工作，是一种有用的方法。

8.3 质量改进工具

随着全面质量管理在日本企业的全面推广和应用，质量管理的老七种管理工具已经不能满足要求，需要研究开发适应全面质量管理的新方法。此时，质量管理的新七种工具应运而生。质量管理的新七种工具是以分析为主的质量管理方法，以语言和图形为主，侧重于归纳文字信息，可以弥补老七种工具不能处理非数字信息的缺陷。作为老七种工具的补充，其与老七种工具相辅相成，主要包括关联图法、系统图、KJ 法、矩阵图、矩阵数据分析法、网络图和过程决策程序图。

8.3.1　关联图法

关联图法用带箭头的连线表示事物因果关系，利用关联图可以整理、分析事物各因素之间的复杂关系，从而找到解决问题的方法。通过关联图，可以制定全面质量管理活动计划、质量控制小组活动计划、质量管理方针、生产过程的质量保证措施、全过程质量保证措施。

8.3.1.1　关联图的类型

关联图按照结构形式可分为 4 种类型：中心型关联图、单向型关联图、关系型关联图、应用型关联图。

(1)中心型关联图。这类关联图把重要项目或要解决的问题排在中心位置，按照关系密切程度对各种因素依次进行排列(见图 8.1)。

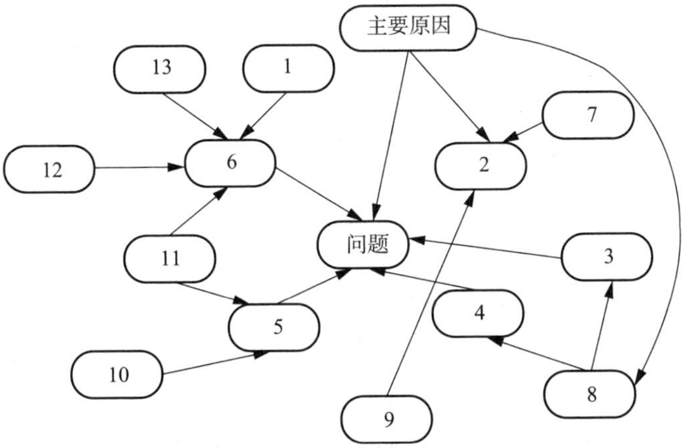

图 8.1　中心型关联图

(2)单向型关联图。这类关联图把重要项目或要解决的问题排在一端，如上、下、左、右，按关系密切程度对各种因素依次进行排列(见图 8.12)。

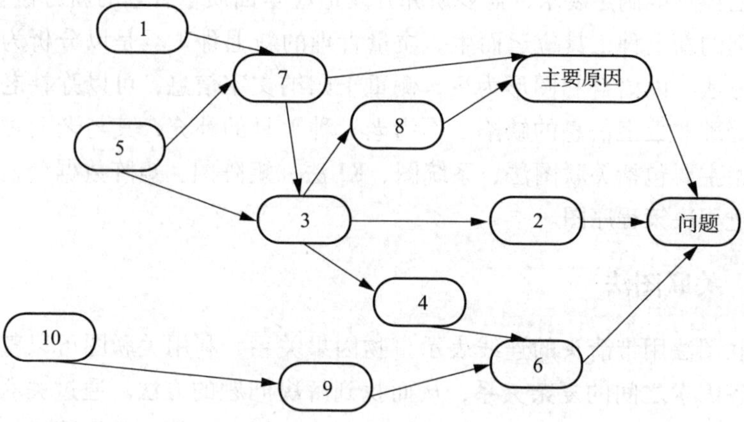

图 8.2 单向型关联图

(3)关系型关联图。这类关联图可反映项目和各因素之间的因果关系，对各因素的位置排列没有明确规定，可以灵活掌握(见图 8.3)。

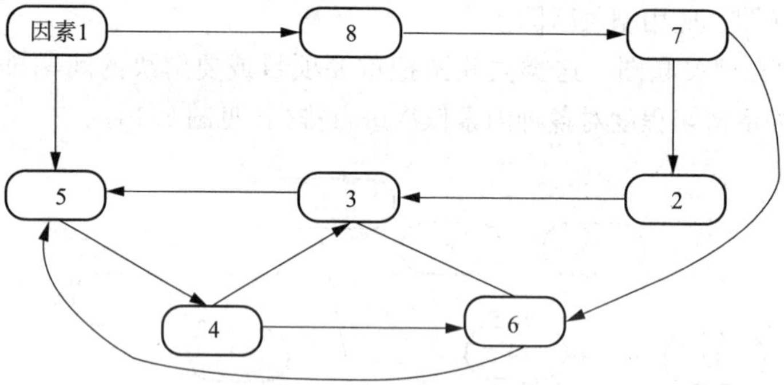

图 8.3 关系型关联图

(4)应用型关联图。这类关联图是基于以上三种关联图，并与其他图形结合使用形成的关联图，如可以与 KJ 法联合应用形成的关联图，或与系统图联合应用形成的关联图等(见图 8.4)。

8.3.1.2 关联图的应用范围和方式与应用程序

1. 应用范围和方式

关联图的应用范围非常广泛，其应用方式主要有两种：应用于多目标问题和应用于单目标问题。

(1)多目标问题。当多个部门协作共同开展某一活动时，要把涉及的许多活动事项有机地联系在一起，一般需要考虑质量、产量、成本、安全等多个目标。关联图可以反映它们之间的有机联系，从而找出重点项目。

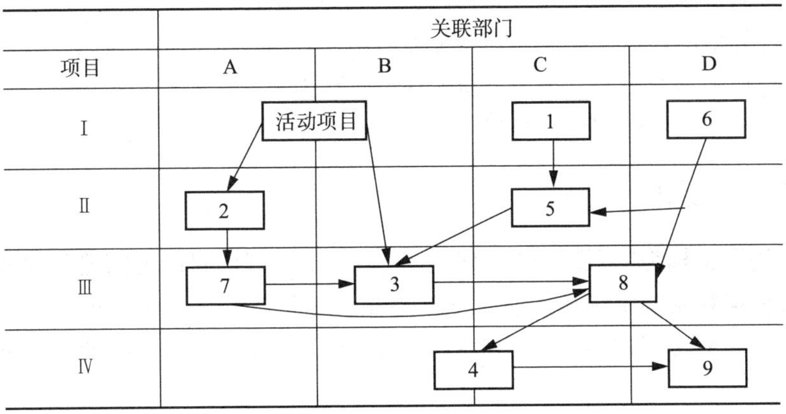

图 8.4　应用型关联图

(2)单目标问题。当问题包含多种因素时，需要将有关人员组织在一起共同商讨，将主要因素做成关联图，以取得一致意见，找出重要因素，使问题得到解决。

2. 应用程序

关联图的应用程序如下。

(1)确定选题，明确要解决的问题。

(2)成立问题解决小组，开会讨论。

(3)提出与问题有关的主要原因，并用简单、通俗的语言表述。

(4)用箭头表示原因与原因之间、原因与问题之间的关系。

(5)掌握全貌，审查和复核，核对有无遗漏和不确切之处。

(6)在关联图上核对找出重点项目或关键问题，并加以标识。

(7)制定解决问题的措施和计划。

(8)不断修订、完善关联图。

8.3.1.3　关联图的优缺点

关联图的优点如下。

(1)能对混乱的问题进行整理，有助于质量改进活动。

(2)能明确与其他部门之间的关系，有助于部门协调。

(3)通过反复多次作图，可以明确解决问题的关键与根据。

(4)能迅速整理确定补充信息与其他因素或项目的关系。

(5)能在短时间内了解情况，便于说明因果关系。

关联图的主要缺点如下。

(1)同一问题不同小组可能会做出不同的关联图。

(2)如果图形过于简洁，则有可能做出违背本意的箭头连接。

(3)如果图形过于复杂，可能会漏掉主要因素。

(4)关联图看似简单，绘制并不容易。

8.3.2 系统图

系统图也称为“树图”或“树状图”，是把要实现的目的与需要的手段或措施，按照树状结构系统地展开，逐步绘制表示目的与手段关系的一系列方块图。通过对系统图进行分析，明确问题的重点，找出实现目标的最优方法和手段。

系统图有助于系统掌握问题，寻找到达到目的的最佳手段。目的与手段是相对的，对于下一级手段来说，上一级手段则是目的。系统图的基本形式如图 8.5 所示。

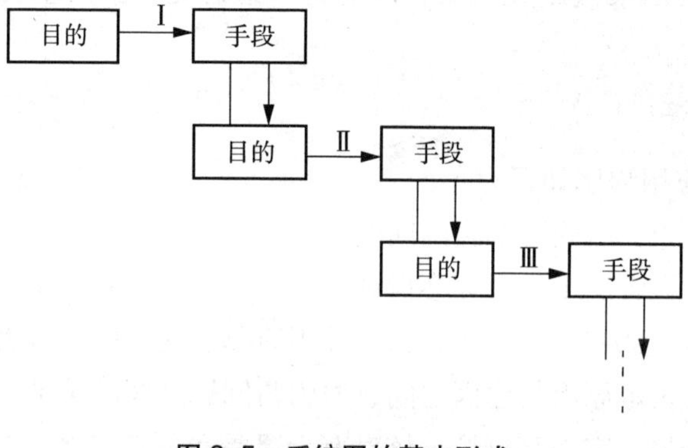

图 8.5 系统图的基本形式

8.3.2.1 系统图的类型

系统图是一种单目标、层层展开的树状图，一般由主题、主要类别、组成要素和子要素组成。向下展开的系统图称为“宝塔型系统图”；向侧面展开的系统图，称为“侧向型系统图”。宝塔型系统图如图 8.6 所示。

8.3.2.2 系统图的应用程序

系统图的应用程序如下。

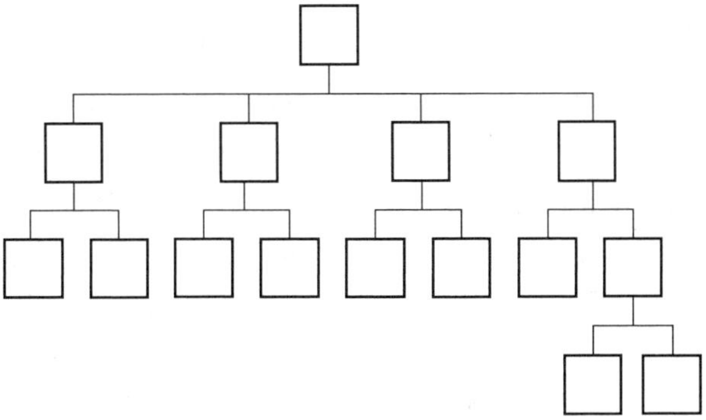

图 8.6 宝塔型系统图

(1)确定具体目的或目标。必须把目的或目标以简洁的形式表示出来。

(2)提出手段和措施。为了达到预定的目的，必须召开会议集思广益，提出必要的手段和措施。

(3)评价手段和方法，确定可行性。要对提出的手段、措施进行评价，讨论手段和措施是否适当。

(4)绘制系统图。把经过评价提出的手段和措施用通俗易懂的语言记录在卡片上，根据目的和相应的手段绘制系统图。

(5)验证手段，确认目的。既可以从第一级开始，逐级确认手段对目的的实现程度，也可以从最后一级开始，直到达到最终目的。

(6)制订实施计划。制订各种实施计划，包括所用手段的详细说明、实施的各种标准、所需的各种条件和资料、开始和结束时间、负责人等。

8.3.2.3 系统图的作用

系统图可以解决以下问题。

(1)用于产品开发中的质量设计。

(2)组织方针目标的展开和管理。

(3)质量职能的展开和管理。

(4)正确处理质量、成本和产量之间的关系。

(5)用于企业的组织机构管理。

8.3.3 KJ 法

KJ 法又称为“亲和图”，该方法将处于杂乱无章状态的语言文字资料，按照其内在相互关系加以整理，做出归类合并图，整理出思路，抓住问题的本质，找出解决问题的新途径和方法。

KJ法的应用基础是A型图，该方法通过不断积累和应用A型图发现问题，并辅以相应方法解决问题。用KJ法解决问题的程序如下。

第一步，确定对象，根据对象选择和确定方法。对组织运营、管理和技术方面出现的各种质量问题进行系统分析，确定需要解决的关键质量问题，作为KJ法应用的对象，依据对象选择方法时，要综合考虑5W1H确定是否选用KJ型图，简单或需要迅速解决问题不宜采用KJ法。

第二步，收集资料。用各种方法收集与待解决对象相关的语言和文字信息，如直接观察法、面谈法、个人思考法等。个人思考法包括总结过去经验并整理成材料的回忆法、探索心理状态的内省法。在收集资料时，可以根据具体问题选择一种方法，或几种方法并用。注意以掌握事实为主，防止掺杂个人成见，根据不同的目的选择适宜的收集信息方法。

第三步，制作资料卡片。将收集到的语言文字资料按照内容分类，用简洁短句记录在卡片上，语言文字不应抽象或拘泥于形式。

第四步，汇总、整理卡片。将相近的卡片集中在一起，根据语言文字的亲和性归类卡片，将该组卡片的本质内容用简洁的语言归纳，记录在一张卡片上作为分类标记。

第五步，绘制KJ型图。把分类标记好的卡片根据相互关系排列，并用适当的记号表示相互关系，即为KJ型图。

第六步，口头及书面报告。分析、观察KJ型图，归纳、整理出思路及解决问题的方法，并做口头或书面报告。

KJ法的作用主要有：研究新情况，认识新事物，发现新问题；归纳问题，整理见解；统一思想、促进协调；发挥集体智慧，提出新理论、新方法。

8.3.4 矩阵图

矩阵图，把与问题有对应关系的各个因素排成一个矩阵，通过对矩阵进行分析，找到着眼点并作为分析问题和解决问题的焦点，进而使问题得到解决，这种方法称为“矩阵图法”。

8.3.4.1 矩阵图的类型

矩阵图有以下几种类型。

(1)L形矩阵图，矩阵图的基本形式，把一对事件(A和B)以二元表的形式表示出来，如图8.7(a)所示。

(2)T形矩阵图，是由两个L形矩阵图组合而成的矩阵图，即由A和B组成的L形矩阵图与A和C组成的L形矩阵图组合而成，如图8.7(b)所示。

(3)Y形矩阵图，是由三个L形矩阵图组合而成的矩阵图，即由A和B、

B 和 C、C 和 A 三个 L 形矩阵图组合而成，如图 8.7(c)所示。

(4)X 形矩阵图，是由四个 L 形矩阵图组合而成的矩阵图，即由 A 和 B、B 和 C、C 和 D、D 和 A 四个 L 形矩阵图组合而成，如图 8.7(d)所示。

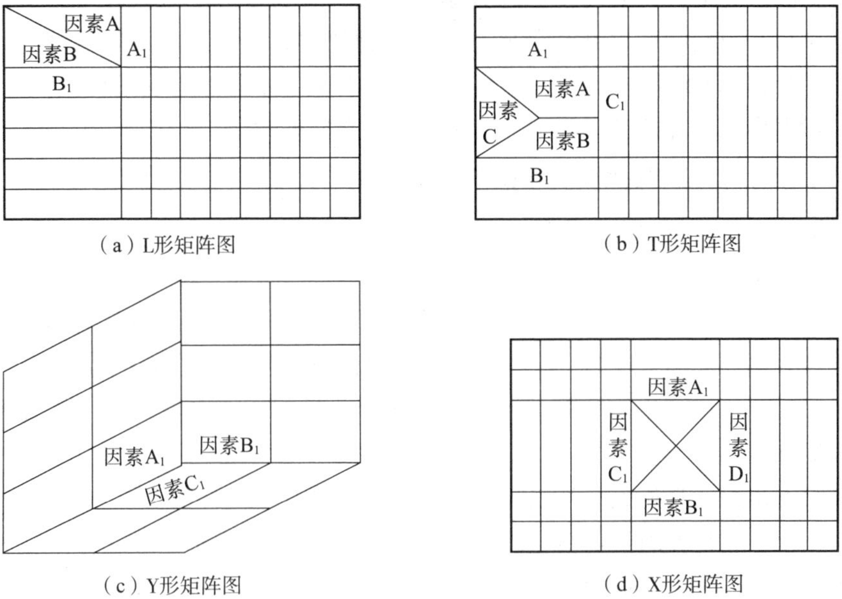

(a) L形矩阵图　(b) T形矩阵图

(c) Y形矩阵图　(d) X形矩阵图

图 8.7　矩阵图的类型

8.3.4.2　矩阵图的应用程序

第一步，确定目的并明确目标，通常要涉及多方面、多因素。

第二步，根据实际问题，找出与问题有关的因素组。

第三步，根据实际问题，选择最适宜的矩阵图形式，将各因素组按照对应关系排列在矩阵中，形成矩阵图。

第四步，对矩阵图各对因素进行分析，在对应因素的交叉点用符号表示相互关系。

第五步，找出关键着眼点，提供分析报告，制定措施并加以实施。

8.3.4.3　矩阵图的作用

矩阵图的作用主要有：确定新产品开发和老产品改进中的着眼点；探索原材料的应用领域；查找质量保证体系的关键环节；分析影响产品质量的主要原因；了解市场与产品的关联性，制定产品开发战略；分析工程实施中有关技术问题之间的关联程度；系统核实产品的质量与各项操作乃至管理活动的关系，便于对质量进行全面管理。

8.3.5 矩阵数据分析法

矩阵数据分析法是对排列在矩阵中的大量数据进行整理和分析的方法。它与矩阵图类似，不同的是矩阵数据分析法不是在矩阵中绘制符号，而是在矩阵中填写数据，通过计算分析，找出问题的主要矛盾。它是新七种工具中唯一用数据分析问题的方法，但其仍然是以图来表示。该方法过程比较复杂，往往需要借助计算机进行分析，以缩短分析和处理时间。

8.3.5.1 矩阵数据分析法的应用程序

第一步，收集数据并将数据整理成矩阵表。

第二步，计算各项目的均值和标准差。

第三步，数据归一化处理，即各项原始数据减去各评价项目的均值，除以该项数据的标准差。归一化处理后，各项目数据的均值为零，标准差为1。

第四步，计算相关系数。计算各个评价项目的相关系数，并将相关系数排成矩阵表。

第五步，计算相关矩阵表的特征值和特征向量。

第六步，计算因子负荷量。特征向量矩阵中各特征向量乘以各主成分的特征平方根，称为“因子负荷量”。

第七步，计算主成分得分。将归一化数据矩阵表中相应行的数据与特征向量矩阵中相应列的数据相乘，再相加，即可得到主成分得分。

第八步，用坐标图表示主成分。将主成分得分矩阵中各主成分得分数据两两组合，在直角坐标系中描点。

第九步，结果分析。对计算结果进行分析，得出结论。

8.3.5.2 矩阵数据分析法的作用

矩阵数据分析法主要用于市场调研、新产品策划、新产品开发、过程分析等方面，应用于PDCA循环的P阶段和D阶段，只要存在数据，就尽量采用这种方法。

该方法的作用主要有：分析复杂因素组成的过程；分析包括大量数据的质量问题；分析市场调查数据，掌握市场需求；对产品的功能特性进行系统分析；对试验观测形成的大量数据进行分析；对产品生命周期中的复杂质量问题进行综合评价。

8.3.6 网络图

网络图又称为“箭线图”，是用以制订质量管理日程计划，明确管理关键和进行进度控制的方法。网络图由活动、节点和线路 3 部分组成。其中，活动用箭头表示，包含一定内容、需要消耗一定资源或占用一定时间和空间；节点用圆表示，表明紧前工序的结束和本工序的开始；线路是从箭头始点出发，经过若干活动和节点到达终点的连通路。一个网络图中一般有多条线路，网络图的基本形式如图 8. 8 所示。

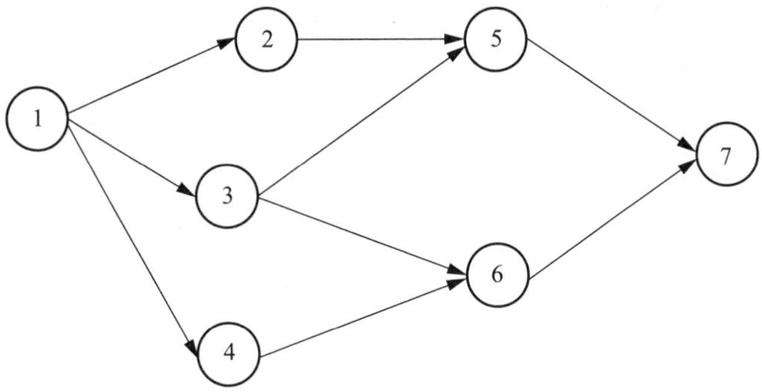

图 8. 8 网络图的基本形式

8. 3. 6. 1 绘制网络图的基本原则

在绘制网络图时需要遵循以下原则。

原则 1：非循环原则。网络图是有方向的，一般箭尾在左，箭头在右，整个网络图是由左向右指向，不允许有回路。

原则 2：两点一线原则。任意两个节点之间最多有一条直接相连带有箭头的线路。

原则 3：一源一汇原则。一个网络图只能有一个始点和一个终点，当有几项同时开始和结束的活动时，必须将其归为一个始点和一个终点。

8. 3. 6. 2 关键路线的确定

关键路线，是指网络图中从始点到终点的路线中，作业时间最长的路线，其时间长度为工期或周期，以粗线突出表示。确定关键路线的方法有比较法、时差法、破圈法等。

网络图有助于从全局角度出发，统筹安排各种要素，抓住影响质量的关键路线，集中精力按时或提前完成工作计划。

8. 3. 7 过程决策程序图

过程决策程序图是在制订行动计划或进行方案设计时，预测可能出现的问题和结果，并相应地提出多种应变计划的一种方法。它要求在制订计划时，事先对可能发生的各种情况进行预测，分别提出相应的对策，以便在计划执行过程中根据当时的具体情况灵活选用，随时调整发展方向，保证最终达到目的。因此，它可以用来提高计划的预见性和对环境变化的适应性。与系统图相比，过程决策程序图是在动态状态下形成的目的、手段体系，具有预见性和随机应变性。

8.3.7.1 过程决策程序图的应用程序

首先，要对各种可能发生的不利情况加以估计，并提出解决方案，以保持计划的灵活性；其次，在计划执行过程中，当遇到不利情况时，应立即转向预先拟订好的其他解决方案，随时修正方案，以便顺利达到最终目的；最后，如果在计划执行中出现了没有预料到的情况，可以随机应变，灵活采取对策，使质量问题得到圆满解决。在应用过程决策程序图解决质量问题时，通常包含以下两个阶段。

第一阶段：计划初始阶段。根据过去的经验、语言文字资料和技术知识，提出各种可能出现的问题，找出问题发展的趋势，对每个可能出现的问题都制定相应的解决方案。

第二阶段：计划应变阶段。在第一阶段无论考虑得如何周到，在实施过程中总有可能出现未曾预料到的新问题。这时，可以根据新信息制定新的实施措施，并追加到原有系列措施中，以尽快达到理想状态。

值得注意的是，过程决策程序图在各阶段都在考虑有无新的可能方案，随时准备应对不测事态的发生。因此，过程决策程序图具有动态特性。此外，过程决策程序图法用图表示实现目标的过程，解决问题的整个过程非常清晰，具有能使管理者从大局出发、启发参与者多提设想的优点。

8.3.7.2 过程决策程序图的特征和用途

过程决策程序图的特征主要表现在：从整体上来把握系统的变化动向，而不是从局部来处理问题；能够从时间序列上掌握系统状态的变化；以系统的发展动向为中心，掌握系统的输入和输出关系；以事务为中心，只要对系统有基本的理解就可以运用；没有特定的绘图规则和程序，需要结合实际问题灵活运用。

过程决策程序图的主要用途：制订动态的方针目标实施计划；制订新产品开发执行计划；制定预防不合格品发生的工艺控制对策；制定预防措施，防止质量系统发生重大事故；解决质量纠纷，制定解决方案。

第9章

供应商质量管理

9.1 供应商选择管理

根据迈克尔·波特的行业环境分析模型(五力模型)，供应商和现有竞争者、潜在竞争者、替代品、顾客，共同构成了影响企业行业发展环境的 5 种竞争力量。供应商作为企业价值链上游环节，其产品质量、品牌形象、库存水平、交货保障、议价能力等，对下游企业的产品价值和顾客价值创造带来深刻影响，对于供应商的选择管理，是企业确保质量安全的基础前提。

9.1.1 供应商选择的原则

9.1.1.1 价值定位原则

价值定位原则要求企业在选择供应商时，明确企业自身的市场细分、目标市场选择、产品定位等营销战略(STP)，通过对相关供应商的技术优势、生产能力、品牌声誉、价格水平等综合考评，使所选采购渠道及方式能最大化降低交货风险，有利于打入目标市场，并取得消费者认可和信任。

9.1.1.2 主次有序原则

为了降低采购活动中的断供及涨价风险，在选择供货商时，还需要做好对采购规模、渠道数量等方面的控制。一般而言，企业采购同类物料时，最好有 2~3 家供应商作为备选，并做好彼此之间的主次区分，以防止唯一采购源和单一采购源等带来的生产断供及质量安全风险。

9.1.1.3 优势互补原则

对于企业而言，从不同维度审视，其资源和能力具有不同程度的优势或劣势。对于自身处于劣势的环节，可以通过选择合适的供应商，补齐自身短板；对于自身处于优势的环节，可利用供应商在其他互补性领域的优势，形成组织之间的合作创新及强强联合。

9.1.1.4 协同发展原则

在传统的竞争逻辑中，企业之间的竞争往往是一个“你死我活、你输我赢”的零和博弈，但现代的商业逻辑普遍认为企业之间更应该是一种竞合关系。企业在行业范围发挥竞争优势，不是一个凭借自身能力单打独斗的过程，而是需要借助与供应商构建的战略联盟关系，发挥供应链及产业链韧性，以实现协同发展。

9.1.2 供应商选择的标准

从时间维度来看，选择供应商的标准，可以区分为长期标准和短期标准。长期标准更强调战略性，主要面向质量管理的长远未来。短期标准更强调战术性，主要面向当下特定生产的原料供应(见图 9.1)。

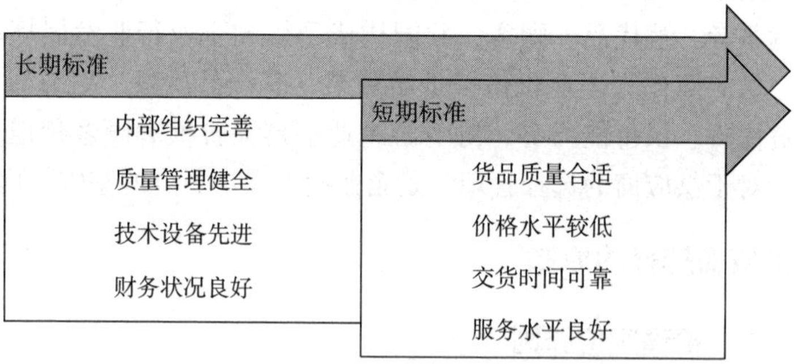

图 9.1 供应商选择的长期标准和短期标准

9.1.2.1 长期标准

首先，内部组织完善。对于组织而言，具有分工和整合两大使命，分工是整合的前提基础，整合是分工的目的指向。只有当企业具备完善的组织形式及制度时，才能做好分工和整合，从而为组织目标和效能的实现形成保障。

其次，质量管理健全。供应商的货品作为企业用于生产加工、市场营销、服务顾客的重要基础，其质量直接影响后续企业生产的产品质量和顾客满意。因此，具有明确的质量管理目标、规范的质量管理制度、科学的质量管理技术的企业，更容易受到采购商的青睐。

再次，技术设备先进。科技创新对于企业确定竞争优势和可持续发展的作用不言而喻，在新一轮科技革命和产业革命背景下，对研发能力强、工艺水平高、设备技术好的供应商，采购商可以借其把握科技红利以形成产业优势。

最后，财务状况良好。当供应商的财务状况出现风险时，可能因此无法完成交货甚至被迫停业，从而给采购商带来巨大风险。一般来说，可以从供应商的短期偿债能力系数、议价能力系数、长期资金来源充足率等方面对其进行考察。

9.1.2.2 短期标准

首先，货品质量合适。所谓货品质量合适，是指供应商提供的货品，和企业的经营目标及顾客需求相匹配。供应商的货品质量并非越高越好：一方面，质量等级越高，往往意味着价格也越高，由此导致质量成本增加；另一方面，当质量等级远高于顾客核心需求时，可能会出现“技术过剩”等问题。

其次，价格水平较低。根据迈克尔·波特的行业分析法(五力模型)，供应商的议价能力，是企业的重要竞争力。对于企业而言，一旦原料价格上涨，就会直接导致生产成本增加，从而使企业失去价格优势，对于价格敏感型产品尤其如此。

再次，交货时间可靠。供应商交货时间过早，会占用生产商的库存；交货太晚，又影响生产的进度安排。一般而言，除了特定商品，商品交货时间是一个期限，而不是一个具体时刻。当然，还需要综合考虑货源储备、物流运输、市场行情、商品特性等多种要素，做好相应的预案和应急管理。

最后，服务水平良好。由于供需双方在工艺流程和技术信息上存在非对称性，一些情况下，企业购买供应商的产品后，供应商后续需要提供必要的安装维护、使用说明、售后保障等服务。供应商提供产品使用方面的培训服务，可大大增强采购方的交易意愿。

9.1.3 供应商选择的流程

选择供应商不是一蹴而就的事情，需要经过组建评选小组、分析市场环境、确定选择目标、建立评价标准、邀请供应商参与、实施供应商评价、确定合作关系等流程(见图9.2)。

9.1.3.1 组建评选小组

在选择供应商时，首先要组建企业高层支持和组织信任的供应商评选小组，评选小组的成员除了具有必备的专业技能之外，还应该对行业形势发展、用户需求变化、企业竞争盈利等有充分认知，同时具有客观理性、公平公正、团队合作精神。

9.1.3.2 分析市场环境

在分析市场环境时，要从宏观、中观、微观层面，把握企业所处市场环

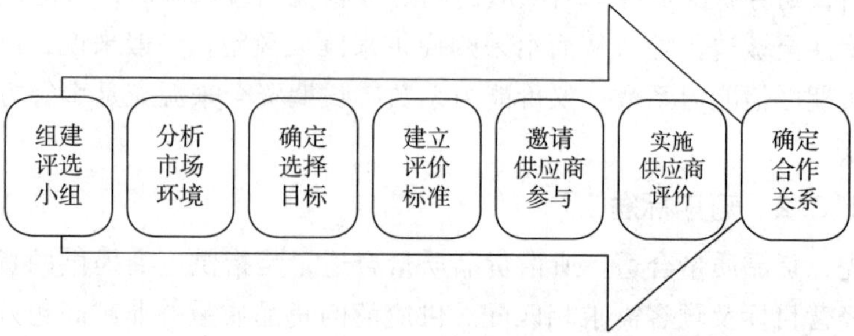

图 9.2 供应商选择的流程

境。在宏观层面，可使用 PEST 分析，对企业所处的政治、经济、社会、技术等环境进行分析；在中观层面，可以使用迈克尔·波特的“五力模型”，对企业所处行业的现有竞争者、潜在竞争者、供应商、用户和替代品等进行把握；在微观层面，要明确企业和主要竞争对手相比在资源、能力等方面的优势与劣势。

9.1.3.3 确定选择目标

企业评选供应商的过程，也是自身业务重组或转型的过程。为此，企业要通过广泛科学的调研，明确目标用户的核心需求，并基于对企业的优势、劣势、机会、威胁等的把握，确定选择供应商的评价目标。一般而言，常见的评价目标有：降低企业成本、减少无效浪费、确保客户所需质量、替换不合格供应商、开发有潜质供应商、维护和优质供应商的长期合作关系等。

9.1.3.4 建立评价标准

不同行业背景及不同企业战略需求下，对于供应商选择的评价标准也不同。建立评价标准体系，应结合企业质量管理目标分析，选择评价指标。对于多样化、复杂化的指标集合，可以通过协同学序参量遴选方法，筛选指标。同时，还要注意区分好产品质量、价格成本、交货保障、企业实力、口碑信誉等不同指标的权重关系。

9.1.3.5 邀请供应商参与

企业开始对供应商进行评价时，需要和供应商取得联系，以便了解其合作意愿及是否愿意参与评价。一般而言，企业可提供的业务机会，是影响供应商参与评价积极性的重要因素。当企业提供业务机会对供应商更有价值时，供应商往往有参与评价的意愿。

9.1.3.6 实施供应商评价

实施供应商评价时，除了要严格按照评价目标、评价标准等要求规范进行外，还要重点考虑供应商的实力及积极性。一般而言，供应商实力越强，其供货的质量、时效、服务、信誉等越有保障。供应商积极性越高，越容易建立紧密的合作关系。然而，在现实中，供应商的实力和积极性之间可能存在一定的反向作用，即实力强大的供应商，往往对金额不大的业务兴趣低、积极性不高。因此，在实施评价时，还需要进行综合权衡。

9.1.3.7　确定合作关系

备选供应商通过了企业评价后，便可以确定业务合作关系。当然，需要注意的是，市场瞬息万变，和供应商的合作也不是一成不变的。一旦需要重新选择供应商时，需要给双方一定的时间，以便适应新变化。

9.1.4　供应商选择的方法

企业在选择供应商时，需要采取科学、合理、适宜的方法。按照分析原理进行划分，主要有定性方法(如文本分析、观察访谈)和定量方法(如调查研究、统计计量、实验分析)两个大类，在具体应用时，往往是多种方法相互补充联合应用。下面以常见的方法进行说明(见表9.1)。

表9.1　选择供应商的常见方法

类型	优点	缺点	适用情景
直观判断	操作简单、快速便捷	对预测者能力有要求	采购规模不大，非重要物品
量化考核	开展数理统计相对客观	对不可量化指标难应对	采购规模不大，一般物品
招投标	广泛竞选合适供应商，获得让渡利润	手续繁杂，时间持续长，采购灵活性差	物资需求量大，供应市场竞争激烈
沟通协商	采购货品质量有保证	可选范围有限，难以形成强有力的价格话语权	采购需求紧，投标单位少，复杂物品

9.1.4.1　直观判断选择法

对供应商的直观判断选择法，是指企业基于知识经验对供应商进行预测和选择的方法。该方法主要以采购人员的专业技能和业务经验作为判断依据，操作相对简单、快速便捷。然而，该方法对于预测者的专业技能、经验阅历、知识水平、道德素养等有较高的要求，且受供应商资料信息来源渠道是否可信以及资料的丰富程度等影响。一般而言，该方法适用于采购规模不大的非重要物品采购决策。

9.1.4.2　量化考核选择法

对供应商的量化考核选择法，是指企业在确立选择原则、目标、标准、权重等基础上，开展规范的考核流程对供应商进行量化评估选择的方法。该方法主要借助数理统计方法，更加客观理性，能够较好地处理多种要素之间的量化关系。然而，在量化指标的选择以及指标权重的设置上，并非绝对理性，在某种程度上仍然需要依赖经验进行判断。与此同时，对于一些不可量化的指标(如口碑、声誉、社会责任)则难以进行量化衡量。一般而言，该方法适用于采购规模不大的一般物品采购决策。

9.2 供应商风险管理

企业和供应商之间的交易活动，往往难以按照既定约定执行，因为主客观因素存在，导致供货不确定并对企业生产产生影响。针对供应商风险管理，以下分别从风险类型识别、风险形成原因、风险应对策略等角度进行分析。

9.2.1 供应商风险类型识别

按照不同维度，可以将供应商风险划分成不同类型(见图9.3)。

1. 按照时间跨度划分

根据风险发生的时间跨度，可将供应商风险划分为长期风险和短期风险。长期风险，是指对供应商的长期经营产生影响进而影响采购企业经营的风险，例如，随着国家深化落实“双碳”目标，一些耗能大、污染高、技术落后的传统生产制造供应商可能面临淘汰，而过多依赖于这些制造商的下游企业也将面临不同程度的风险。短期风险，是指对供应商的短期经营产生影响进而影响采购企业经营的风险，相对于长期风险，短期风险尽管持续时间不长，但其破坏力并不小，一些组织韧性较差的企业，可能因为抗逆经验不足、风险应对措施不当、风险准备时间不够等，产生极大的经营隐患。

2. 按照空间范围划分

根据风险来源的空间范围，可将供应商风险划分为外部风险和内部风险。外部风险主要指由于供应商外部的宏观环境、行业环境、竞争环境等发生变化所带来的风险，其影响力具有普遍性，影响范围可能涉及多个企业甚至整个行业。内部风险主要指由于企业战略转型、组织调整、运营失控、财务不畅而发生风险，相对而言，其影响范围较小，但对于供应商自身的经营影响却很大。

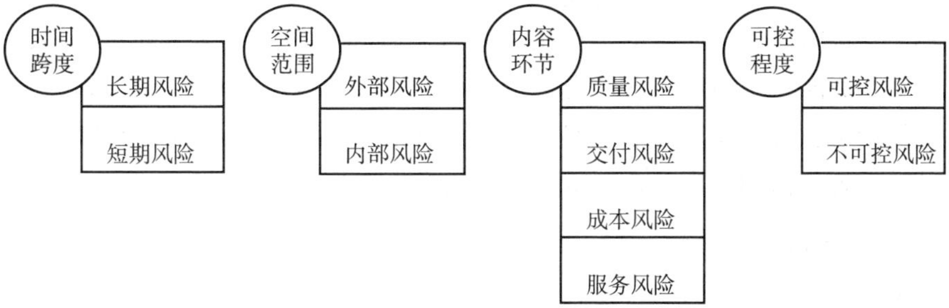

图 9.3 供应商关系风险类型识别

3. 按照内容环节划分

根据风险呈现的内容环节，可将其划分为质量风险、交付风险、成本风险和服务风险等。质量风险主要表现在供应商的交货产品质量不达标、以次充好等，在此情况下，需要进一步区别质量风险的主观因素和客观因素。交付风险主要表现在交货数量不足、交付期限延迟、难以交货、无法交货、拒不交货等。成本风险主要表现为供应商主观或客观涨价。服务风险主要表现为报价处理不及时、维修安装服务不到位等。

4. 按照可控程度划分

根据风险的可控程度，可将其划分为可控风险和不可控风险。可控风险，是指能被风险管理主体进行预防、应对、处理并控制避免扩大化的风险。不可控风险，是指不能被风险管理主体进行预防、应对、处理并控制避免扩大化的风险，一般而言，多为非可抗拒性因素导致，如自然灾害、意外事故、恐怖袭击等。

9.2.2 供应商风险具体成因

供应商风险成因主要有客观原因和主观原因。客观原因，是指外部客观环境发生变化或内部非人为故意导致风险发生的不利因素，例如，外部的自然灾害、金融危机、市场波动，内部的决策不当、管理失误等。主观原因，是指供应商为了自身利益而主观上影响供应安全或损害相关者利益的行为。以下重点对供应商风险的主观原因进行分析。

1. 经营目标不一致

供应链中各环节相关企业，都有着自身的经营目标，各个供应商的目标和供应链整体目标难以完全一致。当面临需要牺牲自身利益才能满足供应链整体利益的决策情境，在不能得到供应链中其他相关主体的理解、包容及利益补偿情况下，供应商可能会做出以自身利益为重而损害整体利益的决策行为。与此同时，供应商往往为多家企业提供供货服务，不同的目标客户在其供应决策中，会有不同重要程度的考量。当供货紧张时，供应商往往会选择对其有重要价值的客户，在一定程度上忽视非重要客户的利益。

2. 交易信息不对称

由于交易信息不对称，企业在选择供应商时，可能因为选择的标准、流程、方法等不科学，而将合适的供应商淘汰，误选并不合适的供应商。在和供应商签订交易协议时，由于对供应商信息的不完全掌握，从而形成逆向选择风险。与此同时，并不能完全掌握供应商的生产活动信息，供应商可能为了其自身利益而做出损害企业的行为，例如，将不能正常履约归结为外部环境、生产过程偷工减料、提供产品质量与预期不符等。

3. 商业秘密被泄露

企业和供应商在交易过程中，涉及多种信息的交换和分享，企业的核心经营信息可能被供应商有意或无意泄露，从而给企业经营带来极大风险。特别是，供应商可能还是企业竞争者和潜在竞争者的供应商，供应商一旦参与到竞争者的供应链，就有可能和企业的竞争者和潜在竞争者联合，形成对企业极为不利的竞争格局。

4. 信任机制不健全

信任作为一项重要的社会资本，对于企业的有序成长和长远发展至关重要。供应链搭建的目的是形成供应商和企业之间的合作关系，并以此减少市场危机及竞争压力。然而，合作的基础和前提是信任，如果供应商和企业之间缺乏信任，就会彼此防备、警戒，甚至产生摩擦或冲突，从而对各方带来不利影响。

5. 供货渠道被套牢

企业为了集中资源把握核心优势，常常将非核心业务外包，以更好地利用外包商的专业性，并减少生产负担。但如果把核心业务外包或过多地依赖于外包，则会使供货渠道套牢。尤其在市场供货紧张的情况下，供应商可能会以断供为威胁，提高交货价格，从而使企业承受损失。更严重的是，一旦供应商实施前向一体化战略，向价值链下游发展，就会成为企业最具威胁的竞争对手。

9.2.3　供应商风险应对策略

企业针对供应商风险的应对策略主要有：风险承担、风险规避、风险转移、风险转换、风险对冲、风险补偿和风险控制等7类(见图9.4)。

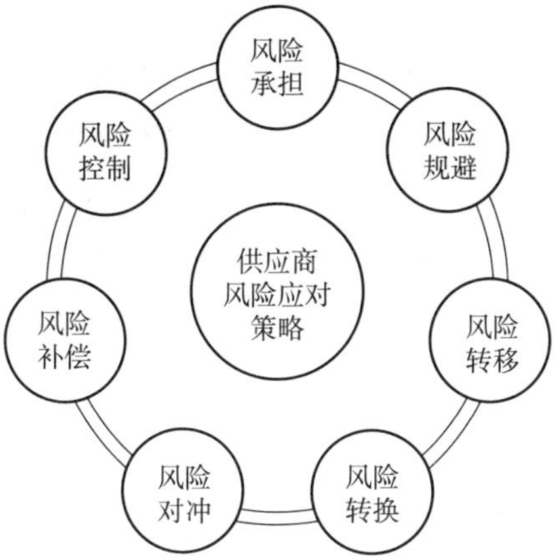

图9.4　供应商风险应对策略

1. 风险承担

风险承担，是指企业主动承担无法识别或无法应对的风险损失的行为策略。企业之所以选择风险承担，主要是因为：首先，由于供应商风险具有较高的不确定性，企业未能及时进行识别；其次，由于能力有限，无法有效应对供应商风险，企业只能被动地选择承担损失；最后，供应商风险可能对企业造成的损失并不大，企业承担一定的损失不会对整个供应链运营有太大影响。

2. 风险规避

风险规避，是指当企业发现供应商的某些行为表现可能会导致风险损失时，通过主动放弃合作或进行改变来规避损失。对于企业来说，未和供应商签订正式明确的交易合同，在风险发生前主动放弃与供应商的合作，是一种自我保护的行为。如果企业和供应商之间已达成了交易约定，就需要权衡，以防止陷入违约风险。风险发生后，企业进行的改变行为，是一种事后补救措施，目的是避免未来的类似风险。

3. 风险转移

风险转移，是指企业为防止供应商风险，将风险进行转移的行为策略。该行为策略主要有以下实现路径：首先，提前向保险公司投保，将风险转移给保险公司；其次，以租赁代购形式，将拟购设备的可能风险转移给承租人；最后，通过应收账款保理，将供应商应收账款的风险转移给银行。

4. 风险转换

风险转换，是指企业为了防止供应商风险发生，通过战略调整将一种风险转换成另一种风险的行为策略。在实际应用中，风险转换还可以通过使用金融衍生产品实施。例如，企业为防止未来某原料价格上涨带来的成本增加风险，提前与供应商签订远期合同，以便锁定原料购买价格，如此一来，企业便不用再担心原料价格上涨。然而，可能又会产生新的风险，如供应商因成本增加违约给企业带来断供风险。

5. 风险对冲

风险对冲，是指企业通过引入多个风险因素集合，使风险互相抵消的行为策略。和风险规避、风险控制对单一风险进行管理不同，风险对冲在具体实施中，重点是要设置好不同风险之间受益与损失的抵消，可以通过使用资产组合、形成多元化经营、利用期货保值、协调不同业务的产品生命周期等手段，形成自我对冲或市场对冲。

6. 风险补偿

风险补偿，是指企业针对供应商风险可能造成的损失采取的补偿措施。一方面，企业可以在风险发生之前主动采取风险补偿措施。例如，对于高风险和低风险的供应商分别确定不同的风险溢价，构建应急资金和意外损失基金等。另一方面，企业可以在风险发生之后采取风险补偿措施。例如，通过质量投诉及司法诉讼等方式挽回损失。

7. 风险控制

风险控制，是指企业对供应商发生风险的诱因、条件、环境等进行控制，以便最大化降低风险事件发生概率及减少风险损失的行为策略。一般而言，风险控制的实施对象往往是可控风险，例如，涉及数量、质量、安全等运营性风险，以及法律范畴的合规风险等。

9.2.4 供应商风险管理方法

供应商风险管理方法主要有资质审查、隐患排查、问题追踪、变化预测、利弊权衡、危险预警、应急预案等(见图9.5)。

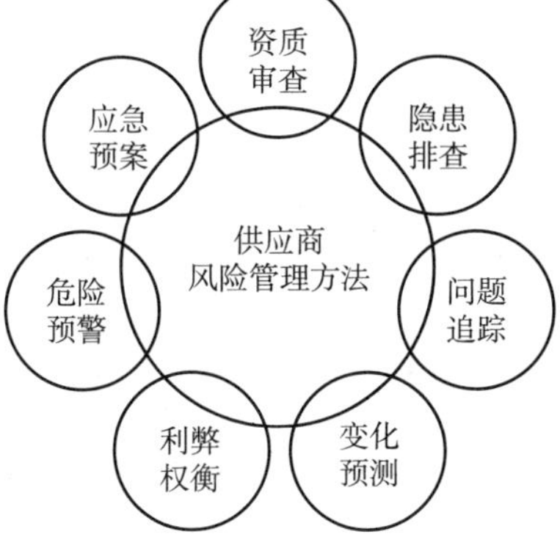

图9.5　供应商风险管理方法

1. 资质审查

供应商的资质审查，是指企业作为采购方对供应商的合法性、技术性、真实性等基础信息进行检验，以核实供应商的能力。对供应商资质的审查，主要依据相关国家标准、行业标准、企业需求等，审查内容包括供应商的基本信息、财务状况、技术水平、业绩成果、服务质量等。

2. 隐患排查

为预防供应商风险，企业需要按照业务流程，定时或不定时的进行隐患排查。通过现代信息技术手段，对供应商的原料使用、技术设备、人员投入、交付服务等环节，进行梳理和隐患排查。

3. 问题追踪

对于排查过程中发现的问题，企业要及时进行原因分析，必要时和供应商深入沟通，共同分析原因，拟定相关对策。与此同时，对问题的改善情况持续关注和监管。

4. 变化预测

企业需要时刻保持对外部环境的敏感性，重点把握乌卡时代(VUCA)的易变性(volatility)、不确定性(uncertainty)、复杂性(complexity)、模糊性(ambiguity)等基本特征，对环境变化及其可能带来的供应商风险进行预测。

5. 利弊权衡

在很多时候，质量安全和供给安全是一对矛盾统一体。质量高的产品，可能会因为出货较慢，影响到后续供应安全；而出货及时的产品，虽然能够保证供给安全，但可能难以确保质量安全。为此，需要在各种矛盾的管理情境中，进行风险利弊的权衡。

6. 危险预警

为防止供应商供货风险，企业需要确定安全库存，做好物料管理的预警，并和供应商保持经常性联系。一旦出现物料缺货预警，就要及时和供应商沟通协商，确保物料供应安全。一旦出现物料滞销预警，则需要按照“推陈”及“储新”原则，加快库存物料的周转。

7. 应急预案

企业应提前对供应商可能出现的风险进行预判，加强应急预案编制。与此同时，做好应急防范的演练工作，提高组织成员对风险的防范意识和风险应对的实战能力。

8. 招投标选择法

对供应商的招投标选择法，是指企业提出招标条件，邀请一定数量的供应商作为投标单位来参与竞标，选择具有最有利条件供应商的方法。根据《中华人民共和国招标投标法》规定，在我国境内进行下列工程建设项目包括项目的勘察、设计、施工、监理以及与工程建设有关的重要设备、材料等的采购，必须进行招标：大型基础设施、公用事业等关系社会公共利益、公众安全的项目；全部或者部分使用国有资金投资或者国家融资的项目；使用国际组织或者外国政府贷款、援助资金的项目；法律或者国务院对必须进行招标的其他项目的范围有规定的，依照其规定。该方法对于采购企业而言，有利于落实公正、公开、公平的原则，便于从更广泛的范围中竞选出合适企业合作发展的供应商，并通过竞标者之间的竞争获得供应商让渡利润，降低采购成本。但是，该方法的实施手续相对繁杂，持续时间长，采购灵活性差。一般而言，该方法适合于物资需求数量大、供应市场竞争激烈的采购决策。

9. 沟通协商选择法

沟通协商选择法，是指采购单位初选供货条件较好的若干供应商，分别同其沟通协商以确定合适供应商的方法。该方法对于采购方而言，和供应商进行充分协商，采购货品的质量有较好的保证。但由于可选范围有限，在价格谈判上难以形成强有力的话语权。一般而言，该方法多应用于采购需求紧、投标单位少、供应商竞争不激烈的复杂物品采购决策。

9.3 供应商关系管理

诺贝尔经济学奖获得者科斯(Coase)1934年在《企业的本质》中，提出交易成本理论，该理论认为：交易存在三种常见成本——市场型成本(如搜索信息、讨价还价产生的成本)、管理型成本(如组织设计、组织运营发生的成本)、政治型成本(如改善不同组织关系的政治运行成本)，企业应利用比外部市场价格机制更低成本的非价格机制，实现对组织资源配置。当企业内部交易成本小于市场时，应在内部交易；当内部交易成本大于外部市场时，应在外部市场交易。现代企业规模扩大、业务类型增加，企业成本不断增加。如何把握企业自身核心优势和资产专用性，和供应商建立良好的分工及合作关系，成为企业发展要考虑的要点。

9.3.1 供应商关系特征

Hakansson 和 Snehota 将企业与供应商之间的关系特征区分为结构特征及过程特征。前者包括持续性、复杂性、对称性和非正式性等，后者包括适应性、竞合性、路径依赖性等(见图9.6)。

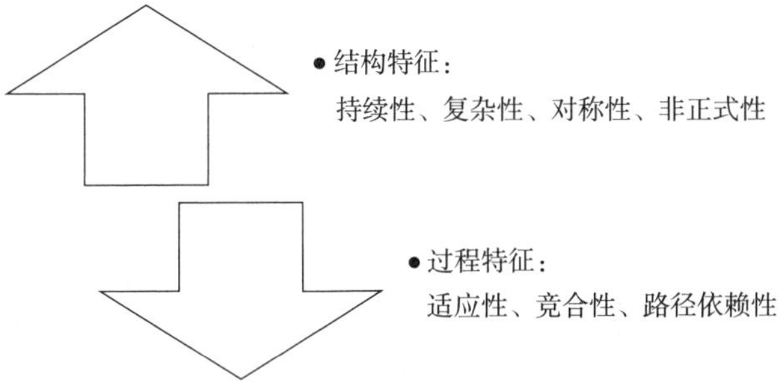

图9.6　供应商关系的基本特征

9.3.1.1 结构特征

首先，持续性。企业和供应商之间的交易往往不是一次性的，而是重复和多频次交易，尤其是企业的战略供应商或合作伙伴供应商，彼此的交易关系往往持续多年。

其次，复杂性。企业和供应商之间的关系受各种因素影响，既有外部因素又有内部因素，既有客观因素又有主观因素，且这些因素会随着时间的推移而不断变化，从而使企业和供应商之间的关系表现出一定复杂性。

再次，对称性。与消费品市场中企业“把客户放在第一位”的理念不同，在工业用品市场交易中，企业和供应商彼此具有互相平衡的资源和能力。

最后，非正式性。尽管企业和供应商之间签订正式合同是非常常见的，但其所起作用有一定的局限性，尤其是在很多环境风险面前更是难以发挥作用。企业和供应商之间的日常交易关系，很多情况下更依赖彼此的信任及以往的交易经验。

9.3.1.2 过程特征

首先，适应性。基于盈利的需要，企业和供应商之间的关系需要不断修正和相互适应，并以此维护彼此之间的合作关系。

其次，竞合性。企业和供应商在同一时期既竞争又合作。从博弈论视角来看，影响企业和供应商竞合关系的主要要素包括环境压力、市场抢占、利益冲突、实力差距、关系质量等。

最后，路径依赖性。类似于物理学中的“惯性”，企业和供应商之间的互动，在一定程度上形成了企业经营的惯性。一方面，企业和供应商之间的良好关系和交易经历，会对彼此进一步深度合作形成正向反馈。另一方面，当企业在某种重要原材料问题上过于依赖某一供应商时，其生产工艺、流程、产品等很可能与供应商的质量和标准形成关联。

9.3.2 供应商关系类型

关于供应商关系类型的划分，不同的维度有不同的方法(见图 9.7)。

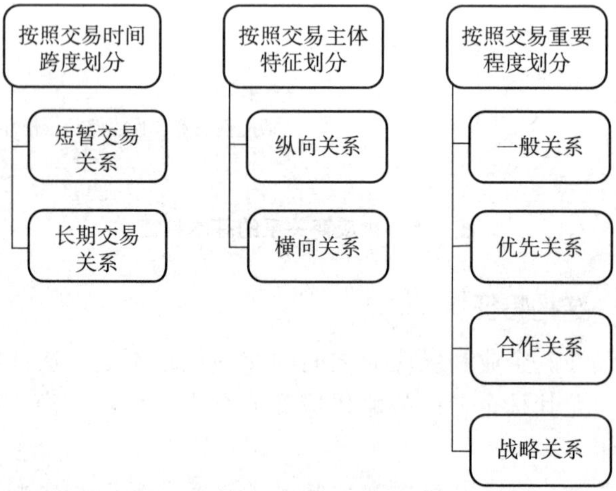

图 9.7 供应商关系类型

9.3.2.1　按照交易时间跨度划分

按照企业和供应商交易的时间跨度，供应商关系可以划分为短暂交易关系和长期交易关系。短暂交易关系意味着企业和供应商之间的交易时间不长且不稳定，相互之间的信任感不强。在此种关系下，企业更关注价格，并可能不断更换供应商。长期交易关系是指企业和供应商之间的交易时间较长且比较稳定。在此种关系下，企业更加专注于长期收益，和供应商之间的沟通较为频繁，合作较为密切。

9.3.2.2　按照交易主体特征划分

按照企业和供应商交易时主体间价值链的位置关系，供应商关系可以划分为纵向关系和横向关系。纵向关系在实践中较为普遍，主要指企业和供应商之间通过传统的价值链上下游关系联系。在该种关系类型中，各方在其所处价值链环节进行分工。横向关系则是企业(作为供应商之一)和其他供应商基于彼此信任与共担风险，共同为商定的目标客户服务形成横向联系。例如，汽车刹车片的制造商和汽车的轮胎制造商共同为汽车制造商提供相关零件、泥瓦工和水电工共同为工程装修项目提供服务。

9.3.2.3　按照交易重要程度划分

按照企业和供应商之间的交易关系重要程度，供应商关系可以划分为一般关系、优先关系、合作关系、战略关系。该种分类方式是以企业和供应商之间在采购货品交易时的价值性、依赖性、持续性为主要定序依据，其中，战略关系也是企业构建战略联盟、实现规模效应、加强组织间学习、提高企业竞争力等的重要路径。

9.3.3　供应商关系管理内容

企业进行供应商关系管理时，涉及不同环节内容。从流程过程来看，供应商关系管理的主要内容包括：采购需求分析、供应商选择分类、采购谈判沟通、合作关系维护、供应商绩效评价(见图9.8)。

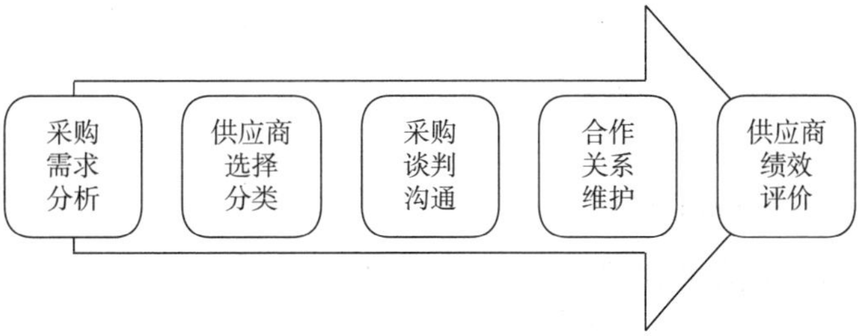

图9.8　供应商关系管理内容

9.3.3.1 采购需求分析

根据财政部颁发的《政府采购需求管理办法》，采购需求是指采购人为实现项目目标，拟采购的标的及其需要满足的技术、商务要求。其中，技术要求是指对采购标的物的功能和质量要求，商务要求是指取得采购标的物的时间、地点、财务和服务等要求。企业需要对当前的顾客需求、行业趋势、市场供给、自身资源等进行深度调研和科学论证，从而确定采购需求并提出遴选供应商的资格和条件。

9.3.3.2 供应商选择分类

对于供应商的选择，可以参考本章关于供应商选择的原则、标准、流程、方法等内容进行。对于供应商分类，可以参考供应商关系特征和关系类型等内容进行。需要说明的是，对于供应商进行选择分类的主要目的，是根据不同供应商的实际情况，实施精准的关系策略，以便发挥各自的优势，实现企业质量管理的根本目标。

9.3.3.3 采购谈判沟通

采购谈判沟通是指企业作为采购方，和供应商就采购标的货品的规格参数、数量规模、质量要求、价格条件、运输方式、交货日期、支付手段等交易细节进行谈判，以求交易达成的沟通协商过程。一般而言，由于采购方和供应商之间的利益需求不同，且交易中涉及的细节较多，采购谈判从筹划准备、开局阶段、正式洽谈直到最终的达成协议，往往是一个多轮次过程。采购谈判过程中的合作性和竞争性、原则性和可变性、短期价值和长期利益等问题，都考验着谈判者的能力素养和敬业精神。

9.3.3.4 合作关系维护

企业和供应商签订交易协议后，还需要对合作关系进行持续维护。首先，根据企业对供应商的等级分类，利用现代信息技术手段，有选择地通过建立供应保障小组、及时分享技术信息、让供应商参与成本控制等方式，定期或不定期的进行沟通。其次，要及时解决交易合作中的摩擦或冲突，对由不可控环境变化、责任划分不明等原因造成的合作摩擦，及时提出解决方案，避免因沟通不畅及冲突扩大造成不必要损失。最后，对供应商进行必要的培训，以便让供应商更好地理解企业的质量规范、产品要求、组织文化等，促进组织间的沟通理解、包容互助、学习合作。

9.3.3.5 供应商绩效评价

供应商绩效评价是企业针对现有交易关系的供应商，就其供货时的具体表现及为企业带来的实际收益进行评价，以便对供应商管理决策进行优化。

供应商绩效评价是供应商关系管理的重要环节，既是对当前企业和供应商关系的评价，也是对未来关系调整的依据。虽然不同行业的供应商评价选取的评价标准体系不同，但都包括供应货品的品质、供应服务的水平、供应商的管理能力等评价内容。供应货品的品质评价包括单批交货品质、批次交货品质、追溯品质等内容，供应服务的水平评价包括服务态度、沟通便捷性、交货时效性等内容，供应商的管理能力评价包括认证体系、技术手段、设备条件、组织文化、品牌声誉等。

9.3.4　供应商关系管理策略

按照采购物品对企业的重要程度、需求数量、风险水平等，可以将相应的供应商关系分为不同类别，并实施不同的关系管理策略(见表9.2)。

表9.2　供应商关系管理策略

关系类型	采购特征			策略要点
	重要程度	需求数量	风险水平	
战略关系	高	多	大	确保利益共赢，进行长期合作
瓶颈关系	高	少	大	降低断供风险，确保有效供给
杠杆关系	低	多	小	发挥杠杆作用，降低价格水平
一般关系	低	少	小	简化交易流程，降低运营成本

9.3.4.1　战略关系策略

企业面向战略关系型供应商采购的物品，往往对企业非常重要，且采购数量规模较大。该类型的供应商在技术水平、工艺流程、产品质量、交货时间、服务提供等方面，影响着企业能否顺利经营，一旦供应商关系管理出现问题，企业会面临巨大损失。

战略关系类型供应商的关系管理重点在于：确保利益共赢，进行长期合作。企业要改变以往的竞争性管理惯性思维，重视和战略关系型供应商之间的利益共同体、事业共同体和命运共同体关系建设。同时，提升自身互补性交换资源的能力，形成对战略关系供应商长期竞争优势的互助合力。

9.3.4.2　瓶颈关系策略

企业面向瓶颈关系型供应商采购的物品，往往需求数量不多但非常重要，一般多属于垄断供给市场的定制产品。该类产品往往是非标准产品，且同质化水平较低。

针对瓶颈关系类型的供应商，其关系管理的重点在于：降低断供风险，确保有效供给。供应商在得知货品对于企业非常关键且市场可替代品较少时，可能会在价格上拒绝让步，并形成谈判优势。企业可以从进行长期合作及关系升级等角度，说服供应商在保证产品质量的前提下做出一定价格的让步。但更重要的是，要和供应商保持密切沟通，防止供应商断供等风险。

9.3.4.3 杠杆关系策略

企业面向杠杆关系型供应商采购的物品，往往是需求数量大但重要程度较低的产品。该类产品具有标准化、同质化等特征。

针对杠杆关系类型的供应商，其关系管理的重点在于：发挥杠杆作用，降低价格水平。企业可以基于供应商产品生产成本，从购买数量、供求关系、行业竞争等方面和供应商进行切实有效的价格谈判，尽可能降低总成本。

9.3.4.4 一般关系策略

企业面向一般关系型供应商采购的物品，往往是需求数量不大且重要程度较低的产品，该类产品多是用于维护（Maintenance）、修理（Repair）和运行（Operations）的 MRO 产品。

针对一般关系类型的供应商，其关系管理的重点在于：简化交易流程，降低运营成本。该类产品在采购时面临着诸如"小件采购、用量不大""品类较多、采购分散""价格差异、库存不便"等问题，一方面，可以线上电商采购招标的形式，更大范围遴选价格合适、品质有保障的供应商；另一方面，可以线下本地化采购招标形式，和本地供应商建立仓储式供需关系。

第10章

质量经济分析

10.1 质量经济性概述

10.1.1 质量经济性基本概念

质量经济性是通过产品质量与投入、产出之间关系的分析，对质量关系进行经济性分析和经济效益分析，在事先满足顾客需求的同时为企业创造最佳的经济效益，即从经济性角度出发，应用成本收益分析方法，对不同质量水平和不同质量管理改进措施进行分析与评价，从中挑选出既满足顾客需求又花费较低成本的质量管理方案。可见，改善质量经济性就是力求经济改善、质量提高，即既使产品质量满足质量要求，又不片面地追求不切实际、偏离顾客要求的所谓“高质量水平”。按照质量经济性研究成果，任何过高或过低的质量水平都是不经济的，都会导致成本增加，经济效益下降。

10.1.2 质量经济效益

质量经济效益可以保证和提高产品质量，是质量活动总收益与质量活动总支出的比值。因此，提高产品质量获得的经济效益表现在很多方面：既有生产过程中的收益，也有使用过程中的收益；既有消耗降低获得的收益，也有销售价格提高获得的收益；既有减少不良品损失获得的收益，也有销售量增加获得的收益；既有减少退货、索赔、质量异议获得的收益，也有质量投资效益提高获得的收益；等等。这些收益都是质量经济效益的有机构成部分，如果对上述各种收益进行适当概括和归类，可以分为 3 个方面，即产品质量分别给生产者、消费者和社会带来的效益。按照质量经济效益的定义，产品质量给生产者带来的收益是企业质量经济效益，产品质量给消费者和社会带来的收益是社会质量经济效益。

10.1.2.1 企业质量经济效益

企业质量经济效益主要包括以下内容。

(1)产品质量提高、产品市场扩大、产品销售量增加，为企业带来的经济效益。

(2)产品质量提高，废品、次品、返修品损失减少，进而为企业带来的经济效益。

(3)产品质量提高，用户退货、索赔、调换、销价及质量异议的申诉、处理等损失减少，为企业带来的经济效益。

(4)产品质量提高、优质品率上升，因优质优价为企业带来的经济效益。

(5)通过质量成本研究，企业总成本或单位产品成本降低为企业带来的经济效益。

(6)通过研究不合格品率的经济性为企业带来的经济效益。

(7)通过研究返修的经济性为企业带来的经济效益。

(8)通过研究生产速度的经济性为企业带来的经济效益。

(9)通过研究质量投资的经济性为企业带来的经济效益。

(10)通过研究产品质量设计的经济性为企业带来的经济效益。

(11)通过研究过程能力指数的经济性为企业带来的经济效益。

(12)产品质量提高为企业带来的各种间接经济效益。

(13)通过研究与产品质量经济性有关的其他问题为企业带来的经济效益。

10.1.2.2 社会质量经济效益

社会质量经济效益包括以下内容。

(1)产品使用价值的增加，如产品使用寿命延长，产品性能、利用率、可靠性提高等，从而为用户、社会带来的经济效益。

(2)产品使用成本下降，如能源消耗、物化劳动和活劳动占用减少，维护费用和修理费用降低，故障率下降等，从而为用户、社会带来的经济效益。

(3)在质量相同情况下，产品价格比国外同类产品低，从而为用户、社会带来的经济效益。

(4)提供良好、方便的售后服务，从而为用户、社会带来的经济效益。

(5)产品质量提高为用户、社会带来的多重间接经济效益。

(6)产品质量提高为用户、社会带来的其他经济效益。

由质量经济效益的构成可以看出，质量经济效益贯穿产品设计、制造、销售、使用、服务整个经济互动过程，这些经济活动都能体现各自的质量经济效益，只不过有些是直接的，有些是间接的；有些是短期看得见的，有些需要较长时间的实践才能体现的；有些体现在个别企业中，有些体现在整个社会中。研究质量经济效益，就是通过质量管理，提高产品质量，研究如何为社会提供最大经济效益的同时力争为企业创造更大的经济效益。

10.1.3　质量经济损失

质量经济损失是指产品在整个生命周期中，由于质量不满足要求，对生产者、使用者和社会造成的损失之和。质量损失存在于产品设计、制造、销售、使用和报废全过程，涉及生产者、消费者和社会多个主体的利益。

10.1.3.1　生产者损失

生产者损失既有可能产生于出厂前，也有可能产生于出厂后；既有有形损失，也有无形损失。另外，不合理地追求质量，导致产品质量超出了用户的实际需求，称为“剩余质量”。剩余质量会导致企业的生产成本增加、损失增大。

10.1.3.2　消费者损失

产品在使用过程中因为质量问题而使消费者遭受的各种损失为消费者损失。消费者损失有很多表现形式，如维修次数多、维修费用大、产品使用过程中的能耗和物耗增加，因产品质量导致频繁停工、停产、交货误期等。按照我国相关法律规定，对消费者的损失，生产者要给予部分甚至全部赔偿。消费者损失也存在无形损失的情况，表现为构成产品的零部件功能不匹配，使用寿命不一致。

10.1.3.3　社会损失

社会损失是指产品问题造成的社会污染或公害引起的损失，包括造成环境破坏、资源破坏和资源浪费产生的损失等。由于这类损失的受害者并不确定，生产商往往不重视。超标排放尾气的汽车就是非常典型的例子，受大气污染之害的对象不容易确定，生产商的责任难以界定。

10.1.4　质量波动与损失

质量波动性源于生产过程的系统性因素和以5W1H为代表的偶然性因素，两个方面的因素始终存在，因此质量波动不可避免。质量波动大，不利于质量控制，严重时会使不良品率上升，质量损失随之增加。日本质量专家田口玄一提出损失函数的表达式为：

$$L(y)=k(y-m)^2$$

其中，$L(y)$表示质量特性值为y时的波动损失；y表示实际测定的质量特性值，k 表示比例常数；m 表示质量特性的标准值，$\Delta=(y-m)$ 为偏差。当质量特性值正好等于质量标准值时，质量损失为零，随着偏差的增加，损失逐渐变大。损失函数为质量的技术经济分析提供了易于操作的工具，具有良好的实用价值。如果工序或生产系统处于统计控制状态，即消除异常因素的影响，只受随机因素作用，则质量特性值大多数服从正态分布。当质量特性值服从正态分布时，产品质量具有最好的经济性，如图 10.1 所示。

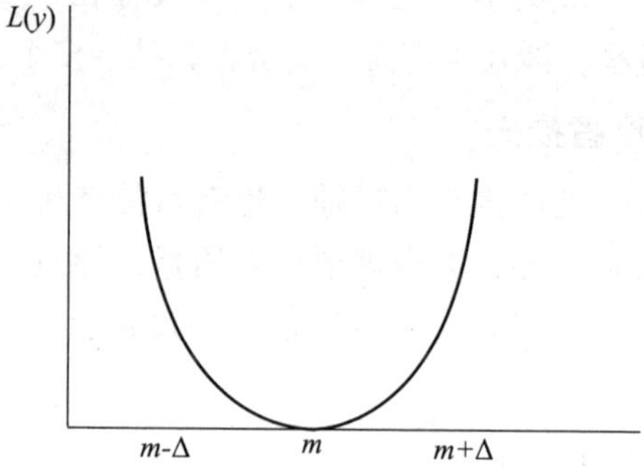

图 10.1　损失函数曲线

10.2　质量成本管理概述

10.2.1　质量成本概念及构成

质量成本的概念由美国著名质量管理学家阿曼德·费根堡姆于 20 世纪 50 年代提出，在 IBM 和通用等公司实施并取得了一定的成效。我国于 20 世纪 80 年代引入质量成本概念，并在企业中积极推广。

质量成本又称为“质量费用”。《质量管理体系基础和术语》(GB/T 19000—2016/ISO 9000：2015)中对质量成本的定义是：将产品质量保持在规定的质量水平上所需的相关费用，是企业生产总成本的一个组成部分。在 ISO/C CD-8402-1 委员会草案中，将质量成本定义为总成本的一部分，包括确保满意质量发生的费用以及未达到满意质量的有形损失与无形损失。上述两个定义在表述上虽不同，但本质上基本相同。总的来说，质量成本是指企业为了保证和提高产品质量发生的一切费用，以及因未达到产品质量标准和不能满足用户需要而产生的一切损失。

10.2.2　质量成本构成和特点

10.2.2.1　质量成本构成

质量成本是企业质量总成本的一部分，根据国际标准化组织的规定，质量成本由 4 部分组成：内部损失成本、鉴定成本、预防成本和外部损失成本，如图 10.2 所示。

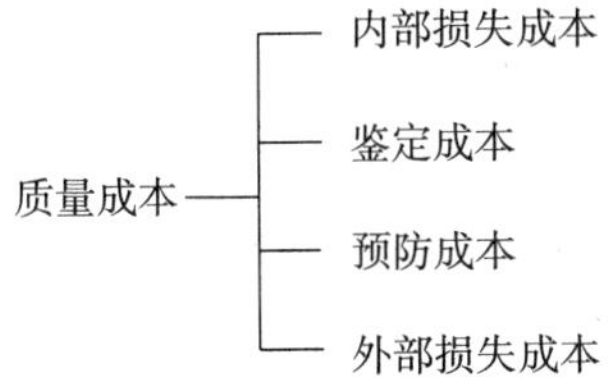

图 10.2　质量成本构成

1. 内部损失成本

内部损失成本也称为“内部故障成本”，是指产品交货前因不能满足质量要求而造成的损失，以及为了处理故障发生的费用。其主要包括废品损失费用、返修损失费用和复试复验费用、停工损失费用、处理质量缺陷费用、减产损失以及产品降级损失等。

2. 鉴定成本

鉴定成本是指为评定产品质量是否满足质量标准进行的测量、试验、检验以及数据分析等鉴定活动耗费的费用。

3. 预防成本

预防成本是指为了预防缺陷和故障发生的各种费用。其主要包括质量策划费用、质量教育培训费用、新产品评审费用、工序控制费用、供应商评价费用、顾客调查费用以及其他预防性费用。

4. 外部损失成本

外部损失成本是指产品交付使用后因为不能满足质量要求造成的各种损失。其主要包括顾客投诉费用、退货费用、赔偿费用、售后服务费用等。

对于质量成本，以下 2 点需要说明。

(1) 预防成本和鉴定成本是为了确保质量进行的投入，内外部损失成本是由于出现质量故障发生的费用。可见，随着预防成本和鉴定成本的增加，内外部损失成本将减少。

(2)质量成本并不包括与质量有关的全部费用，而只是其中一部分费用。这部分费用是制造过程中与产品质量水平最直接、最密切的费用。

10.2.2.2 质量成本的特点

质量成本的特点如下。

(1)只针对产品制造过程的符合性质量，即在设计已经完成，标准和规范已经确定的条件下，才开始计算质量成本。因此，质量成本不包括重新设计和改进设计及用于提高质量等级或质量水平支付的费用。

(2)质量成本是那些与制造过程中出现不合格品密切相关的全部费用。例如，预防成本就是预防出现不合格品的费用。

(3)质量成本并不包括制造过程中与质量有关的全部费用，而只是其中的一部分。这部分费用是制造过程中与质量水平最直接、最密切的费用。

10.2.3 质量成本的分类

质量成本项目种类甚多，为了合理管理和有效控制质量成本，对其进行科学的分类十分必要。通常，质量成本可以按下列方法进行分类。

10.2.3.1 控制成本和故障成本(或损失成本)

按作用划分，质量成本可分为控制成本与故障成本。

(1)控制成本是指“预防成本+鉴定成本”，是对产品质量进行控制、管理和监督花费的费用。这些费用具有投资性质，以达到保证质量的目的，同时其投资大小是预先可以计划和控制的，故称“控制成本”，也可称为“投资性成本”。

(2)故障成本(或损失成本)也称“控制失效成本”，是指内部故障成本与外部故障成本之和，这两部分成本都是控制不力出现不合格品(或故障)而发生的损失，故常称为“损失成本”。

控制成本与故障成本密切相关，在一定范围内，增加控制成本可以减少故障成本，从而提高企业的经济效益。但是，如果不适当地增加控制成本，就可能使质量总成本增加，从而降低企业经济效益。因此，质量成本管理的一个重要任务是合理掌握控制成本的大小，即找到控制成本在质量总成本中的合适比例，使质量总成本最小。

10.2.3.2 显见成本和隐含成本

按存在形式划分，质量成本可分为显见成本与隐含成本。

(1)显见成本是指实际发生的质量费用，是成本核算中需要计算的部分，大部分质量成本属于此类。

(2)隐含成本是指不是实际发生和支出的，但又确实使企业效益减少的费用，这部分减少的收入不直接反映在成本核算中，如由于质量问题而发生的产品降级降价损失、由于质量原因发生的停工损失等均属此类费用。

区分显见成本与隐含成本非常重要，因为两类成本的核算方法不同，显见成本属于成本开支范围的费用，可以通过会计成本系统，根据原始记录、报表或有关凭证进行核算；而隐含成本不属于成本开支费用范围，不直接计入成本。但从质量管理角度来看，隐含成本同企业的销售收入和效益有着密切的关系，必须予以考虑。因此，隐含成本需要根据实际情况进行补充计算。具体来说，显见成本以会计核算办法进行核算，而隐含成本一般采用统计核算方法进行核算。

10.2.3.3 直接成本和间接成本

按与产品的联系划分，质量成本可分为直接成本与间接成本。

(1)直接成本是指生产、销售某种产品产生的直接费用，这类费用可直接计入产品成本，如故障成本等。

(2)间接成本是指生产、销售几种产品共同发生的费用，这类费用需要采用适当的方法，分摊到各种产品中去。

正确区分直接成本与间接成本，对于准确计算产品质量成本有着重要意义。一般来说，预防成本和部分鉴定成本多属于间接成本，而内部故障成本和外部故障成本多属于直接成本。

10.2.3.4 阶段成本

按形成过程划分，质量成本可分为设计、采购、制造和销售等各个阶段的成本。这种质量成本分类有利于实行质量成本控制。在不同的形成阶段制订质量成本计划，落实质量成本目标，加强质量成本监督，以便实现整个过程质量成本优化的目标。

此外，质量成本还可按照发生地点或责任单位进行分类，以明确单位(如车间、科室)和个人的质量责任，把质量成本计划目标和措施层层分解、落实，严格进行控制、核算。只有这样，才能使质量成本管理真正取得成效。

质量成本的构成和费用的分类是质量成本核算的基础。为了有效地进行质量成本核算，还必须严格划分以下5个方面的费用界限。

(1)质量成本中应计入和不应计入产品成本的费用界限。

(2)各种产品质量成本之间的费用界限。

(3)不同时期(如各月份)质量成本之间的费用界限。

(4)成品与在制品之间的费用界限。

(5)质量成本中显见成本与隐含成本的费用界限。

10.2.4 质量成本管理

10.2.4.1 质量成本管理的内容

1. 质量成本的预测、计划及计划编制

(1)质量成本预测。编制质量成本计划，必须对质量成本进行预测。质量成本的预测是指根据企业的历史资料、质量方针目标、国内外同行的质量成本水平以及产品的质量要求和用户的特殊要求等，通过分析各种质量要素与质量成本的变化关系，对质量成本所做的推测和估计。

(2)质量成本计划。质量成本计划是指在质量成本预测的基础上，针对质量与成本的关系，用货币形式表示生产符合产品质量要求所需费用的计划。

(3)质量成本计划编制。质量成本计划通常由财务、会计部门直接进行编制；或者由车间(科室)分别编制，交由财务、会计部门会审和归总后，提交计划部门下达。编制成本计划的依据是企业的历史资料、企业的方针目标，同时参考国内外同行的质量成本资料等。

2. 质量成本分析和报告

(1)质量成本分析。质量成本分析的目的是基于质量成本核算数据及信息，对质量成本的形成、变动原因进行分析和评价，找出影响质量成本的关键因素和管理上的薄弱环节。

(2)质量成本报告。质量成本报告是指根据质量成本分析结果，向领导及有关部门所做的书面汇报，质量成本报告可以作为制定质量方针目标、评价质量体系和进行质量改进的依据。质量成本报告也是企业质量管理部门和财务、会计部门对质量成本管理活动或某一典型事件进行调查、分析与建议的总结性文件。

3. 质量成本控制和考核

(1)质量成本控制。质量成本控制是以质量成本计划确定的目标要求为依据，通过各种手段，把影响质量总成本的各成本项目控制在计划范围内的一种管理活动。由此可见，质量成本控制是完成质量成本计划、优化质量目标、加强质量管理的重要手段。

质量成本控制贯穿质量形成的全过程，分事前控制、事中控制、事后控制。质量成本控制的方法一般有以下几种。

①限额费用控制的方法。

②围绕生产过程重点提高合格率水平的方法。

③通过划分改进区、控制区等进行质量改进、优化质量成本的方法。

④运用价值工程原理进行质量成本控制的方法。

(2)质量成本考核。质量成本考核是对质量成本责任单位和个人的质量成本指标完成情况进行考察与评价，以达到鼓励全体成员不断提高质量成本管理绩效的目的。

建立科学完善的质量成本指标考核体系，是企业质量成本管理的基础。实践证明，企业建立质量成本指标考核体系应坚持以下原则。

①系统性原则。质量成本考核系统是质量管理的一个子系统，而质量管理系统又是企业管理系统的一个子系统。质量成本考核指标与其他经济指标相互联系、相互制约。分析子系统的状态，能促使企业不断降低质量成本。

②有效性原则。有效性是指设立的指标体系具有可比性、实用性和简明性。

③科学性原则。企业质量成本考核对改进和提高产品质量、降低消耗、提高企业经济效益具有重要意义，是企业开展以上工作的依据。因此，质量成本考核依据应符合实际，真实反映质量成本的实际水平。

为了对质量成本进行控制和考核，企业应建立质量成本责任制，即将质量成本指标落实到各有关部门和个人，应明确他们的权责利，形成统一领导、部门归口、分级管理的质量成本管理系统。

10.2.4.2 质量成本管理的意义

质量成本是全面质量管理中的劳动耗费以及未实现质量目标而发生的一切损失之和。有关资料表明，我国企业每年仅不合格品造成的损失就占到销售收入的10%以上，这还不包括质量成本的其他费用。质量成本的分析、控制对提高产品和服务质量，增加企业的经济效益具有极为重要的意义。概括起来，开展质量成本管理的意义主要体现在以下几个方面：

(1)有利于质量管理的深化。通过质量成本分析，可以货币的形式使高层领导意识到加强质量管理、降低质量成本的重要性，认识到不合理的质量成本会给企业带来巨大损失，从而促进高层领导重视和积极推进质量改进活动。

(2)有利于强化质量责任意识。通过质量成本分析，企业可以客观地确定质量管理中的薄弱环节，促使相关部门加强质量责任制，解决质量管理中的主要问题。

(3)有利于提高企业的经济效益。通过加强质量成本管理，企业可以为顾客创造“物美价廉”的产品和服务，提高顾客的满意度，扩大市场份额，进而提高企业的经济效益。

(4)为评价提供依据。质量成本分析提供的数据可作为评价企业质量管理活动效果的依据，有助于发挥员工的主观能动性，提高员工的自豪感。

(5)有利于提高企业的管理水平。开展质量成本管理，可使相关工作人员深入了解质量成本，强化技术人员经济概念。经济与技术的相互结合，可极大地提升企业的管理水平。

10.3 质量经济性分析方法

质量经济性可分为广义的质量经济性和狭义的质量经济性。广义的质量经济性是指用户获得质量所支出的全部费用，包括质量形成过程中耗费资源的价值量和在使用过程中耗费资源的价值量，主要通过价值工程中的单位产品寿命周期成本来反映。狭义的质量经济性是指质量形成过程中耗费资源的价值量，主要是产品的设计成本和制造成本以及应该分摊的期间费用，可以用单位产品成本和分摊的期间费用反映。

质量经济性分析是从经济效益角度出发，应用经济分析方法，对不同的质量水平和不同的质量管理措施进行分析与评价，从中挑选出能使质量和经济效益达到平衡的质量管理方案。

10.3.1 分析原则

企业在进行产品质量经济分析时，应遵循以下原则。

(1)正确处理企业、消费者和社会经济效益的关系，三者有机地结合起来。若三者发生矛盾，应服从消费者和社会的利益。

(2)正确处理当前经济效益和长远经济效益的关系，如果两者发生矛盾，应注重长远经济效益。

(3)正确处理有形经济效益与无形经济效益的关系，应更多地关注无形经济效益。

(4)质量优化的目标应为利润最大或成本最低，在整体优化的前提下考虑局部优化。

(5)进行质量经济分析应从产品生命周期角度考虑问题。

(6)相同对象比较，必须有明确的条件和范围。

10.3.2 分析方法与步骤

10.3.2.1 分析方法

质量经济分析方法有以下三种。

(1)当质量和费用之间的关系可以用简单函数关系表示时，可采用求导方法计算最佳质量水平。

(2)当质量和费用之间的函数关系比较复杂时，可采用线性规划法，并运用计算机求解。

(3)当质量与费用之间的关系不能用确定的函数关系表达时，可将相关数据以图表形式呈现，通过分析图表确定最佳质量水平。

10.3.2.2 步骤

(1)确定质量目标要求。在确定质量目标要求时，需要确定质量经济分析的指标体系，包括质量指标和经济指标。质量指标有产品等级、合格品率、返修率、技术性能水平、可靠性等，经济指标有利润、质量成本、销售成本、使用成本、市场占有率等。

(2)明确课题，提出方案。通过分析质量指标、经济指标的状况和变化趋势，与同范围的先进水平进行比较，分析原因，找出差距，提出质量改进方案，具体有质量成本分析、质量损失分析、质量投资分析。质量成本分析包括鉴定成本、预防成本、内部故障成本、外部故障成本各分类与总量的比值以及近3年的增减关系。质量损失分析是评估质量损失占总成本的比例、趋势和影响。评价某项事物的效益，除了看其成本外，还应看其相关的收入，收入减去成本后的利润才是评价事物经济性的主要指标。因此，质量成本不能作为评价质量经济性的唯一指标。

(3)对方案进行比较。选定相应的评价目标和方法，进行经济分析，确定最优方案。

(4)控制与实施。基于质量经济目标和PDCA循环实施情况进行调整控制。

10.3.3 不同阶段的质量经济性分析

10.3.3.1 设计过程的质量经济性分析

产品设计是产品质量经济性形成的关键环节，设计过程的质量经济性分析，就是要做到使设计出来的产品既满足质量要求，也要使产品生命周期成本最小。设计过程的质量经济性分析包括质量等级水平的经济性分析、产品质量的设计分析(系统设计、参数设计和容差设计)、质量改进的经济性分析、工序能力的经济性分析和可靠性的经济性分析。在新产品开发过程中，需要对不同的质量保证方案进行选择，需要同时考虑投入的资金和产品的市场占有率两个主要因素，两个主要因素之间的联系纽带是质量水平，新产品开发经济分析的理论模型如图 10. 3 所示。

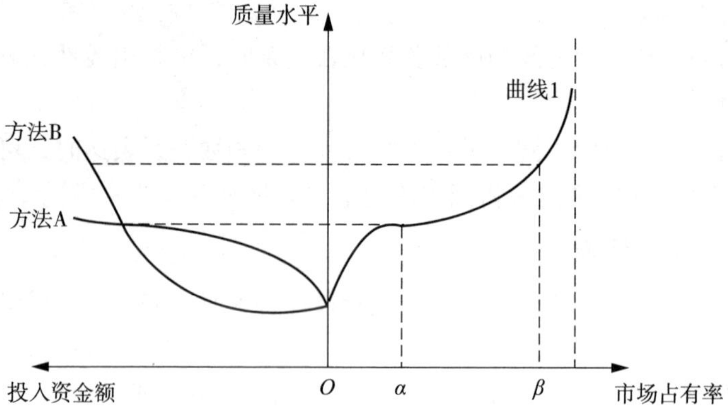

图 10. 3　新产品开发经济分析的理论模型

要提升顾客满意度，必须提高产品质量，而产品质量取决于产品的设计。质量、成本和效益如何基本在设计阶段已经确定，如果在设计阶段设有充分考虑产品的质量与成本要求，仅在制造阶段抓质量与成本是难以奏效的。为了提高设计的质量经济性，企业应做好以下几方面的工作。

(1)市场需求预测。质量设计的经济性要从产品的整个生命周期考虑。产品的质量水平与市场需求有密切的关系，要科学预测产品的市场需求量及变化规律。每种产品从进入市场到退出市场，都有一个发展过程，可以分为试销、旺销、饱和及衰退四个阶段。要根据市场调查和以往的经验，确定前三个阶段的市场活动，以预测销售量。

(2)考虑产品的技术经济指标。考虑产品的技术经济指标即对总体方案进行可行性分析，做到设计上先进、经济上合理、生产上可行，综合考虑社会经济效率。

(3)设计中的质量经济性分析要注意质价分配。质量和价格有时是矛盾的，提高产品质量往往会增加质量成本，成本增加会引起价格的提高。质量成本的不恰当增加会导致产品价格过高，超出社会的一般购买力，产品就会滞销；反之，产品质量低劣，价格即使降低，也没有市场。这里面有一个合理的质价关系，即产品的质价匹配关系。可见，产品设计中质价匹配是一个重要的问题，不能盲目地追求先进性而忽视经济性；否则，设计出来的产品只能成为样品，而不能成为商品。

(4)重视产品设计中的功能匹配。理想的功能匹配是指产品的使用寿命和零部件的使用寿命一样长，假定要设计一种使用期为 15 年左右的产品，从经济上来看最好零件的使用寿命也都是 15 年，但做到这一点并不容易。许多产品由于没有考虑到功能匹配问题，一部分零部件功能已经失效，而另一部分零部件功能仍旧完好，这种功能不匹配的质量设计给顾客和社会造成很大的经济损失。企业效益一般取决于产品的价格与产品成本的差额，而成本和价格通常取决于产品的功能质量水平。根据同功能质量水平产品的成本与价格关系，可以确定利润最高时的质量水平(最佳质量水平)，而不是产品的最高质量水平。

10.3.3.2　制造过程的质量经济性分析

产品制造过程的质量经济性分析是力求以最少的生产费用，生产出符合设计质量要求的产品。在生产过程中，出现高于或低于设计要求的产品，都是不经济的。高于设计要求会增加设计成本；低于设计要求会使产品的不合格品率上升，次品和返修品增多，损失增大。因此，要确定适合设计水平的最佳制造水平，使生产出来的产品质量水平既能满足设计要求，又使成本不太高。制造过程的质量经济分析包括不合格品率的经济性分析、返修的经济性分析、质量检验的经济性分析以及工序诊断调节的经济性分析和生产速度的经济性分析等。

一般而言，进货材料的质量在很大程度上影响制造过程中的产品质量。因此，在制造过程中，要重视对进货材料进行质量经济性管理。为此要了解采购成本的组成。材料的采购成本由买价、税金、运输费、装卸费、保险费、仓储费、检验费等组成。为降低原材料的买价和税金，采购人员通过“三比”确定采购价格及供货单位，是行之有效的方法。所谓“三比”，是指同样产品比质量、同样质量比价格、同样价格比信誉。此外，还应该建立价格公开制度，鼓励相关人员提供价格信息，对原材料的价格进行管理，降低采购价格。由于财务上直接将买价、税金计入材料的采购成本，而运输费、装卸费、保险费、仓储费等采购费用一般按照材料的重量或买价等比例分摊计入各种材料的采购成本，采购人员往往只注重材料的买价，而忽视其他采购费用在采购成本中的比例。因此，在购入原材料时，应该明确运输费、装卸费等采购费用所属，并尽量降低。

10.3.3.3　销售及售后服务的质量经济分析

销售及售后服务的质量经济分析主要分析产品质量与产品销售数量和售

后服务费用之间的关系，包括产品质量与市场占有率和销售利润的综合分析、产品质量与产品销售及售后服务费用的关系、最佳保修期和最佳保修费用分析、交货期的经济性分析、广告费用与提高质量的对比分析等。其中，保修期在很大程度上影响产品的销售量，是决定企业信誉的重要质量指标之一。通常情况下，产品保修期越长，顾客越愿意购买，企业的销售收入越高，但企业需要为此支付更多的保修费用和承担更大的风险。因此，确定合理的保修期十分重要。确定保修期的重要依据是产品的可靠性和故障率。当根据故障率确定保修期时，产品的失效规律和维修费用服从“浴盆曲线”；当根据可靠性确定保修期时，产品保修期主要根据平均故障时间确定。

总而言之，质量经济性分析内容非常丰富，涉及面非常广泛。因为涉及质量成本，所以质量成本分析是一个全面的综合性质量经济性分析问题，需要专门加以讨论研究。只有减少与质量有关的损失，企业效益才能充分体现和增加。要用经济手段生产用户满意的产品，重视使用的适宜性，同时满足企业的需要和利益。为此，应把企业效益和社会效益统一起来，坚持质量与经济的统一，这是质量经济分析的主要任务。

10.4 劣质成本

10.4.1 劣质成本的概念

劣质成本也称为“不良质量成本”，是美国质量协会前主席哈林顿博士 1987 年在其专著《劣质成本》中提出的。他认为，质量成本应改为劣质成本，以避免将质量成本误解为提高产品质量所需的高成本。质量成本是指由质量不良造成的成本损失，或者说是由于没有第一次就把事情做正确而额外付出的成本。哈林顿将劣质成本分为两大类：直接劣质成本和间接劣质成本，具体如图 10.4 所示。

10.4.1.1 直接劣质成本

直接劣质成本包括可控制的劣质成本、结果劣质成本和设备劣质成本。可控制的劣质成本是指管理层可以直接控制的劣质成本，以使顾客接受这些产品和服务，其包括预防成本和检查成本；结果劣质成本是指由内部误差率造成，包括企业失误造成的所有成本；设备劣质成本是指在设备方面的投资以及空间和设备方面的成本，这种成本必须单独处理，且不能上报为一次性

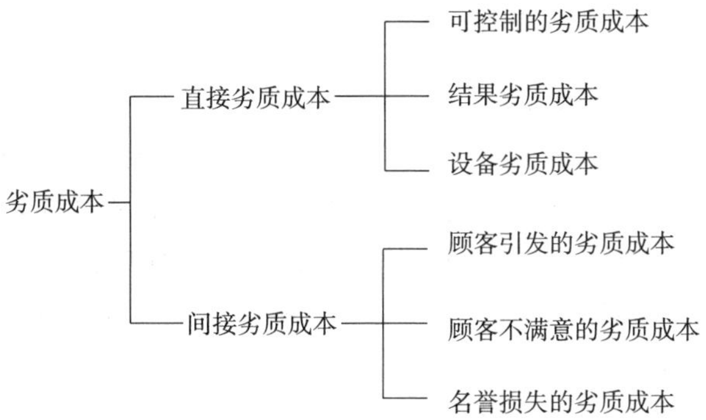

图 10.4　劣质成本的构成

损失，应该在产品生命周期内分期清偿。直接劣质成本可以直接测量并反映到企业的成本结构中。

10.4.1.2　间接劣质成本

间接劣质成本包括顾客引发的劣质成本、顾客不满意的劣质成本和名誉损失的劣质成本。顾客引发的劣质成本是指当产品不能满足顾客期望时产生的质量损失；顾客不满意的劣质成本是指当顾客对产品不满意时，对其他人产生负面影响导致的质量损失；而名誉损失的劣质成本比顾客不满意的劣质成本的损失更严重，且更加难以测量和预测。

直接劣质成本和间接劣质成本只是“水面冰山”，露在外面的是可核算的那些由产品或服务不良造成的损失，如返工、返修、报废、浪费、测试、顾客投诉和退货等，这些看得见的成本只是冰山一角，往往只占销售额的3%~5%；隐藏在水面下方的是巨大的隐含质量成本，包括未准时交付的订单、错误的发货引起的额外费用，设计生命周期延长而增加的成本，库存积压，紧急订货多付的费用，顾客赔偿备用金，交货期延误，新产品延迟上市，丧失销售机会，顾客流失，不良评价等。这些隐含的成本损失比显露的部分大得多，占销售额的15%~20%。这些看得见的或看不见的劣质成本远远超过销售利润。

对劣质成本的研究发现，劣质成本远大于财务报表上显示的数字；不仅在产品实现过程中会产生劣质成本，在支持产品生产的过程中也会产生，在大多数情况下这些成本是可以降低甚至消除的。因此，需要研究劣质成本的构成和识别方法。准确识别劣质成本，尤其是隐含的劣质成本，不仅可以降低产品成本，而且可以找出产生劣质成本的原因，进而提出相应对策，提高质量，降低成本。

10.4.2 劣质成本的构成和分析

劣质成本可以分为非增值损失成本和故障损失成本。非增值损失成本是指非增值过程造成的损失，而故障损失成本是指由故障造成的损失。其中，预防成本中的非增值部分是指没有达到预期目的的那部分预防成本；鉴定成本的非增值部分是指为了预防进行检验但未达到预防目的的那部分成本；鉴定成本中的分析故障原因部分是指为了分析产品质量不良的原因进行试验、检验和检查所发生的费用。

劣质成本是由工作错误和缺陷造成的，而这些工作普遍存在于企业的各部门，渗透于不同过程的各环节。因此，分析劣质成本要从企业系统和过程两个方面入手，通过适当路径，由表及里，由此及彼，层层深入，充分利用劣质成本信息，为质量改进提供坚实基础。通过劣质成本的识别、收集和分析，建立劣质成本报表，从而确定改进项目并选择改进过程，在优化改进过程的基础上增加改进机会。

第11章

东方质量管理

11.1 以度量衡为主的计量活动

计量在我国已有近5000年历史，我国出土的《伏羲女娲图》绘有“伏羲手持矩，女娲手持规”，而规和矩都是与计量相关的器具。《周易·系辞下》中也有记载：“上古结绳而治。”这说明在文字出现前，上古时代的先民已采用结绳方法进行记录，不同绳结的类型、大小、距离，代表着不同的含义。结绳记事，在一定程度上标志原始会计计量的萌芽。

计量多被称为“度量衡”，所谓“度”，指的是“长度”；“量”，指的是“容量”；“衡”，指的是“重量”。三者对应的测量器具分别是测量长度的“尺”、测量容量的“斗”、测量重量的“秤”。我国古代计量的长期发展，为计量基准、计量标准、工作计量器具、计量检定、定型鉴定、计量认证、仲裁检定等现代计量管理活动奠定了基础。

11.1.1 中国古代计量参考标准

从世界范围来看，人类社会的最初计量标准往往是以人类自身的器官为参考依据。由于人体之间的自然形态差异，以人体为标准测量误差较大。为此，古人开始尝试以自然之物作为计量的标准(见图11.1)。

11.1.1.1 取人体为标准

例如，“禹以身度”。《史记·夏本纪》在讲述大禹治水时记载：“禹，身为度，称以出。”意思是：大禹用自己的身长作为长度测量标准，用自己的体重作为重量测量标准。

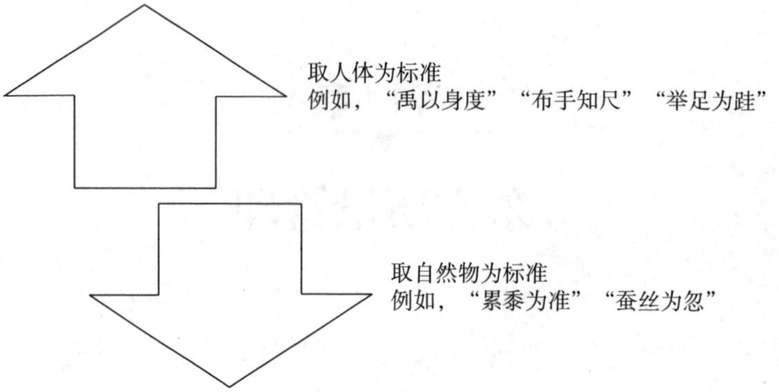

图 11.1 中国古代计量参考标准

又如，“布手知尺”。《孔子家语》中记载：“布指知寸，布手知尺，舒肘知寻。”意思是：展开中指之后，手指上的横纹之间距离大概就是一寸；展开手之后，其长度大概就是一尺；两只手臂伸展开来，大概就是一寻。当然，这里的手、指、肘是指成年男性的手、指、肘，而女子的拇指和食指之间的指尖间距被称为“咫尺”，有个成语叫作“近在咫尺”，就是表示距离非常近的意思。

再如，“举足为跬”。战国时期秦国在开展商鞅变法时，曾规定“举足为跬，倍跬为步”，意思是迈出一只脚的距离为一跬，迈出两只脚的距离为一步，并使“跬”成为丈量土地长、宽、面积的最小单位。与此同时，《荀子·劝学》中也有记载：“不积跬步无以至千里。”

11.1.1.2 取自然物为标准

例如，“累黍为准”。所谓累黍，是指将黍粒按照一定方式进行排列。《说苑·辨物》中记载：“十六黍为一豆，六豆为一铢，二十四铢重一两，十六两为一斤，三十斤重一钧，四钧重一石。”大概意思是：将十六颗黍子重量定为一豆，将六豆(96 颗黍子)定为一铢，将二十四铢(2304 颗黍子)定为一两，将十六两(36864 颗黍子)定为一斤，三十斤(1105920 颗黍子)定为一钧，四钧(4423680 颗黍子)定为一石。

又如，“蚕丝为忽”。《孙子算经》中记载：“度之所起，起于忽。欲知其忽，蚕吐丝为忽，十忽为一丝，十丝为一毫。”与此同时，编纂《本草纲目》的李时珍注陶宏景《别录》时有类似说明。直到清代，在制定度量衡单位时，把“丝”作为长度和重量的小数单位。

11.1.2 中国古代计量主要单位

在不同的历史时期，计量规范和标准要求不同，由此产生的计量单位也不同。以下分别从长度、容积、重量等方面举例说明。

11.1.2.1 长度单位

(1)“尺”。古人将百粒黍子连续排成一排的长度视为一尺，并成为日常生活中较为常见的计量单位，尺出现在不少成语中，如“咫尺天涯”“百尺竿头”“得寸进尺”“垂涎三尺”“冰冻三尺”“尺有所短”等。同时，尺在诗词歌赋等文学作品中，更是常见。古文《邹忌讽齐王纳谏》描写邹忌：“邹忌修八尺有余，而形貌昳丽。”唐代诗人李白写有多首和“尺”有关的诗，例如，《赠汪伦》中的“桃花潭水深千尺，不及汪伦送我情”；《望庐山瀑布》中的“飞流直下三千尺，疑是银河落九天”；《秋浦歌》中的“白发三千丈，缘愁似个长”。

(2)“仞”。《说文》中记载：“仞，伸臂一寻八尺也。”在周制里，八尺为一仞，而到了汉制，七尺为一仞。唐代诗人王之涣在《凉州词》中写道：“黄河远上白云间，一片孤城万仞山。”

(3)“寻”。《小尔雅》中记载：“度寻，舒两肱也。”意思是：作为长度的寻，是指人的胳膊伸展开来的长度。西周时期官方将“寻”视为衡量宽窄的单位，一寻约等于八尺，约合现在的180厘米。值得一提的是，“常”在古代也是长度单位，“八尺为寻、一丈六尺为常”，因为“寻”和“常”在生活中应用较为频繁，所以“寻常”又演化为“平常、普通”之意，如唐代刘禹锡的《乌衣巷》中的“旧时王谢堂前燕，飞入寻常百姓家”。

11.1.2.2 容积单位

(1)“升”。《小尔雅》中记载：“一手之盛谓之溢，两手谓之掬，掬一升也。”意思是：将一只手握满，称为“溢”；将双手捧满，称为“掬”，也就是一升。战国时期的一升，大约相当于现在的200毫升。

(2)“斗”。斗既是一种容量单位，也是一种容器。作为单位时，一斗等于十升。陶渊明“不为五斗米折腰”，是指“不为五十升米折腰”。指一种容器，其形为倒棱台状，中部空，小口为底，大口为顶，且中有一横木用于作手柄拿取。使用斗时，旁边会常备一根细小竹棒，称为“概尺”，用来抹平斗口的粮食。把容器装满后用概尺刮平，叫作“平升”。装到不能再装为止，叫作“尖升”。在中国乡村礼仪文化中，长辈往往会教育晚辈，还粮的时候要“尖升”，以感谢他人帮助之恩，即所谓的“平斗借米尖斗还”。

(3)“斛”。《说文解字注》中记载：“斛，十斗也。”在唐代以前，斛是“石”的旧称，宋代以后，将“斛”和“石”分开，规定“一石为两斛”。例如，唐代李贺在《江南弄》中写道：“鲈鱼千头酒百斛，酒中倒卧南山绿。”

11.1.2.3 重量单位

(1)“缗”(mín)。“缗”本义是“用绳子钓鱼”，例如，唐代诗人韩愈在《河之水二首寄子侄老成》中写道：“采蕨于山，缗鱼于渊。我徂京师，不远其还。”缗作名词之意是“用来串铜钱的绳子”，后逐渐发展成计量单位，所谓“一缗钱”是指“一贯钱”“一串钱”。在唐代之前，一缗钱一般指一千文铜钱，而宋代后，一缗钱一般是七百七十文铜钱。汉武帝时期，由于长期对匈奴作战，财政出现危机，国家颁布了针对富商大贾征收财产税的“算缗令”，以及鼓励公众对隐瞒资产及偷税漏税进行举报的“告缗令”。

(2)“钧”。《说文解字》记载：“钧，三十斤也。”成语“千钧一发”用“一根头发上挂着三万斤重的东西”来形容事情的紧急性。《礼记·月令》记载：“仲春之月，日夜分，则同度量，钧衡石，角斗甬，正权概；仲秋之月，日夜分，则同度量，平权衡，正钧石，角斗甬。”表明我国很早之前就有了较为严格的度量衡监督制度，并且形成了根据气候定期校正计量衡器具的传统。

11.1.3 中国古代计量生产应用

11.1.3.1 记里鼓车

早在汉代，我国就出现了装有计程装置的交通工具——记里鼓车，又被称为“计道车”“司里车”“大章车”(见图 11.2、图 11.3)。

《晋书·舆服志》记载：“记里鼓车，驾四。形制如司南，其中有木人执槌向鼓，行一里则打一槌。”大概意思是：记里鼓车可以供四个人驾乘，形状就像司南车(指南车)，其中，有一个木人拿着槌朝向鼓面，当车子行驶一里时，这个木人敲击鼓面一次，记里程一里。值得一提的是，在山东汉孝堂山郭氏墓祠以及河南唐河出土的汉画像石中，均有记里鼓车的图案造型。

从工作原理来看，记里鼓车利用了足轮、立轮、平轮、旋风轮等之间的齿轮传动关系，通过计算齿轮圈数计算车轮圈数，结合车轮半径，进而计算总周长并推算出总行驶里程。

从使用情境来看，记里鼓车常被视为指南车的“姊妹版”，多用于皇帝出行的仪仗式，即用指南车作为导航，同时配合记里鼓车记录行程距离。

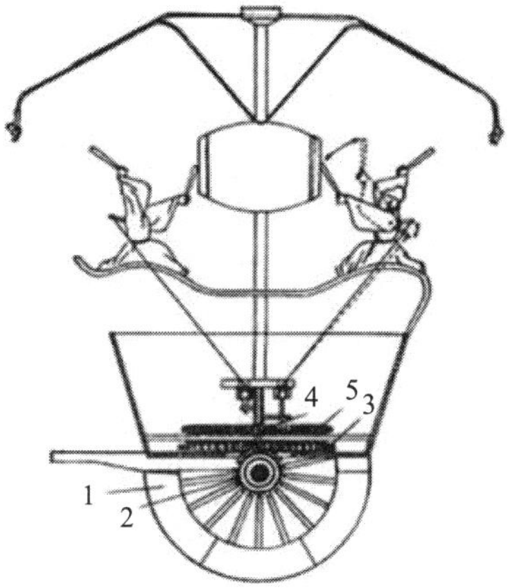

1——右足轮；2——立轮；3——下平轮；4——旋风轮；5——中平轮

图 11.2　记里鼓车的结构(侧视图)

资料来源：河南省文旅厅．张衡博物馆：机械制造之记里鼓车[EB/OL]. https：//hct. henan. gov. cn/2023/01-05/2667941. html.

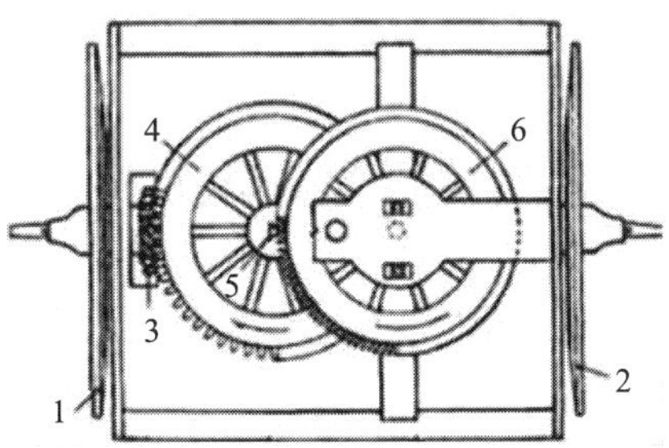

1——左足轮；2——右立轮；3——立轮；4——下风轮；5——旋风轮；6——中平轮

图 11.3　记里鼓车的结构(俯视图)

资料来源：河南省文旅厅．张衡博物馆：机械制造之记里鼓车[EB/OL]. (2023-01-05). https：//hct. henan. gov. cn/2023/01-05/2667941. html.

11.1.3.2　钱粮大写

汉语中的数字，有大小写之分。数字大写，在宋代以前已经出现。例如，宋代陆游的《老学庵笔记》中就有："壹、贰、叁、肆、伍、陆、柒、捌、玖、拾，字书皆有之。"据传，明朝朱元璋时期发生"郭恒案"后，官方规定记账时钱粮数字必须大写，其主要目的是防止在记账过程中对数字进行篡改(见表 11.1)。

表 11.1 汉字常用的小写数字和大写数字

小写数字	大写数字	大写数字本义
一	壹	纯粹专一
二	贰	副手、重复
三	叁	奇数开端
四	肆	摆设及店铺
五	伍	五人为伍
六	陆	平高之地
七	柒	漆树或漆料
八	捌	聚拢谷物的农具
九	玖	似玉黑石
十	拾	捡起

数字大写，是借用相同读音的其他字进行数字表达的“借字”，其本义并非仅仅代表数字，还蕴含着更多含义。

(1)“壹”，纯粹专一。例如，《荀子·大略》记载：“君子壹教，凝子壹学。”大概意思是：作为老师，就要要一心一意做好教学；而作为学生，就要一心一意学习。

(2)“贰”，副手、重复。例如，《周礼》记载：“大祭三贰。”大概意思是：在举行祭祀大典的时候，要有三个副手协助。《论语·雍也》记载：“有颜回者好学，不迁怒，不贰过。”意思是：颜回这个人十分好学，不会迁怒于人，也不会重复犯错。

(3)“叁”，奇数开端。《易·说卦》记载：“叁天两地而倚数。”大概意思是：取天为奇数，取地为偶数。《左传·隐公元年》记载：“先王之制，大都不过参国之一，中五之一，小九之一。”大概意思是：按照前代君王(主要指周朝开国之君周文王、周武王)规定，封地的城邑最大规模不能超过国都的 1/3，中等规模不能超过国都的 1/5，小规模不能超过国都的 1/9。《左传·襄公二十七年》记载：“志以发言，言以出信，信以立志，叁以定之。”意思是：人心中有志才会说话，说话就要讲求诚信，只有诚信才能更好地让人坚定志气。所以说，志气、言语、诚信三者之间是一种互相影响的稳定结构。

(4)“肆”，摆设及店铺。例如，《诗经·行苇》记载：“肆筵设席，鼓瑟吹笙。”意思是：(宫廷里)正在摆设酒席，弹着琴吹着笙。又如，“诗圣”杜甫在《琴台》中写道：“茂陵多病后，尚爱卓文君。酒肆人间世，琴台日暮云。”大概意思是：茂陵(司马相如)年老多病，但依然深爱着卓文君。他们不顾世俗的眼光，开着酒馆店铺，徘徊于琴台之间，远望着碧空白云。

(5)“伍”，五人为伍。在古代，伍指居民五家或者是士兵五人。例如，《周礼·天官·宫正》记载：“会其什伍而教之道义。”大概意思是：把众人集结起来，然后教他们道义。又如，《管子·小筐》记载：“五人为伍。”大概意思是：五个人在一起被视为一伍。

(6)“陆”，平高之地。作为数字“六”的大写，陆还有一种说法是源于古代现失传的一种游戏，例如，《史记·苏秦列传》记载：“斗鸡走狗，六博蹴鞠。”大概意思是：(临淄城)有人在玩斗鸡，有人在遛狗，有人在玩陆博游戏，有人在蹴鞠。

(7)“柒”，漆树或漆料。例如，《山海经·西山经》记载：“又西百二十里，曰刚山，多柒木。”大概意思是：再向西行走四百二十里，有一座刚山，那里到处都是茂密的漆树。

(8)“捌”，聚拢谷物的农具。《急就篇》卷三有“捃获秉把插捌杷”，颜师古注：“无齿为捌，有齿为杷，皆所以推引聚禾谷也。”大概意思是：有齿的农具是捌，没有齿的农具是杷，都是用来聚拢谷物的农具。

(9)“玖”，似玉黑石。《说文解字注》记载：“玖，石之次玉，黑色。”大概意思是：玖是石材中仅次于玉的黑石。《诗经》也有记载：“彼留之子，贻我佩玖。”大概意思是：那个有情的男子，赠给我似玉一样的漂亮黑石。

(10)“拾”，捡起。《后汉书·列女传》记载：“志士不饮盗泉之水，廉者不受嗟来之食，况拾遗求利以污其行乎?”大概意思是：作为有志之士(为了不与强盗同流合污)不会去喝盗泉的水，作为廉洁之人不会吃嗟来之食，更何况是私自占有捡到的金钱而玷污自己的品行?

11.1.3.3　青铜卡尺

卡尺是一种精密的测量工具，法国数学家约尼尔·比尔被公认为是卡尺的发明者，其在《新四分圆的结构、利用及特性》中，就对游标卡尺的结构及原理进行了阐述。

在我国东汉时期，就有关于卡尺使用的记载。1992 年，在扬州市附近出土的东汉时期青铜卡尺，和现代的游标卡尺惊人相似。该卡尺是由固定尺、活动尺和导销等三部分构成，使用时，通过活动尺的左右移动，可测量器物的直径、深度以及长、宽、厚，较直尺方便、精确(见图 11.4)。

游标卡尺利用微分原理，通过主尺和副尺之间的刻线测度尺寸；而青铜卡尺虽然只能借助指示线目测微观长度，但其设计理念反映了我国古代科技的发展水平。

图 11.4　青铜卡尺

资料来源：扬州博物馆．铜卡尺[EB/OL]．https：//www. yzmuseum. com.

11.1.3.4　秤称公平

在我国古代，称重采取“十六进制”，也就是十六两为一斤，故有“半斤八两”之说。

为什么是“十六两一斤”，有很多说法。第一种说法是，秦始皇统一了度量衡，李斯为了迎合其意，就把“天下公平”四个字的笔画数作为计量标准。第二种说法是，古人信奉星象，把北斗七星、南斗六星和福禄寿三星融合，其中，南斗六星蕴意四方(东、西、南、北、上、下)；北斗七星蕴意立身天地，心要中立；而缺一两就要少福，缺二两就要少禄，缺三两就要折寿。

除了以上说法，用十六两作为一斤，有一定的现实基础。古代称重的器具相对简陋，假设一条绳子进行均分，最方便的办法就是将绳子对折，即除以二。同理，一折二、二折四、四折八、八折十六。相比而言，用十六等分比十等分更方便。

但随着更精确的工具及手段出现，十六两作为一斤的计量方式弊端日益显现，尤其是价格非整数时，更是如此。

1953 年，浙江温州瞿溪镇供销社的会计姜周元，致信《浙南日报》(《温州晚报》前身)建议采取“十两一斤”的计量方法，该信被转寄《人民日报》并引起了中央有关部门的重视。经过深入调研和科学论证，1958 年，中央工商行政管理局开始在全国实施衡器全面改革，推广使用十两秤，并向姜周元颁发了“中国衡器改革建议者”证书。

11.2　以政府为主导的质量活动

11.2.1　质量生产管理：物勒工名

《礼记·月令》记载："物勒工名，以考其诚，工有不当，必行其罪，以穷其情。"这是有关"物勒工名"最早的文献记载。根据一般意义上的理解，所谓"物勒工名"是指将生产器物的工匠名字刻于器物上，以明确责任形成质量溯源及管理。国内学者郑巨欣研究发现："工名"事实上包含了多重身份，勒名的功用主要在于承担生产责任，同时反映了等级差别、人力移易、政策革新等信息。

11.2.1.1　作为文字信仰的文化契机

早在殷商时期，我国已出现了物勒工名，只不过此时的物勒工名并不是为了质量管理，而是将其视为超自然神秘力量，以实现图腾崇拜的目标。物勒工名者并不是社会底层人士，而是具有神圣特权的"巫"，该阶层被认为具有可以沟通天地的能力，并处于统治地位。

时至周代，祭祖之风盛行，此时的物勒工名转为祖先信仰，出现了官方提供俸禄组织工匠生产的工商食官制度，一些诸侯权贵自养一些工匠并称为"百工"。此时的勒名之器物由龟甲之器变为青铜之器，这时"工名"的主体也成为器物主人或主造者。

11.2.1.2　作为责任方式的推广应用

春秋战国时期，工商食官制度解体，私营手工业出现，私营手工业者和小手工生产者、庶民、服徭役者、奴隶等构成新的"百工"。因群体身份复杂，为确保质量，在进行规模化产品生产时引入物勒工名制。

战国中后期，韩、赵、魏等军事力量较强的国家，在建造兵器时开始引入物勒工名制，并采取省者(审查官)、主者(生产主管)、造者(工匠)"三级监造"铭文模式。例如，罗振玉编纂的《三代吉金文存》收录的韩国青铜戈铭文就有记载："六年奠(郑)命(令)韩熙、右库工币(师)司马、冶狄。"大概意思是：韩桓惠王六年，审查官郑令韩熙、生产主管右库工师司马、工匠狄。

秦汉时期，继续沿用了"三级监造"制度。与此同时，秦国吕不韦编纂《吕氏春秋》对物勒工名进行于详细论述。随着中央集权逐步加强，"工名"内容范畴不断拓展，并涵盖器物名称、度量衡等信息。此后的历代王朝，逐步形成了相对完善的质量追溯制度(见图11.5)。

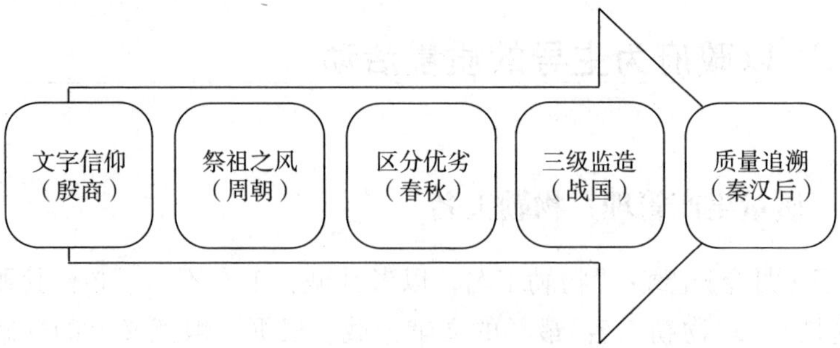

图 11.5　物勒工名制发展脉络

11.2.2　质量价格管理："三贾均市"

11.2.2.1　背景渊源

我国对于质量价格的管理，具有悠久的历史。早在周朝时期，就将物价管理制度嵌入基本法典，并成立专门机构负责具体实施和管理。《周礼·地官》记载："质人，掌成市之货贿人民牛马兵器珍异。"此处的"质人"，就是指对价格进行管理的执行官。战国时期，魏相李悝推行了"平籴法"，在粮食供应较为充足的丰收年，粮食价格下跌，政府以平价向农民购买粮食作为储备；而在粮食歉收之年，政府则平价出售粮食，以维持市场平衡。汉朝时期，政府采取"月平"制度，对流动商品价格等信息定期评价。隋末，社会动乱，物价飞涨；唐朝统一后，开始采取"三贾均市"制度，并以此管控物价，稳定市场。

11.2.2.2　基本内涵

首先，"三贾共九价"。根据《旧唐书》和《大唐六典》记载，"三贾均市"制度在具体实施时，由政府参考市场行情，每旬对市场上的货品进行一次估计，根据产品质量将其划分为上贾（为精）、中贾（为次）、下贾（为粗）三等，每个等级又被细分为上、中、下三个价格水平，如此一来，形成了"三贾共九价"，以便对商品质量进行细分和保障交易者利益。

其次，一旬一次评。《新唐书》记载："平货为三等之直（同'值'），十日为簿。"大概意思是：对货物价格进行评定时，每隔十天就要重新进行制定，并且上报给主管部门。

最后，与官交易中贾定价。《大唐六典》记载："凡与官交易及悬平赃物，并用中贾。"大概意思是：凡是和官方进行商品交易或者拍卖赃物等，都需要用中等价格进行交易。

总体来看，"三贾均市"制度的实施，在市场管理方面，将货物分类化、价格精细化，为劳动者有效生产提供方向和依据。同时，政府能够及时掌握不同物品的短期价格，以便对物资储备等做好调整。在政府监管方面，将价格信息制作成文书上报，在一定程度上能防止官员腐败，也为日后的责任溯源提供了信息依据。

11.2.3　质量契约管理："三日听悔"

11.2.3.1　背景渊源

在中国古代，尽管已经有了比较系统的质量监管体制，但由于买卖双方的信息不对称，以及检验检疫技术并不发达，政府还需要通过民事契约等方式进行质量管理。例如，《周礼》中有"听买卖以质剂"及"大市以质，小市以剂"等记载。"质剂"是官方制作并用于解决买卖纠纷的交易凭证，在发生买卖奴隶、牛马等交易时，要使用较长的契券（称为"质"）；而在购买小件物品时，则使用较短的契券（称为"剂"）。

11.2.3.2　基本内涵

为督促生产者诚信经营，以及保护购买者利益，唐朝时实施了以"三日听悔"为代表的质量契约制度。《唐律疏议》规定："买奴婢、马牛驼骡驴等，依《令》，并立市券。若立券之后，有旧病，而买时不知，立券后始知者，三日内听悔。三日外无疾病，故相欺罔而欲悔者，市如法，违者笞四十；若有病欺，不受悔者，亦笞四十。"大概意思是：购买奴婢、马牛驼骡驴等，必须依照法令签订市券。在买卖双方签订市券以后，发现这些奴婢、货物有问题，购买的时候却不知道，卖方要无条件进行退货，否则将受到鞭打四十的惩罚。当然，如果买方有意欺骗，也要受到同样的惩罚。

11.2.4　质量责任管理：制假刑罚

制假贩假除了使消费者利益受损、破坏企业形象、影响社会安全等外，还会产生税收流失、国家声誉破坏、成为犯罪帮凶等潜在后果。对于制假的法律惩罚等约束，成为质量管理中的重要内容之一。我国古代历代王朝在进行质量责任管理时，呈现出不同的演化特点（见图11.6）。

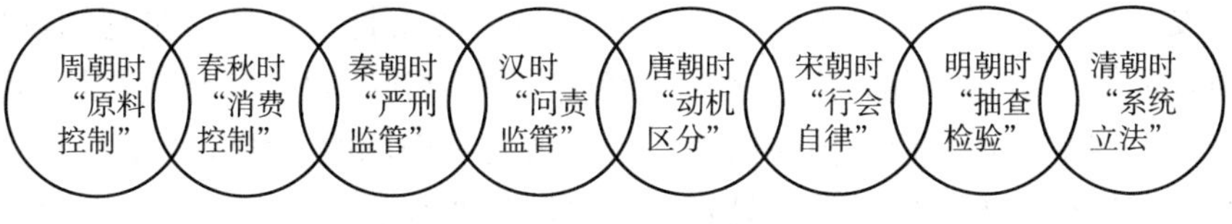

图11.6　质量责任管理的演化

11.2.4.1 周朝时“原料控制”

早在我国周朝时期，人们就非常关注产品的质量安全。以食物为例，由于当时的生产力水平较低，食物一般多直接来自自然界，食物加工及销售环节中的制假行为较少。但由于采摘时机不当或对食性不了解，可能会出现食物安全问题。由此，就有了禁止未成熟农副产品流通于市以防止食物中毒的规定。例如，《礼记·王制》在描述周朝的食品交易时记载：“五谷不时，果实未熟，不粥于市。木不中伐，不粥于市。禽兽鱼鳖不中杀，不粥于市。”大概意思是：五谷还没有到该成熟的季节，果实还没有成熟，不能采摘在市场上售卖。树木还没有长成的时候，不能进行砍伐在市场上售卖。家禽家畜没有长大、野兽没到狩猎季节、鱼鳖之类不在捕捞时机，不能宰杀在市场上售卖。

11.2.4.2 春秋时“消费控制”

春秋时期以孔子为代表，提出传统的食品安全体系。其中，《论语·乡党》中记载“八不食”：“食饐(yì)而餲(hé)，鱼馁而肉败，不食。色恶，不食。臭恶，不食。失饪，不食。不时，不食。割不正，不食。不得其酱，不食。沽酒市脯，不食。”“八不食”，从食物的采摘及储存时机、颜色气味、制作工艺等方面对食品质量安全进行控制(见表11.2)。

表11.2 《论语·乡党》的“八不食”

序号	不食内容	解释	不食类型
1	食饐而餲，鱼馁而肉败，不食	食物变质、鱼肉腐败，不食用	储存不当
2	色恶，不食	颜色异常，不食用	色味不当
3	臭恶，不食	味道异常，不食用	色味不当
4	失饪，不食	烹饪不当，不食用	制作不当
5	不时，不食	不应时令，不食用	储存不当
6	割不正，不食	刀工不当，不食用	制作不当
7	不得其酱，不食	调料不当，不食用	制作不当
8	沽酒市脯，不食	市井小吃，不食用	制作不当

11.2.4.3 秦朝时“严刑监管”

受商鞅变法的影响，秦朝建立了相对严格的质量考评及质量惩罚制度，一旦产品被评定为劣品，生产者和监督者都将受到处罚。以修建长城为例，在管理过程中嵌入了责任担保制度，当出现质量问题时，相关人员必须先对质量问题进行完善，然后接受处罚。再以制售假药为例，一旦制假而治坏了患者，就会被处以“具五刑”，即“墨”(脸上刻字)、“劓”(割掉鼻子)、“刖”

（砍去双足）、“宫”（切除生殖器）、“大辟”（砍头）。

11.2.4.4 汉时“问责监管”

汉朝时期，对外交流活动频繁，特别是张骞出使西域后，为汉朝带回了诸多域外稀奇之物。但因数量有限，难以满足需求，于是出现了一些假冒之物。汉朝对于制假售假采取的是销毁制度，以及严厉的问责制度。以汉朝《二年律令》为例，该律令规定：“诸食脯肉，脯肉毒杀、伤、病人者，亟尽孰（熟）燔其余。其县官脯肉也，亦燔之。当燔弗燔，及吏主者，皆坐脯肉臧（赃），与盗同法。”大概意思是：对于肉类食品，如果因为腐败而毒杀、伤害、致人生病的，必须尽快全部销毁。相关主管官员，如果没有做到该销毁的销毁，那么也要受到处罚；并且，与盗窃同法。值得一提的是，汉朝时将《盗律》和《贼律》作为重点规制列入《二年律令》，而将制假之商视为与盗贼同法，足见其对于制假的打击力度。

11.2.4.5 唐朝时“动机区分”

唐朝时期，在沿承汉朝《二年律令》等的基础上，对于制假之人的犯罪动机进行区分，对于主观恶意和客观恶果等进行区别对待。例如，《唐律疏议》规定：“脯肉有毒，曾经病人，有余者速焚之，违者杖九十；若故与人食并出卖，令人病者，徒一年，以故致死者绞；即人自食致死者，从过失杀人法。盗而食者，不坐。”大概意思是：有质量问题的肉，如果致人生病，剩余的必须迅速销毁，否则，杖责九十；如果故意给人食吃并出售，导致人生病则要劳役一年，导致人死亡则以故意杀人罪处于绞刑；就算自己不知道，他人拿去吃而死亡，也应该以过失杀人罪论处。如果是他人窃盗而食致中毒身亡，那么可以不负过失杀人之责，但需要杖责九十。

11.2.4.6 宋朝时“行会自律”

宋朝时期，政府对计量器具进行月月抽查，特别是王安石变法后，更是每月抽查三次。与此同时，宋朝还创新性地成立了行会制度，通过行会使同行间互相监督，实现行业自律。在具体实施时，首先，对各类商人进行登记造册，否则不能从事该行业经营，以提升商人进入市场的专业技术门槛。其次，产品的质量、成色、价格等由行会进行检查把关。行会负责人相当于质量担保人，一旦产品出现质量问题，就会被问责。最后，行会作为政商关系协调部门，可以根据行会内的会员情况，轮流向政府提供物资以及劳役等，以此减轻摊派负担。

11.2.4.7 明朝时“抽查检验”

明朝时期，国家非常重视对质量问题的溯源，并遵照“物勒工名”的要求。

以修建南京城墙的城砖为例，每块砖都要刻上从工匠到管理者的名字，以便质量溯源。除此之外，明朝还特别重视对产品质量的抽查检验。明代的《工部厂库须知》记载：以炼铜行业为例，在评估其成色高低时，难以做到对于全部产品进行逐一衡量，通过抽样检验的方法，实现对产品的质量监管。

11.2.4.8 清朝时"系统立法"

清朝时期，对于质量责任的管理，基本上继承了前代的做法，并使之更具有系统性。《大清律例》作为中国封建社会法典一个集大成者，在其《户律·市廛》相关条款中，对质量管理进行了系统的立法设计。例如，该律例规定：私造量具缺斤少两，杖六十；以次充好，笞五十；通过托儿欺骗消费者，笞四十。与此同时，清朝时期还颁布了大量"例"对产品质量问题进行规范，其效力在一定程度上不亚于"律"。

第12章

数字质量管理

12.1 “工业4.0”下的管理变革

“工业4.0”不仅使技术基础、生产方式和生活方式发生变化，更推动了管理变革和社会资源配置机制转变。全球已进入数字化的商业情境，数据成为最重要的生产要素，价值网络发生重构，新商业秩序形成。在数字化商业情境下，企业处于一个全新的“商业生态系统”中，企业和用户、企业内部各层级、企业和企业，以及企业和员工之间的关系都在变化。一百多年来，管理理论经历了“从物到人”向“从人到物”的转变，从聚焦效率向创新和领导力转变，从指令管理、目标管理向价值观管理转变。组织努力克服着“自身僵化”带来的困难，在管理者和被管理者的主体框架下，遵循着管理职能“动态平衡”的逻辑，基于法约尔提出的计划、组织、指挥、协调和控制五大管理职能，进行管理职能的增减，以及管理职能间的调整和组合。

对第三次工业革命的认识主要基于“能源基础观”和“结构性技术基础观”两个视角，前者强调可再生能源、分布式能源生产和配置、氢能存储和新能源汽车等技术变革带来的影响；后者强调大数据、人工智能、机器人、数字制造、移动互联、云计算等技术对未来制造范式和生活方式的影响。新技术从涓涓溪流汇聚成江河，已形成新的技术范式。“大智移云”等新技术加速应用，使“工业4.0”的轮廓更加清晰。“数字化、智能化和定制化”的制造成为“工业4.0”的重要特征，大规模定制将成为主要的生产组织方式。

12.1.1 “工业4.0”与管理变革

对“工业4.0”的理解不应局限于技术基础、生产组织方式和生活方式的变革，应该关注更深层次的制度和管理方式的变革、社会资源配置机制的变革。

12.1.2 “数字化”的商业情境

(1)“数字化”的生活。人们已处于数字化情境，“移动互联”降低了人们信息搜寻和交流的成本，无论何时、何地，人们都能通过无线网络连接，数十亿人能够进行实时的信息沟通和商品交易。

(2)“数字化”的商业基础设施。“大智移云”技术的加速应用，使数据搜集、存储、处理和连接变得更加容易。互联网正像电网、高速公路一样成为人类社会不可或缺的基础设施。云计算为企业快速扩张和收缩其基础设施提供了可能性，云计算不仅仅服务于 IT 部门，还支持供应链、营销、服务、运营等部门。随着商业战略的数字化，更多的行业和市场呈现出多边效应与网络效应，如汽车(电子通信系统)、零售业(App)、出版业和广告业以及健康护理等。在数字化商业情境下，企业间的互联性和互相依赖性更强，竞争优势的来源已从大型的专用系统转向数字化互联平台内的“微应用”，因为“微应用”对接全社会资源。

另外，“工业 4.0”要解决的首要问题是“小批量”或“单件生产”的价值创造，它将未来的工业定义为“虚实融合体系”(Cyber-Physical System)，颠覆以电子和信息技术实现制造自动化的“工业 3.0”。“工业 4.0”强调机器与机器、人与机器之间的无缝衔接，强调互联网不仅是“工业 4.0”的一部分，还作为一种工具，更是整体架构的“底层技术”；强调虚实融合体系(现有实体的无缝衔接)基础上的智能化；强调虚实融合过程中的商业模式创新。以数字化整合物理资源，实现价值链的横向、纵向和纵横之间的再组合趋势已经十分明显。

12.1.3 新商业秩序的重构

“工业 4.0”是一次“产业架构”的革命，是价值链或价值网络重新架构的过程。这就要求企业跳出现有产品、产业，甚至现有用户的边界去为用户提供产品和服务。同传统商业情境相比，虽然在数字化商业情境下企业也是被大致相同的力量所驱动，但有一点明显不同，就是其价值不仅仅取决于产品和服务，且不是静止和固定的，也越来越不为生产者所控制；其价值更取决于选择空间，数字化的商业被扩大的选择空间所驱动，掌握相关数据的企业更容易进入其他行业，扩大用户、企业和伙伴的范围。从历史上来看，规制和贸易自由化、新技术及标准化接口(降低资本成本和采购风险)是开启选择空间机会的三种交错力量。数字化商业情境下的企业能够更有效地找到扰动力量，从而拓展选择空间，创造新的价值。从某种意义上来说，用户的价值追求不仅是产品的功能特征，更是体验，这就要求在数字化的商业情境下要做好用户体验设计。例如，苹果公司就是跨越了既定的计算机产业边界，重新架构产业，将娱乐资源引入产业，iPod 应运而生，形成全新的价值网络。事实上，单就 MP3 的开发，SONY 更早一些，简约也一直是 SONY 对产品的追求，为什么结果迥异？因为这时的 iPod 除了具备硬件的“手感、外观、功能”之外，iTunes 让大量传统的唱片公司尝到了甜头，让“互联网不再只是海盗”，娱乐资源自然进入了苹果的产业边界；进而将 iPod 升级为 iPhone App Store，将广大软件应用程序的开发者都纳入其价值网络。此时，苹果公司已经是“硬件+软件+娱乐资源”的综合体。

数据成为最重要的生产要素。对于企业来说，实时用户行为数据成为价值创造、传递和获取的源头，成为连接技术和商业模式的桥梁。2014 年 1 月 14 日，谷歌公司宣布以 32 亿美元收购 Nest 公司，使其获得了一个现实生活场景的数据入口，再加上积累多年的搜索数据和强大的数据分析能力，谷歌利用这些用户行为数据重构实体经济中的价值网络，对人们的生活进行重新分类和定义，决定新的资源组合。实时用户行为数据已经成为价值创造的起点，获取实时用户行为数据的接口正成为企业竞争的焦点，以用户行为数据实现对资源重组正在成为新的商业秩序。实际上，价值创造不是在静态状况下完成的，而是在“交互”过程中实现的。因为“交互”是获得数据的不竭源泉，企业基于交互获得的数据进行价值网络重构和传递价值，创造极致体验。用户“交互”已经成为机会发现、价值创造和价值传递过程中不可或缺的行为。

12.1.4　“工业 4.0”对管理的影响

在数字化商业情境下，企业处于一个全新的“商业生态系统”中。企业和用户、企业内部各层级、企业和企业，以及企业和员工之间的关系都在发生变化，如表 12.1 所示。

(1)数字技术不仅让用户获得更多产品和服务的信息，而且让其深度参与成为可能。用户拥有了更大的选择权、更强的影响力，对价值体现的要求更高，用户从被动接受产品和服务，转向主动参与产品和服务提供的全流程。传统管理学更多涉及的是管理者和被管理者之间的关系，用户并不直接进入管理者的视野。现在，用户已经进入企业的业务流程，甚至成为提供产品和服务的一部分，已经从产品和服务的被动接受者转变为主动参与者。

表 12.1 “工业 4.0”对管理的影响

项目	第一次、第二次工业革命	“工业 4.0”
能源基础	化石能源	可再生能源
基本技术	煤炭和蒸汽动力电信技术和燃油内燃机技术	大数据、智能制造、移动互联、云计算、数字技术和物理技术的融合
制造技术基础	化工、金属处理	人工智能、机器人、数字制造、添加制造
驱动行业	铁路、电报、石油、石化、汽车	分布式能源、物联网、云计算
组织结构	层级结构、高度集中	分布式结构、“去中心化”、网络结构
理论基础	规模经济、科层理论	网络经济、商业生态系统、社会化商业、平台战略
管理“四维”变化	用户被动接受产品或服务、集中控制、竞争、雇佣	用户主动参与、分布式自主管理、合作、共享
商业组织	大企业、巨型企业	平台型企业
商业模式	微软、大英百科、诺基亚	Linux、维基百科、苹果、安卓

(2)企业内部对透明度的要求越来越高，对部门或团队间协同的即时性要求更高。数字技术的应用使管理幅度得以扩大，既有的组织层级成为信息传递障碍，信息在传递中产生偏离、损耗和时滞，同用户即时性要求之间的矛盾越来越突出。因此，跨越层级障碍进行节点连接和动态组网成为必需。企业内部上级和下级之间从更多强调集中控制，正在逐步走向分布自主式管理，从相互博弈关系走向合作关系。

(3)数字化的基础设施促使企业与企业之间交易成本降低；同时，用户对响应速度要求提高，促使企业从追求“内在一体化”转向“合作共生”，从竞争走向构建“商业生态系统”。

(4)“大智移云”技术的广泛使用，使原来许多时间和空间上的障碍得以克服。除了获得劳动报酬外，员工对公平性和价值观的追求也得到提高，“雇佣关系”已经不再是企业和员工间关系的全部，“共享”正成为企业和员工的新追求。

12.2 智能制造时代的质量管理

智能制造是一种由智能机器和人类专家共同组成的人机一体化智能系统，它在制造过程中能进行智能活动，如通过人与智能机器的合作共事，扩大、延伸和部分取代人类专家在制造过程中的脑力劳动。它把制造自动化更新、扩展到柔性化、智能化和高度集成化。智能制造，源于人工能的研究，一般认为能是知识和力的总和，前者是智能的基础，后者是获取和运用知识求解的能力。智能制造应当包含智能制造技术、智能制造系统（Intelligent Manufacturing），不仅能在实践中不断地充实知识库，而且具有自学习功能，还能搜集、理解环境信息和自身信息，对其进行分析判断和规划自身行为。

12.2.1　智能制造的概念与背景

智能制造，又称“智能制造系统”，是一种先进信息技术和制造技术相结合的制造方式。它借助于大数据、物联网、人工智能等技术手段对整个制造流程进行自动化、智能化管理和控制，从而提高生产效率、降低成本并提高产品质量。智能制造在“工业 4.0”时代，作为制造业的重要发展方向，受到了世界各国的高度关注。

随着全球经济一体化的加速，制造业面临着巨大的竞争压力。为了应对这种压力，企业需要提高生产效率、降低成本并提升产品质量，智能制造应运而生。现代信息技术、通信技术、自动化技术和人工智能等的飞速发展为智能制造提供了技术支持。德国提出的“工业 4.0”概念为智能制造提供了理论指导。“工业 4.0”强调智能制造、物联网和服务化制造等，将制造业推向全新的发展阶段。

智能制造通过集成各种传感器、执行器和控制器，使设备具备感知、学习、适应和自主决策的能力。通过将制造设备、工作站、仓库等连接到互联网，实现设备间的信息互通、数据采集和远程监控。通过收集、存储、处理和分析大量制造过程中产生的数据，为决策者提供有价值的洞察和优化方案。借助人工智能和机器学习技术，实现对制造过程的自动化、智能化分析和优化。通过创建物理设备和系统的虚拟模型，实现对设备和生产过程的模拟、预测与优化。通过人工智能、机器人技术等，实现人与机器的协同工作，提高生产效率和灵活性。

12.2.2　“工业 4.0”与智能制造

“工业 4.0”和智能制造密切相关，共同代表了制造业的新发展方向。“工业 4.0”是德国提出的一种工业发展战略，旨在通过数字化、网络化和智能化技术，实现制造业的高度集成和自动化。智能制造则是在“工业 4.0”框架下，以信息技术和制造技术相结合的方式，实现整个制造流程的自动化和智能化。

“工业 4.0”和智能制造的目标都是提高生产效率、降低成本、提高产品质量与响应市场需求的能力。它们都试图通过引入先进的信息技术和制造技术，实现制造业的现代化和转型升级。“工业 4.0”和智能制造共享相同的技术基础，包括物联网、大数据、人工智能、机器学习、数字孪生、云计算等。这些技术为实现制造业的数字化、网络化和智能化提供了关键支持。“工业 4.0”为智能制造提供了理论框架。“工业 4.0”将制造业发展划分为四个阶段：手工业时代(工业 1.0)、大规模生产时代(工业 2.0)、自动化生产时代(工业 3.0)和智能制造时代(“工业 4.0”)。智能制造正是“工业 4.0”的核心内容。智能制造是“工业 4.0”理念在实际生产领域的具体应用。智能制造系统通过整合各种先进技术，实现生产过程的自动化、智能化、柔性化和可持续化，以适应不断变化的市场需求。总之，“工业 4.0”是一种理论和战略，为制造业的未来发展提供了方向；而智能制造是“工业 4.0”在制造业领域的具体实践，体现了“工业 4.0”的核心价值。两者相辅相成，共同推动制造业的创新和发展。

12.2.3 智能制造的关键要素

智能制造是一种基于先进信息技术和制造技术相结合的制造方式。智能设备集成了各种传感器、执行器和控制器，具备感知、学习、适应和自主决策的能力。智能机器人可以在生产线上实现自动化操作，提高生产效率和质量。物联网技术将制造设备、工作站、仓库等连接到互联网，实现设备间的信息互通、数据采集和远程监控，从而提高生产过程的透明度和可控性。智能制造过程中产生的大量数据被收集、存储和分析，以便为决策者提供有价值的洞察和优化方案。数据分析有助于实现生产过程的持续改进，降低成本并提高质量。人工智能和机器学习技术在智能制造中扮演着重要角色，能够实现对制造过程的自动化、智能化分析和优化，提高生产效率和响应市场需求的能力。数字孪生技术通过创建物理设备和系统的虚拟模型，实现对设备和生产过程的模拟、预测与优化。这有助于缩短产品研发周期，降低维护成本，并提高生产过程的可持续性。通过人工智能、机器人技术等手段实现人与机器的协同工作，提高生产效率和灵活性。人机协作模式有助于在制造过程中平衡人类的经验和创新能力与机器的高速和精确性。智能制造要求将生产线上的各个环节高度集成，实现端到端的自动化和智能化。通过系统集成和优化，企业可以实现更高效、灵活和可持续的生产。智能供应链管理是智能制造的重要组成部分，通过实时监控、预测分析和智能决策，智能供应链能够实现物料、信息和资金流的高效协同，提高供应链的可靠性和灵活性。

12.2.4 智能制造的实施与挑战

智能制造是当今工业生产的一个重要趋势，其利用大数据、人工智能等技术手段，提高生产效率、降低成本、提高产品质量。在智能制造背景下，企业组织与管理需要变革，以适应新的生产方式和市场环境。以下是在智能制造背景下企业组织与管理的一些变革方向。

为了满足智能制造的需要，企业需要调整组织结构，实现组织的扁平化、网络化和虚拟化。这可以提高企业的决策效率，加快企业的响应速度，并提高企业对外部环境的适应能力。智能制造涉及多个领域的技术，企业需要与不同领域的合作伙伴进行跨界合作，共享资源和知识，共同研发智能制造解决方案。智能制造对人才的需求发生了变化，企业需要培养具备跨学科知识和技能的复合型人才。同时，企业需要调整人才管理策略，完善员工的激励和培训机制，以提高员工的创新能力和忠诚度。智能制造产生大量数据，企业需要将数据驱动决策纳入企业管理体系，实现对生产、销售、研发等环节的实时监控和优化。企业需要倡导创新文化，鼓励员工在产品设计、生产工艺、服务模式等方面进行创新，以满足市场需求和提高竞争力。在智能制造背景下，企业需要更加重视知识产权保护，防止核心技术和产品被竞争对手模仿或抄袭。智能制造有助于绿色生产和环境保护，企业在生产过程中要重视能源节约、减少污染排放，以提高企业的社会形象。通过以上变革，企业可以更好地适应智能制造背景下的市场环境，提高生产效率和市场竞争力。

12.2.5 智能制造中的质量管理

质量管理是智能制造的重要组成部分。在智能制造中，质量管理的核心是通过数据的实时采集、分析和反馈，实现对生产过程中产品质量的全面控制和优化。以下是智能制造中质量管理的一些应用和特点。

(1)实时监测和反馈。智能制造通过传感器和数据采集技术，实时监测生产过程中各个环节的数据，及时发现并纠正潜在的质量问题。同时，将数据反馈给相关工作人员，以便其采取必要的措施提升质量。

(2)自动化检验。智能制造中，通过自动化检验技术，可自动识别和排除产品的缺陷，提高产品质量和生产效率。通过自动化检验技术，生产过程的检验变得更加快捷、准确、可靠。

(3)智能预警。智能制造中，通过分析历史数据和建立模型，可以实现对质量问题的预警。一旦出现异常，系统会立即向相关人员发送警报，以便及时处理，避免质量问题的扩散。

(4)追溯和溯源。智能制造中，通过数据追溯和溯源技术，追踪从原材料采购到产品生产、配送、销售、使用等各个环节的数据和信息，以保证产品质量和安全。

(5)数据分析和挖掘。智能制造中，通过数据分析和挖掘技术，可以深入挖掘数据的规律和特征，识别潜在的质量问题，以及改善生产工艺和方法。

(6)统一标准和标识。智能制造中，通过制定统一的标准和标识，可以实现产品质量的可追溯性和可比性，提高生产过程的透明度和质量控制水平。

总之，智能制造中的质量管理是一种基于数据的全方位、自动化的质量控制方式。通过实时监测、自动化检验、智能预警、数据分析和挖掘等技术手段，可以提高产品质量和生产效率，降低质量问题的发生率和成本，提高企业竞争力和品牌价值。

12.3 数字孪生环境的质量管理

数字孪生是一种数字技术，通过创建现实世界物理对象或系统的虚拟模型，实现物理世界与数字世界之间的数据交互和实时更新。数字孪生技术在“工业 4.0”、智能制造、物联网等领域有着广泛的应用。

12.3.1 数字孪生概念

“数字孪生”是一种先进的技术，通过虚拟与现实世界的结合，实现对物理实体的实时模拟和分析。数字孪生是物理对象的虚拟副本，其利用物联网、大数据分析、机器学习和其他先进技术，将真实世界中的数据与虚拟模型相结合，从而为设计、测试、运维等提供智能决策支持。数字孪生技术的应用广泛，可用于各种行业和领域，包括制造业、交通、建筑、能源、医疗等。以下是数字孪生技术的一些典型应用场景。

在制造业，数字孪生技术可以用于产品设计、生产过程优化、设备预测性维护等，提高生产效率、降低成本并缩短上市时间。在交通业，数字孪生技术可用于交通管理、智能出行规划、基础设施维护等，以提高运输效率并降低对环境的影响。在建筑业，数字孪生技术可用于建筑设计、施工过程管理、能源效率优化和设施管理等，提高建筑物的安全性、舒适度和可持续性。在能源业，数字孪生技术的应用包括智能电网、可再生能源系统优化、设备维护和故障预测等。在医疗业，数字孪生技术可用于模拟和分析患者的生理状态、协助制定治疗方案、监测药物疗效等，以提高医疗服务质量和病患康复率。

总之，数字孪生技术为各行各业提供了机遇，有望通过实时数据分析和智能决策支持，实现高效、可持续和创新发展。

12.3.2 数字孪生技术发展历程

数字孪生技术的发展可以追溯到20世纪60年代，但真正开始受到关注是在21世纪初。20世纪60年代，美国国家航空航天局(NASA)开始使用类似数字孪生技术，通过地面模拟和分析，对阿波罗计划的航天器进行实时监控和故障诊断。21世纪初，随着计算能力的提高和物联网技术的发展，数字孪生技术开始在工程领域得到应用。当时，数字孪生技术主要用于产品设计和仿真。2010年以后，数字孪生技术进入成熟期，物联网、大数据、云计算、机器学习等技术的结合，使数字孪生技术在各个行业和领域的应用变得更加广泛。2011年，德国工程师迈克尔·格里夫斯(Michael Grieves)正式提出了“数字孪生”概念，并将其应用于产品生命周期管理(PLM)领域。2016年，美国研究咨询公司Gartner将数字孪生列为2017年十大战略性科技趋势之一，使数字孪生逐渐成为举世瞩目的焦点。2017年至今，随着5G、人工智能、边缘计算等新技术的不断发展，数字孪生技术的应用范围不断扩大，在制造业、交通、建筑、能源、医疗等领域都取得了显著成果，数字孪生技术已经成为推动产业发展和创新的重要驱动力。总之，数字孪生技术是伴随着计算能力、物联网、数据分析等技术的进步不断发展壮大的。如今，数字孪生技术在各行各业发挥着越来越重要的作用，为实现智能化、数字化和可持续发展提供了重要支撑。

12.3.3 数字孪生技术组成

1. 物理模型与虚拟模型

数字孪生是一种将物理实体与虚拟模型相结合的技术，包括物理模型和虚拟模型。

(1)物理模型。物理模型是指现实世界中的对象，如设备、机器、建筑物、交通系统等。这些实体在运行过程中产生了大量数据，如温度、压力、速度、能耗等。为了实现数字孪生，这些数据需要通过传感器、控制器等硬件设备进行实时收集并传输给虚拟模型。

(2)虚拟模型。虚拟模型是指对物理实体进行数字化建模的过程，通过软件和算法将现实世界中的数据与虚拟环境相结合。虚拟模型通常基于物理规律、经验数据、机器学习等方法，对物理实体的性能、行为与状态进行实时模拟和分析。这些分析结果可以用于优化设计、故障预测、性能评估等方面，从而为决策者提供智能决策支持。

物理模型与虚拟模型之间是相互依赖和互动的关系。一方面，物理模型提供了实时数据，而虚拟模型则依据这些数据进行模拟和分析。另一方面，虚拟模型的分析结果可以用于优化物理模型的性能和效率。基于物理模型与虚拟模型之间的紧密联系，数字孪生技术可以实现对现实世界的实时监控、分析和优化，从而提高各行各业的运行效率和可持续发展能力。

2. 数据采集与传感器技术

数字孪生技术依赖于实时的数据采集，在虚拟模型中模拟和分析物理实体。数据采集通常通过各种传感器和设备实现。传感器技术在数字孪生中起到关键作用，将实时的物理数据传输到虚拟模型。以下是一些常见的传感器类型及其在数字孪生中的应用。

(1)温度传感器。温度传感器用于监测物理实体的温度变化。这些传感器广泛应用于制造、能源、交通等领域，帮助监测设备的工作状态，预防故障和优化性能。

(2)压力传感器。压力传感器用于监测流体或气体的压力。在数字孪生中，压力数据可以用于分析系统的工作状态，预测潜在故障和优化系统性能。

(3)速度传感器。速度传感器用于测量物体的速度或速度变化。在交通、机器人、工业自动化等领域的数字孪生技术应用中，速度传感器可以帮助实时监测运动状态，优化控制策略。

(4)位置传感器。位置传感器用于确定物体在空间中的位置。在应用数字孪生技术时，位置信息有助于实现精确的模拟和分析，如在智能交通和物流领域。

(5)加速度传感器。加速度传感器用于测量物体的加速度。在应用数字孪生技术时，加速度数据可以用于分析物体的动态行为，如振动、碰撞等，以及预测设备的寿命和性能。

(6)光学传感器。光学传感器用于检测光的强度、颜色、波长等。在应用数字孪生技术时，光学传感器可以帮助实现能源管理和优化，如智能建筑和环境监测。

(7)化学传感器。化学传感器用于检测特定化学物质的存在和浓度。在数字孪生的环境监测、工业过程控制等应用中，化学传感器有助于实现污染物排放控制和优化生产过程。

传感器技术的发展和应用，为数字孪生提供了实时、准确的数据来源。物联网技术在此过程中也起到了关键作用，将传感器收集到的数据传输到云端或边缘计算设备进行处理和分析。

3. 云计算与边缘计算

云计算和边缘计算是两种不同的计算范式，彼此在数据处理、存储和分析方面有各自的优势与应用场景。下面分别介绍两种计算范式的概念和特点。

(1)云计算。云计算是一种通过互联网提供共享计算资源(如处理能力、存储空间和应用程序)的服务模式。云计算用户可以根据需求在任何地点、任何时间访问计算资源。这种模式具有以下特点：①按需付费。用户只需要支付实际使用的计算资源即可，无须购买昂贵的硬件设备。②可扩展性。云计算提供了弹性的资源分配，可以根据需求快速增加或减少计算。③高可用性。云服务提供商通常具有强大的基础设施和备份策略，确保服务的稳定性和可靠性。④集中管理。云计算将数据和应用程序集中存储与管理，便于维护和升级。

(2)边缘计算。边缘计算是一种将数据处理、分析和存储任务从云端转移到离数据源更近的设备(如网关、传感器、控制器等)的计算范式。边缘计算具有以下特点：①低延迟。由于数据处理和分析的任务在离数据源更近的设备上完成，边缘计算可以显著降低延迟，提高实时性。②数据安全。将数据处理任务保留在本地设备上，有助于降低数据泄露的风险。③带宽节省。边缘计算可以对原始数据进行过滤、汇总和压缩，从而减少需要传输到云端的数据量，节省带宽。④异构性。边缘计算支持各种不同类型的设备和操作系统，有利于实现设备间的互操作性。

云计算与边缘计算在实际应用中可以互相补充、协同工作。例如，在物联网系统中，边缘计算设备可以负责实时数据处理和分析，而云端负责大规模数据存储和深度分析。这种组合可以实现高效的数据处理和智能决策，满足不同场景的需求。

4. 大数据与数据分析

在数字孪生领域，大数据和数据分析是关键技术之一，为数字孪生的实现提供了重要支持。大数据在数字孪生中的应用步骤如下。

(1)数据收集。数字孪生依赖于实时数据收集，以便在虚拟模型中模拟物理实体的状态。传感器、物联网设备和控制器等硬件设备可收集现实世界中的大量数据，如温度、压力、速度、能耗等。

(2)数据存储与处理。随着数据量的不断增长，需要有效地存储和处理这些数据。大数据技术(如分布式计算和存储)使大规模数据集的实时分析和查询成为可能。这对于数字孪生的实时性和精度至关重要。

(3)数据分析。对收集到的大量数据进行分析是数字孪生技术的核心任务之一。数据分析方法包括统计分析、时间序列分析、机器学习和人工智能等。通过这些方法，可以从数据中提取有价值的信息，如设备性能、故障预测、优化建议等。

(4)数据可视化。将分析结果以直观的方式呈现，有助于决策者更好地理解和评估数字孪生模型。数据可视化方法包括图表、仪表板、GIS 等。

(5)实时反馈与优化。数字孪生依赖于实时反馈，以便根据数据分析结果优化物理实体的性能。实时反馈与优化有助于提高系统的效率和可靠性。

总之，大数据和数据分析在数字孪生中发挥着关键作用，为实现实时监控、预测和优化提供了有力支持。随着大数据技术、云计算和边缘计算的不断发展，数字孪生的应用范围和性能将得到进一步提升。

5. 人工智能与机器学习

人工智能和机器学习是计算机科学领域的两个重要概念，它们在很多方面都关联。人工智能是指让计算机或其他设备具有类似人类智能的能力，包括学习、理解、推理、感知、适应和交流等。人工智能的目标是让机器能够自主地解决问题和执行任务。人工智能的应用范围非常广泛，涵盖了语音识别、图像识别、自然语言处理、机器人技术、专家系统等多个领域。机器学习是人工智能的一个重要分支，是指让计算机从数据中自动地学习和提取知识，而无须进行编程。通过训练和优化算法，机器学习模型可以开启大数据学习模式和关联，从而实现预测和决策。机器学习的方法包括监督学习、非监督学习、半监督学习、强化学习等。机器学习是实现人工智能的关键技术之一，可以使计算机从数据中自主学习，而不是依赖于人类编写的规则。通过应用机器学习算法，人工智能系统可以更好地处理不确定性、适应新环境和解决复杂问题。

在实际应用中，人工智能和机器学习技术被广泛应用于各个行业，如金融、医疗、制造、交通、教育等。这些技术可帮助企业实现自动化、智能化和个性化，提高效率和创新能力。随着技术的不断发展，人工智能和机器学习将对社会与经济发展产生深远的影响。

12.3.4 数字孪生技术应用领域

数字孪生技术产生于工业领域，在工业领域有着广泛的应用。随着数字孪生技术的迅速发展，数字孪生技术开始应用于建筑、交通、能源、医疗等领域。

1. 工业制造领域

数字孪生技术在工业制造领域具有广泛的应用前景。通过将物理设备与虚拟模型相结合，数字孪生技术可以帮助企业实现实时监控、预测和优化生产过程，从而提高效率、降低成本和提升产品质量。

通过收集实时设备数据，数字孪生可以实时监控设备状态，预测潜在故障并实施预防性维护。这有助于减少设备停机时间、降低维修成本并延长设备使用寿命。数字孪生可以模拟生产线上的各种设备和参数，以评估不同生产策略对效率和质量的影响。通过实时调整设备参数和生产计划，企业生产更高效、灵活。在产品设计阶段，数字孪生可以帮助工程师通过虚拟模型对新产品进行快速原型设计、测试和验证。这可以降低研发成本、缩短上市时间并提高产品质量。数字孪生技术可以应用于整个供应链过程，包括原材料采购、生产计划、库存管理、物流和配送等。通过实时监控和优化供应链各环节，企业可以降低库存成本、减少延误并提高客户满意度。数字孪生可以帮助企业实时监控能源消耗、优化设备参数和生产过程，从而降低能源成本和环境影响。数字孪生支持定制化生产，通过实时调整生产线上的设备和参数可满足不同客户的需求。这有助于提高客户满意度并实现差异化竞争优势。

总之，数字孪生技术为工业制造带来了许多创新和优势，使企业能够应对日益复杂、多变的市场环境。随着数字孪生、大数据、人工智能等技术的不断发展，工业制造领域将进一步实现智能化、自动化和个性化。

2. 建筑与基础设施领域

数字孪生技术在建筑和基础设施领域具有广泛的应用潜力，它可以帮助工程师、建筑师、设施管理人员实现对建筑和基础设施的实时监控、维护与优化。数字孪生技术为建筑和基础设施领域带来了诸多创新与优势，实现智能化、绿色化和可持续发展。随着数字孪生、物联网、人工智能等技术的不断发展，建筑与基础设施领域将迎来更多变革和机遇。

3. 汽车和交通运输领域

通过模拟现实世界中的车辆、交通和基础设施，数字孪生技术可以向企业和政府提供高效、安全与可持续的运输服务。数字孪生技术为汽车和交通运输领域带来了诸多创新与优势，进而实现智能化、绿色化和可持续发展。

4. 能源与环境领域

通过模拟现实世界中的能源设备、系统和环境条件，数字孪生技术可以向企业和政府提供高效、可持续的能源管理与环境保护。

5. 医疗和健康领域

通过模拟现实世界中的生物系统、疾病和治疗方法，数字孪生技术可以向医生、研究人员和患者提供高效、个性化的医疗服务。这有助于提高医疗服务质量、降低运行成本、提高患者满意度。

12.3.5 数字孪生技术优势

数字孪生技术可以全方位的提升制造企业生产效率与管理效率，主要表现在提高生产效率与质量、优化产品设计与创新、降低运维成本与风险等方面。

1. 提高生产效率与质量

数字孪生技术在提高生产效率与质量方面具有显著优势。通过模拟现实世界中的生产设备、流程和工艺，数字孪生技术可以帮助企业实现高效、可靠的生产管理。数字孪生技术可以实时收集并分析生产设备和流程的数据，以便监控设备状态、预测故障并实施预防性维护，有助于缩短设备停机时间、提高设备可靠性并确保生产连续性。数字孪生技术可以模拟现实世界中的生产流程，以便分析生产瓶颈、浪费和低效环节，有助于优化生产布局、提高生产效率并降低生产成本。数字孪生技术可以在生产设计阶段模拟产品性能、工艺可行性和生产条件，以便评估和优化设计方案，有助于提高产品质量、降低研发成本并缩短上市时间。数字孪生技术可以根据客户需求和市场变化，实现快速、灵活的生产调整，有助于满足个性化需求、降低库存成本并提高市场竞争力。数字孪生技术可以根据生产计划和设备状态，实现实时的生产调度和资源分配，有助于提高生产协同性、降低生产延误并提高资源利用率。总之，数字孪生技术为生产企业带来了诸多创新和优势，实现智能化、绿色化和可持续发展。

2. 优化产品设计与创新

数字孪生技术在优化产品设计与创新方面具有显著优势。通过模拟现实世界中的产品、材料和环境条件，数字孪生技术可以帮助设计师和工程师实现更高效、可靠的产品开发。数字孪生技术可以在产品设计阶段创建虚拟原型，模拟产品性能和行为，有助于在生产前评估和优化设计方案，降低研发成本并缩短上市时间。数字孪生技术可以模拟不同材料在产品中的性能，帮助设计师选择最佳材料组合，有助于提高产品质量、降低材料成本并实现更环保、可持续的产品设计。数字孪生技术可以根据客户需求和市场变化，实现快速、灵活的产品设计调整，有助于满足个性化需求、提高客户满意度并提高市场竞争力。数字孪生技术可以预测产品在使用过程中的性能和寿命，从而为设计师提供改进和优化的依据，有助于提高产品可靠性、降低维修成本并提高用户满意度。数字孪生技术可以整合不同领域(如力学、热学、电学等)的知识和技术，以实现跨学科的协同创新，有助于提高产品性能、降低技术风险并加速创新过程。数字孪生技术可以在产品研发阶段模拟现实世界中的测试和验证过程，以便评估产品安全性、合规性和环保性，有助于降低测试成本、缩短认证周期并满足法规要求。数字孪生技术可以收集并分析用户使用产品的数据，以便了解用户需求、改进产品设计并提升用户体验。总之，数字孪生技术为产品设计与创新带来了诸多创新与优势，使产品开发实现智能化、个性化和可持续发展。随着数字孪生技术的进一步发展和应用，将有更多的企业和设计师受益。

3. 降低运维成本与风险

数字孪生技术在降低运维成本与风险方面具有显著优势。通过模拟现实世界中的设备、系统和工艺，数字孪生技术可以帮助运维团队进行更高效、可靠的运维管理。数字孪生可以实时收集并分析设备和系统的数据，以便监控设备状态、预测故障并实施预防性维护，有助于缩短设备停机时间、提高设备可靠性并确保业务连续性。数字孪生技术可以快速定位设备故障、识别问题根源并提供修复建议，有助于减少故障维修时间、提高维修质量并降低维修成本。数字孪生技术可以根据设备状态、业务需求和环境变化，进行实时的运维策略调整和资源分配，有助于提高运维效率、降低运维成本并提高资源利用率。数字孪生技术可以模拟设备和系统在不同条件下的安全性能，以便评估和管理运维风险，有助于提高设备安全性、降低事故发生率并满足安全法规要求。数字孪生技术可以监控和优化运维过程中的能源消耗与环境影响，以实现更节能、环保的运维，有助于降低能源成本、提高企业形象并满足环保法规要求。总之，数字孪生技术为运维管理带来了诸多创新和优势，使运维过程智能化、绿色化和可持续发展。随着数字孪生技术的进一步发展和应用，将有更多的企业和运维团队受益。

12.3.6 数字孪生技术发展趋势与前景

1. 技术融合与创新

数字孪生技术在技术融合与创新方面具有广阔的发展前景。随着数字化、物联网、人工智能、大数据等技术的发展，数字孪生技术将越来越多地应用于各个行业和领域，推动新技术的融合和创新。首先，数字孪生技术可以推动不同产业之间的融合与协同创新，实现资源共享、优势互补和效能提升。例如，数字孪生技术可以在制造业、能源、交通、建筑、农业等领域发挥重要作用，提高生产效率、降低运营成本、改善环境和提升服务质量。其次，数字孪生技术有助于加速新技术的研发和推广应用。通过创建虚拟模型和仿真环境，企业可以快速验证和优化新技术方案，降低研发成本和风险。数字孪生技术还可以促进跨学科、跨领域的技术交流与合作，激发创新活力。再次，数字孪生技术可以与人工智能、机器学习、机器人等技术相结合，实现生产和服务过程的智能化与自动化。例如，通过实时监测和分析设备数据，数字孪生系统可以预测故障、优化调度、进行能源管理等智能功能。最后，数字孪生技术可以帮助企业实现产品和服务的个性化与定制化。通过收集和分析用户数据，企业可以了解用户需求和偏好，为用户提供个性化的解决方案和优质体验。此外，数字孪生技术还可以支持灵活生产、快速响应和精益管理等先进制造理念，提高企业竞争力。数字孪生技术将成为数字经济和数字社会的重要支柱。通过连接虚拟世界与现实世界，数字孪生技术可以提高资源利用效率、减少浪费、改善生态环境，为人类社会的可持续发展贡献力量。

2. 跨行业应用拓展

数字孪生技术具有广泛的跨行业应用前景。其实时、可视化和智能化特性使其在各个行业都能发挥重要作用。其一，数字孪生技术在制造业中的应用可以提高生产效率、降低运营成本和优化产品设计。通过实时监测生产过程和设备状态，企业可以实现故障预测、智能调度和能源管理等功能，提升制造业的竞争力。其二，在建筑和基础设施领域数字孪生技术可以用于规划设计、施工监控、设施管理和能源优化等。通过创建建筑物或基础设施的虚拟模型，企业和政府部门可以更加高效地管理与维护相关资产，提高公共服务质量。其三，在交通与物流领域数字孪生技术可以帮助实现实时监控、智能调度和路况预测等功能，提高运输效率、降低能耗和减少拥堵。数字孪生还可以应用于智能交通系统和自动驾驶汽车等领域，推动交通行业的创新与发展。其四，在能源与环境领域数字孪生技术可以帮助企业和政府部门实现能源管理、排放控制及环境监测等功能。通过实时分析能源消耗和环境数据，数字孪生技术可以为可持续发展和绿色经济提供有力支持。其五，在医疗与健康领域数字孪生技术可以应用于疾病诊断、治疗方案优化和医疗资源管理等。例如，通过创建患者的数字孪生模型，医生可以更加精确地评估疾病风险、制定个性化治疗方案并追踪治疗效果。其六，在农业与食品领域数字孪生技术可以应用于作物种植、动物养殖和食品加工等环节。通过实时监测与分析土壤、气候和生物等数据，数字孪生技术可以帮助农户优化农业生产过程，提高产量和质量。

3. 开放平台与生态系统建设

数字孪生技术在开放平台和生态系统建设方面具有广阔的发展前景。随着数字化、物联网和人工智能等技术的发展，越来越多的企业和组织开始关注并参与数字孪生领域的开放平台与生态系统建设。其一，开放式数字孪生平台可以为企业和开发者提供统一的数据交换、应用开发与服务接入环境，促进跨行业、跨领域的技术融合与创新。通过这些平台，企业和组织可以更加便捷地分享数据、知识和资源，提高协同创新的效率。其二，为了加快数字孪生领域的开放平台和生态系统建设，行业和政府部门需要制定统一的技术标准与规范，以确保各个系统和设备之间的互操作性。通过标准化和互操作性，数字孪生技术可以更好地为各个行业和领域提供服务，推动产业发展。其三，企业和组织在数字孪生领域的开放平台与生态系统建设过程中，可以实现合作与共赢。例如，设备制造商、软件开发商、数据提供商、服务提供商等不同类型的参与者可以在数字孪生生态系统中共享价值，实现互利共赢。其四，通过开放平台和生态系统建设，数字孪生技术可以实现定制化和可扩展性。企业和组织可以根据自身需求，快速开发和部署数字孪生应用，满足个性化和多样化的市场需求。其五，在数字孪生领域的开放平台和生态系统建设过程中，数据安全和隐私保护是一个重要议题。企业和组织需要采取有效的技术与管理措施，确保数据安全和隐私权得到充分保护，为用户提供可信赖的数字孪生服务。此外，开放平台和生态系统建设可以推动数字孪生技术的创新驱动与应用示范。

4. 全球合作与标准制定

数字孪生技术在全球合作与标准制定方面具有巨大的应用前景。随着数字孪生技术在全球范围的应用和推广，国际合作和标准制定变得愈加重要。首先，数字孪生技术的发展需要不同国家和地区之间的合作与交流。通过组织国际会议、研讨会和技术交流活动，各国可以分享数字孪生技术的最新研究成果、应用案例和发展经验，促进全球范围的技术创新与合作。其次，为了实现数字孪生技术在全球范围的广泛应用和互操作性，各国和国际组织需要共同参与全球标准的制定与完善，包括数据格式、通信协议、系统架构等方面的技术标准，以确保各国和地区之间的数字孪生应用具有兼容性与可互联性。最后，随着全球化的发展，越来越多的跨国公司开始关注和投资数字孪生领域，推动跨国项目的实施。这些项目通常涉及多个国家和地区，有助于加强国际间的技术合作与资源共享，提高数字孪生技术的发展水平并扩大应用范围。

12.3.7 数字孪生与质量管理

1. 数字孪生环境下质量管理的步骤

在数字孪生环境下，质量管理主要依赖数字化技术和智能手段实现产品质量与生产过程的实时监控、预测及优化。第一步，通过传感器、物联网技术和设备等实时采集生产过程中的数据，包括设备运行状态、产品质量参数、环境条件等，这些数据是质量管理的基础。第二步，将收集到的各种数据整合在数字孪生虚拟模型中，确保数据的实时更新和同步，以反映生产过程中的实际情况。第三步，利用大数据分析、人工智能和机器学习等技术对数据进行深入挖掘，发现数据关联和潜在规律，为质量管理提供决策依据。第四步，在数字孪生环境下，实现对生产过程和产品质量的实时监控，通过设定预警阈值，提前发现质量问题和风险，以便及时采取预防措施。第五步，根据数据分析和预警结果，对生产参数和工艺进行优化调整，实现产品质量和生产效率的提升。第六步，通过数字孪生技术对设备故障进行实时诊断，采取预防性维修和故障排除措施，降低设备故障对生产的影响。第七步，数字孪生技术使生产过程中的所有数据可以全程追溯，便于企业进行质量管理和审核，满足客户和监管部门的要求。第八步，通过数字孪生技术提供的数据支持和分析工具，实现生产过程和质量管理的持续改进，提高企业的竞争力和市场地位。

2. 数字孪生环境下质量管理关键技术

数字孪生是一种通过数字模型对现实世界的物理系统进行仿真和分析的技术。数字孪生技术结合了 IoT、大数据、机器学习和高性能计算等技术，用于对现实世界的物体与系统进行高度精确的模拟、优化和预测。

数字孪生环境下，机器学习技术起着至关重要的作用。机器学习的监督学习通过已知输入和输出的训练数据来预测新的未知数据。监督学习可用于故障检测、性能预测和优化等任务。机器学习的无监督学习通过分析未标记的数据发现数据的内在结构或模式。无监督学习可以用于聚类分析、异常检测和特征提取等任务。机器学习的半监督学习：结合监督学习和无监督学习的方法，既能利用已标记数据进行训练，也能处理未标记数据。半监督学习可以用于解决数据标记不足的问题，提高模型的泛化能力。强化学习通过与环境的交互学习做出最优决策。强化学习可以用于优化控制策略、提高系统性能和节能等任务。深度学习是通过基于神经网络的一种机器学习方法，可应对大量复杂数据。深度学习可以用于图像识别、语音识别和自然语言处理等任务。

总之，数字孪生环境下的质量管理依托于数字化技术和智能手段，实现生产过程的实时监控、预测和优化，以提高产品质量和生产效率，降低生产成本和风险。这对于企业在激烈的市场竞争中保持竞争力具有重要意义。

参考文献

[1]FEIGENBAUM A V. Total quality management[M]. John Wiley & Sons, Inc, 2002.

[2]SCHNIEDERJANS M I, QING C, OLSON J R. Consumer perceptions of product quality: Made in China[J]. Quality Management Journal, 2004, 11 (3): 8-19.

[3]FEIGENBAUM A V. Quality control: Principles, practice, and administration[M]. New York: McGraw-Hill, 1951.

[4]DE PROPRIS L, BELLANDI M. Regions beyond industry 4.0[J]. Regional Studies, 2021, 55(10-11): 1609-1616.

[5]EDWARDS M R, SPROULL J R. Creativity: Productivity gold mine? [J]. Journal of Creativity Behavior, 1984, 18(3): 175-184.

[6]RAJA SANTHI A, MUTHUSWAMY P. Industry 5.0 or industry 4.0 s? Introduction to industry 4.0 and a peek into the prospective industry 5.0 technologies [J]. International Journal on Interactive Design and Manufacturing, 2023, 17(2): 947-979.

[7]TIERNEY P, FARMER S, GRAEN G. An examination of leadership and employee creativity: The relevance of traits and relationships[J]. Personnel Psychology, 1999, 52(3): 591-620.

[8]MUMICK I S. Selection of views to materialize in a data warehouse[D]. Springer Berlin Heidelberg, 1997.

[9]BOX G E P, HUNTER W G, HUNTER J S. Statistics for experiments [M]. New York: John Wiley, 1978.

[10] COASE R H. The nature of the firm[J]. Economica, 1937(4): 1-20.

[11]KOMKOWSKI T, ANTONY J, GARZA-REYES J A, et al. The integration of Industry 4.0 and Lean Management: A systematic review and constituting ele-

ments perspective[J]. Total Quality Management & Business Excellence, 2023, 34(7-8): 1052-1069.

[12]VO D T, NGUYEN X P, NGUYEN T D, et al. A review on the internet of thing (IoT) technologies in controlling ocean environment[J]. Energy Sources, Part A: Recovery, Utilization, and Environmental Effects, 2021(8): 1-19.

[13]PSAROMMATIS F, MAY G. A literature review and design methodology for digital twins in the era of zero defect manufacturing[J]. International Journal of Production Research, 2023, 61(16): 5723-5743.

[14]KOMKOWSKI T, ANTONY J, GARZA-REYES J A, et al. A systematic review of the integration of Industry 4.0 with quality-related operational excellence methodologies[J]. Quality Management Journal, 2023, 30(1): 3-15.

[15]DOS SANTOS C H, MONTEVECHI J A B, DE QUEIROZ J A, et al. Decision support in productive processes through DES and ABS in the Digital Twin era: A systematic literature review [J]. International Journal of Production Research, 2022, 60(8): 2662-2681.

[16]LATTANZI L, RAFFAELI R, PERUZZINI M, et al. Digital twin for smart manufacturing: A review of concepts towards a practical industrial implementation[J]. International Journal of Computer Integrated Manufacturing, 2021, 34(6): 567-597.

[17]ROSSIT D A, TOHME F, FRUTOS M. Production planning and scheduling in cyber-physical production systems: A review[J]. International Journal of Computer Integrated Manufacturing, 2019, 32(4-5): 385-395.

[18]CIANO M P, POZZI R, ROSSI T, et al. Digital twin-enabled smart industrial systems: A bibliometric review[J]. International Journal of Computer Integrated Manufacturing, 2021, 34(7-8): 690-708.

[19]TISSIR S, CHERRAFI A, CHIARINI A, et al. Lean Six Sigma and Industry 4.0 combination: Scoping review and perspectives[J]. Total Quality Management & Business Excellence, 2023, 34(3-4): 261-290.

[20]WILHELM J, PETZOLDT C, BEINKE T, et al. Review of digital twin-based interaction in smart manufacturing: Enabling cyber-physical systems for human-machine interaction[J]. International Journal of Computer Integrated Manufacturing, 2021, 34(10): 1031-1048.

[21] DE BEM MACHADO A, SECINARO S, CALANDRA D, et al. Knowledge management and digital transformation for Industry 4.0: A structured lit-

erature review[J]. Knowledge Management Research & Practice, 2022, 20(2): 320-338.

[22]FEY, VICTOR R, RIVIN, et al. The science of innovation[M]. TRIZ Group, 1997.

[23]JURAN J M. The quality trilogy[J]. Quality Progress, 1986, 19(8): 1-9.

[24]SKALLI D, CHARKAOUI A, CHERRAFI A, et al. Industry 4.0 and Lean Six Sigma integration in manufacturing: A literature review, an integrated framework and proposed research perspectives[J]. Quality Management Journal, 2023, 30(1): 16-40.

[25]SULEIMAN Z, SHAIKHOLLA S, DIKHANBAYEVA D, et al. Industry 4.0: Clustering of concepts and characteristics[J]. Cogent Engineering, 2022, 9(1): 2034264.

[26]柴邦衡，刘晓论．ISO 9000 质量保证体系[M]．北京：机械工业出版社，1999.

[27]上海质量管理科学研究院．六西格玛核心教程：黑带读本：修订版[M]．北京：中国标准出版社，2006.

[28]温德成．质量管理学［M]．北京：中国计量出版社，2018.

[29]龙东飞．戴明管理与实践［M]．北京：机械工业出版社，2004.

[30]温德成．以顾客为中心的企业文化［J]．世界标准化与质量管理，2001(4)：13-15.

[31]万力．人是企业产品质量文化的核心：论企业质量文化塑造［J]．北京工商大学学报(社会科学版)，2003(3)：58-59.

[32]温德成，张守真，陈杰华．互利共赢的供应商质量控制［M]．北京：中国计量出版社，2003.

[33]陈颉．质量管理宗师[J]．企业管理，2004(7)：78-80.

[34]洛温塔尔．六西格玛项目管理［M]．郭锐，译．北京：机械工业出版社，2004.

[35]马义中，汪建均．质量管理学[M]．北京：机械工业出版社，2018.

[36]朱兰，戈弗雷．朱兰质量手册［M]．焦叔斌，等，译．北京：中国人民大学出版社，2003.

[37]吕成军，王学军，李庆安，等．计数型抽样检验数学模型解析[J]．计量与测试技术，2009，36(11)：52-54.

[38]武志军．质量管理学[M]．北京：化学工业出版社，2022.

[39]埃文斯．质量管理[M]．北京：机械工业出版社，2021.

[40]何帧．六西格玛管理(第 3 版)[M]．北京：中国人民大学出版社，2014.

[41]蒋召瑞．浅谈计量型抽样检验与计数型抽样检验[J]．内蒙古煤炭经济，2013(8)：22-23.

[42]麦绿波．标准化学：标准化的科学理论[M]．北京：科学出版社，2023.

[43]王贤琳．质量管理与可靠性[M]．武汉：华中科技大学出版社，2018.

[44]吴赣昌．概率论与数理统计理工类：第 5 版[M]．北京：中国人民大学出版社，2017.

[45]马义中，汪建均．质量管理学[M]．北京：机械工业出版社，2012.

[46]郭臣，周梅华．企业—供应商间关系研究综述[J]．统计与决策，2009，284(8)：181-183.

[47]MBA 智库．供应商关系管理[EB/OL]．https：//wiki. mbalib. com.

[48]李岳，陶敬中，张弛．国家战略资源海外物资供应商风险治理理路：以中石化国勘公司为案例[J]．学习与探索，2023，330(1)：138-143.

[49]刘磊，王红．概率论与数理统计[M]．武汉：湖北教育出版社，2012.

[50]中国人大网．中华人民共和国招标投标法[EB/OL]．[2018-01-04]．http：//www. npc. gov. cn/zgrdw/npc/xinwen/2018-01/04/content_ 2036284. htm.

[51]尤建新，刘威，杨迷影．用于供应商风险评价的 FMEA 改进[J]．同济大学学报(自然科学版)，2019，47(1)：130-135.

[52]中国会计师协会．公司战略与风险管理[M]．北京：中国财政经济出版社，2023.

[53]吉彩勤．现代企业质量成本管控策略[J]．合作经济与科技，2011(20)：51-52.

[54]中华人民共和国中央人民政府网．中华人民共和国计量法实施细则[EB/OL]．[2020-12-25]．https：//www. gov. cn/zhengce/2020-12/25/content_574081. htm.

[55]丘光明．中国古代度量衡标准[J]．考古与文物，2002(3)：89-96.

[56]黄松光，倪志坚．中央工商行政管理局关于姜周元杆秤衡器改制的复函[J]．浙江档案，2014，395(3)：50-51.

[57]郑巨欣．“物勒工名”略说[J]．南京艺术学院学报(美术与设计)，2022，204(6)：49-54.

[58]程万影，徐毅，郝雪颖．用 OC 曲线对抽样方案的评价[J]．国防技术基础，2008(5)：26-30.

[59]焦永刚，朱梅生．浅析质量管理经济性的改进与评价[J]．世界标准化与质量管理，2006(7)：9-10.

[60]麦绿波．通用化的理论和设计方法：上[J]．中国标准化，2014，448(1)：49-53.

[61]罗振玉．三代吉金文存[M]．北京：中华书局，1983.

[62]赵贞．唐代的“三贾均市”：以敦煌吐鲁番文书为中心[J]．中国社会经济史研究，2012，120(1)：8-20.

[63]王钦．“工业 4.0”背景下的管理变革：影响、反思和展望[J]．经济管理，2014 (12)：176-185.

[64]卢旺．地方本科院校服务地方机制创新研究[M]．北京：中国经济出版社，2019.

[65]邓恩强，李宁．产品质量抽样检验的两种风险分析[J]．标准科学，2015(2)：78-80.

[66]何斌，赵楠，何琴清，等．管理模式转型视角的数字化管理适应性变革研究：以字节跳动为例[J]．北京交通大学学报（社会科学版），2022，21(2)：29-36.

[67]戚聿东，肖旭．数字经济时代的企业管理变革[J]．管理世界，2020，36(6)：135-152.

[68]乔治，罗兰兹，卡斯特勒．什么是精益六西格玛 [M]．郭锐，赵海峰，译．北京：电子工业出版社，2004.

[69]谭福有．标准化的形式(三)：系列化[J]．信息技术与标准化，2005(9)：54-57.

[70]楚安静．百分比抽样检验的不合理性[J]．物理测试，1998(4)：33-37.

[71]潘迪，纽曼，卡瓦纳．六西格玛管理法 [M]．马钦海，陈桂云，译．北京：机械工业出版社，2008.

[72]张勇，柴邦衡．ISO 9000 质量管理体系[M]．北京：机械工业出版社，2022.

[73]陈国华．质量管理[M]．北京：北京大学出版社，2018.

[74]国家法律法规数据库．中华人民共和国产品质量法[EB/OL]．https：//flk. npc. gov. cn/index. html.

[75]何桢，梁昭磊，邹峰．六西格玛设计模式及其应用 [J]．工程机械，

2006(7)：62-65+6.

[76]盛骤，谢式千，潘承毅．概率论与数理统计：第 4 版[M]．北京：高等教育出版社，2008.

[77]苏秦．质量管理与可靠性[M]．北京：机械工业出版社，2019.

[78]温德成．质量管理学[M]．北京：机械工业出版社，2014.

[79]姚铃丽．质量管理体系与认证[M]．北京：电子工业出版社，2017.

[80]全国人民代表大会．中华人民共和国产品质量法[M]．北京：法律出版社，1998.

[81]全国人民代表大会．中华人民共和国招标投标法[M]．CNKI，1999.

[82] Christian Schuh. 供应商关系管理[M]．北京：清华大学出版社，2016.

[83]国家计量局．中华人民共和国计量法实施细则[J]．中国公共安全：资讯版，1987(4)：139-142.